〔監修〕吉岡眞之／藤井讓治／岩壁義光

四親王家実録 42

有栖川宮実録 第十六巻

韶仁親王実録（二）

ゆまに書房

刊行にあたって

吉岡　眞之
藤井　讓治
岩壁　義光

さきに刊行された『天皇皇族実録』に引き続いて、その続編ともいうべき『四親王家実録』が復刻刊行されることとなった。

四親王家とは、中世後期に創設された伏見宮家を始め、近世初期から中期にかけて設立された八条宮（後に常磐井宮・京極宮・桂宮と改称）、高松宮（後に有栖川宮と改称）、閑院宮を総称する名称である。四親王家は、当初必ずしも皇統維持の観点で設立されていたわけではないが、遅くとも近世中期ころから、皇位継承の危機に備えるためとする認識が次第に広まっていった。各宮家の代々当主は天皇の猶子あるいは養子となって親王宣下を受けて親王となり、皇位継承に備えつつ近世末期に及んだ。

四親王家と天皇家の関係はこのように密接であり、『四親王家実録』もまた『天皇皇族実録』の一環として編修されるべき性質のものであった。しかし四親王家代々の親王およびその妃・王子女等の事蹟を、それぞれの祖に当たる天皇の実録に組み込むことになれば、実録の様態・内容がきわめて複雑なものになることは明らかであった。このため四親王家の実録については『天皇皇族実録』とは別に『四親王家実録』として編修することとなったのである。

『四親王家実録』の体裁は『天皇皇族実録』にならい、親王家ごとに編年綱目体で編修されている。すなわち日々の大意を綱として記し、その後に綱の典拠となる史料を目として配列している。引用史料は各宮家当主の日記、宮家の家職に関する日誌を始め、公家日記、関連寺社の記録類、また京都御所東山御文庫・宮内庁書陵部図書寮文庫・国立公文書館内閣文庫・近衛家陽明文庫などに所蔵されている信頼性の高い史料を広く収集し掲載している。引用史料はこれまで知られていなかったものも多く含んでおり、『四親王家実録』がとりわけ近世を中心とする公家社会史研究に資する点は少なくない。

『四親王家実録』は宮内省図書寮において一九四四年（昭和一九）に当初の紀事本末体の体裁から編年綱目体への組み替え作業が始められたが、一九四五年の第二次世界大戦敗戦にともない、編修事業は中断を余儀なくされた。その後、一九六五年（昭和四〇）に宮内庁書陵部編修課は『四親王家実録』の編修を新事業として開始することを決定したが、翌年明治百年記念準備会議が『明治天皇紀』の公刊を決め、宮内庁編修課がこれに従事することになった。このため同課では二つの大きな事業を並行して進めることとなり、当初の編修計画は大幅に遅延したが、一九八四年（昭和五九）三月にいたり『四親王家実録』は完成を見たのである。

『四親王家実録』には四〇七名の皇族の事蹟が二九四冊に編修収載され、総目次・系図一冊が添えられた。また別に実録本編より綱文を抄出した抄出本五部（一部三三冊）が作成されている。宮家ごとの内訳は以下の通りである。

総目次・系図一冊

伏見宮家	二四七名	一二九冊
桂宮家	三七名	三五冊
有栖川宮家	七五名	九〇冊
閑院宮家	四八名	四〇冊

凡例

一、本書は、宮内庁宮内公文書館所蔵の『四親王家実録』（本文二九四冊、総目次・系図一冊）を表紙から裏表紙に至るまで、完全な形で影印・刊行するものである。

二、『四親王家実録』は、昭和四〇年四月に編修事業が開始され、同五九年三月に終了した。『明治以後皇族実録』は、昭和五九年四月に編修事業が開始され、平成二年三月、二十五方の編修を終了して中断した。

三、『四親王家実録総目次』所載の凡例を以下に掲載する。

凡例

一 本実録ハ伏見・桂・有栖川・閑院四親王家ノ歴代当主並ニ其ノ配偶者及ビ王子女等ノ行実ヲ編修セルモノニシテ、昭和四十年四月之レガ編修ニ著手シ、同五十九年三月其ノ功ヲ終ヘタリ、

一 本実録ハ明治以前ニ四親王家ノ歴代当主ト為レル御方別ニ実録ヲ編修シ、配偶者並ニ王子女等ノ行実ヲ其ノ後ニ附載ス、但シ四親王家ヨリ出デテ皇位ニ即キ、或ハ后妃ト為リタル御方ニ就キテハ、単ニ名ヲ掲ゲルニ止メ、其ノ行実ハ当該天皇皇族実録ノ記述ニ委ネタリ、尚幕末維新ノ交ニ伏見宮ヨリ独立セル宮家ノ皇族ニ就キテハ、別ニ編修スル明治以後皇族実録ニ収載ス、

一 本実録ノ記載事項ハ概ネ誕生ニ始マリ葬送ニ終ル、其ノ間命名・元服・婚嫁・出産・任官・叙位・信仰・出家・教養其ノ他主要ナル行実ヲ努メテ収録セリ、

一 本実録ノ体例ハ編年体ニ依ル、初メニ綱文ヲ掲ゲテ事項ノ要点ヲ示シ、次ニ史料ヲ排列シテ依拠ヲ明カニセリ、

一 本実録ニハ四親王実録総目次及ビ系図一冊ヲ加ヘ、利用ノ便宜ヲ計レリ。

昭和五十九年三月

四、『四親王家実録』の原本は、原稿用紙に手書きされた稿本が製本されたものである。法量は、縦二五八㎜、横一八二㎜。

原稿用紙は三種類あり、すべて縦20字横10行の二〇〇字詰め縦書き原稿用紙で裏はシロである。詳細は左記のとおりである。

罫用原稿用紙は、罫線の色は濃紺。右下に「実録編修用紙」と印

字されている。

目次・綱文用原稿用紙は、罫線の色は赤。左下に「編修課」と印字されている。

編年綱目体の目にあたる原稿用紙の罫線の色は青。右下に「書陵部（三号）」と印字されている。

また、同一冊子内で人物が変わるところには水色の無地の用紙が挟まれている。本書では、その部分はシロ頁とした。

五、刊行にあたっては、手書きの稿本である事を考慮し、適宜縮小して、上下二段に4頁を配した。排列は上段右、上段左、下段右、下段左の順である。使用されている原稿用紙により縮尺が異なるが、綱文の原稿用紙で約55％、史料引用部分の原稿用紙で約57％である。
原稿用紙の罫線の枠外（上下左右）に手書きされた文字を掲載するために適宜同じ頁を上下ずらして二度掲載したところもある。

六、本書の各頁の柱は、奇数頁は実録名、偶数頁は各頁上段一行目の記載事項が該当する綱文の年月を示した。南北朝期については、綱文にならい北朝、南朝を記した。親王の妃、室、王子女の場合は、『天皇皇族実録』にならい、偶数頁は妃、室、王子女名とした。その際、漢字は現在使用されている字体を用い、複数ある場合は稿本にならった。

七、原文に訂正がなされた場合、原文の一部が透けて見えても、修正を加えず現状のままとした。とくに、典拠名の亀甲カッコの下の訂正が不完全なため、見苦しい箇所がある。また、原稿用紙の罫線が薄い箇所や欠けているところなどもすべて原本のままである。

八、挟み込まれた紙片があった場合は、当該頁の次に配置し、「(編集注)」をほどこした。折込は原本にあった位置に配した。

九、影印版『四親王家実録　第Ⅲ期　有栖川宮実録』第四回配本の構成は左記のとおりである。

第四十一巻
有栖川宮実録　六〇　韶仁親王実録　一～有栖川宮実録　六三　韶仁親王実録　四
第四十二巻
有栖川宮実録　六四　韶仁親王実録　五～有栖川宮実録　六八　韶仁親王実録　九
第四十三巻
有栖川宮実録　六九　韶仁親王実録　一〇～有栖川宮実録　七四　韶仁親王実録　一五

一〇、『四親王家実録第四十七巻』（『有栖川宮実録第二十一巻』）に有栖川宮実録目次及び有栖川宮系図（「四親王家実録総目次　附　四親王

家系図」＜識別番号75495＞）を収録する予定である。「四親王家実録」全体の解題は『四親王家実録第十九巻』（『伏見宮実録第十九巻』）に収録してあるので参照にされたい。

第四十二巻目次

有栖川宮実録　六四
韶仁親王実録　五

韶仁親王實錄

五

有栖川宮實錄　六四

有栖川宮實錄　六四

韶仁親王實錄

韶仁親王　五

實録編修用紙

文政九年二月十九日

先考織仁親王ノ七回忌ニ當ルヲ以テ、大徳寺龍光院ニ於テ逮夜ノ法事ヲ修ス、仍リテ参詣シテ之レヲ聴聞シ、書寫セル阿彌陀經一巻竝ニ名號一萬遍ノ經木及ビ造花二瓶ヲ供フ、二十日正忌ニ當リ、又参詣シテ法事ヲ聴聞ス、

編修課

〔有栖川宮日記〕○高松宮家蔵

文政九年二月十一日、癸亥、晴、

一文聚院宮來廿日御七囬忌ニ付御執行御法事品目御一周忌三囬御忌御例ヲ以龍光院ゟ伺出ル、則左之通被仰付、

一御簾中様ゟ御附法事

来十八日巳刻

施餓鬼

満散楞嚴神咒

半齋大悲神咒

書陵部（三号）

右
一 貞操院殿ゟ御附法事
来十九日卯刻
施餓鬼
満散楞厳神呪
半斎大悲神呪
右
一 実枝宮御方・登美宮御方ゟ御附法事
来十九日巳刻
金剛般若経

大悲神呪
右
一 御法事
来十九日未刻
金剛般若経
大悲神呪
右
同廿日辰刻
観音懺法
半斎大悲神呪

右
一 藤池院殿・常信院殿ゟ御附法事
来廿日未刻
楞厳神呪
右
右龍光院役者享首座参殿相伺候処、嶋津織人
出会日割等之儀右之通可然旨申達、尤伺定申
上也、
十九日、辛未、晴、
一 文聡院宮七回御忌御法事御逮夜

金剛般若経
大悲神呪
未刻
右御執行之事出頭之僧
（中略）
実枝宮御方・登美宮御方御附法事
金剛般若経
大悲神呪
巳刻
右御執行出頭僧
一 宮御方御出門卯半刻御参詣、供奉青士三人柳
松主馬嶋田将監大舎人頭御箱其餘如例、御引

續登美宮御方御包輿八（ママ）供奉金剛監物坂部左近
餘例之通還御
一御寺詰帳如左
御寺詰
豊嶋西市正　狩衣
山本播磨介　同
太田勘ケ由　布衣
安藤玄蕃　同
多賀帯刀　同
山田左内　のし目 麻上下
多賀左門　同

經木名号一万遍書写
御造花 嶋蘭箔蘭　二瓶 錫
一實枝宮御方
經木名号一万遍書写
御造花 佛桑華 カフヅ 杜若　一籠
一貞操院宮　御代拜 松嶋
御花　一筒
御香奠　金二百疋
一仁和寺宮　御使 八木右膳
御香奠　金三百疋

一貞操院宮　御代拜内藤十郎兵衛
白銀　一枚
御菓子　一折 三重
御茶　一箱
御造花蓮華　一瓶
一中宮寺宮　同 智湛尼
葩　一臺
御廟詰
御花　一筒
一宮御方
御書写
阿弥陀經 紺地金泥　一巻

一圓照寺宮　御使 山田伊織
御香奠　金百疋
葩　一臺
御花　一筒
一大覺寺宮　御代拜井関兵部卿
御香奠　百疋
葩　一臺
二十日、壬申、
一文聚院宮七回御忌御當日
御法事品目

観音懺法　辰刻
半斎大悲神咒
右
藤池院殿
常心院殿〆　御附法事
楞厳神咒
〔詰脱カ〕
一御寺帳如左
御寺詰
山本肥後守　狩衣
嶋岡右京少進　同
嶋津蔵人　布衣
太田勘ケ由　同

嶋岡将監　同
宮崎縫殿　同
藤本慎悟　麻の七目上下
多賀左門　同
一圓照寺宮御成辰刻、
一仁和寺宮御成辰半刻、
御花　二筒
一梶井宮御成巳刻、
葩　三十片
御花　壹筒

御香奠　金三百疋
一知恩院宮御成巳半刻、
御香奠　金弐百疋
梅花　壹筒
一輪王寺宮〆　御代香正學院前大僧正
附添　岩井修理
御香奠　白銀弐枚
御花　一筒
菊宮御方〆
葩　一臺

御香奠　金百疋
一常心院殿
御花　壹筒
一宮御方卯半刻前御出門ニ而龍光院江御成、御
供河内守、田中内匠、太〔大〕石左膳、青士三人余如例、
一御息所同所江御成、御供信濃守、多賀帯刀、岸五
郎、青士両人、
一上総宮御方同所江御成、御供筑後守、太田右兵
衛、鎌田掃部、青士両人余如例、還御申半刻、

〔龍光院所藏記録〕○龍光院藏

（韶仁親王写経）
佛説阿彌陀經

（○中略）

文政九年二月十五日

中務卿韶仁親王謹書

文政九年二月二十一日

専修寺門主圓祥ノ男守若（圓禎）・松若（圓禧）ニ書道入門
ヲ許可ス、

〔有栖川宮日記〕○高松宮家藏

文政九年二月廿一日、癸酉、晴、

一専修寺御門主（圓祥）　　御使鳥居雅樂
昨年御門主御上京之節御對面ニ而御直ニ御
願被仰上置候守若殿・松若殿書道御入門之義
此度鳥居雅樂被差登候ニ付尚又御使を以御
頼被仰上、
右之趣右京進ゟ申上候処御承知、尚來廿五
日御手本可被進候ニ付同日御礼被進物等
之御使可相勤旨手紙ニ而近江守ゟ申遣ス、

廿五日、丁丑、晴、
一参上未剋過、　　　　鳥居雅樂
昨日御用人ゟ召状召之今日参上也、御目見
江御返答被仰出、
御廣殿北二ノ間ニ而御料理二汁五菜中酒
吸物三種重肴被下之、於御小書院御對面御
口祝被下之、名披露御用人、相濟於表御返答
太田勘ヶ由申出、各常服、金二百疋被下之、右
者此間御菓子獻上有之旁被下之、同人ゟ相
渡、

右御暇ニ付過日御便り之係御内々被進
物有之、右御返しも今日相達御進物記ニ
扣有、
右御目見江以前過日御頼有之候ニ付右若殿松若
殿書道御門人之儀被聞召候ニ付右御礼とし
て左之通被進、
西方ゟ金三百疋宛
両方ゟ金百疋宛掛り両人江
右諸向大舎人頭面會及取扱今日御手本
被進候事、尤御祝酒肴御暇兼帯ニ付夫ニ

書陵部（三号）

而相濟、

書陵部（三号）

文政九年三月十日
客歳四十二ノ厄満ニ依リ、其ノ報賽トシテ、妃宣子女王及ビ幟仁親王・登美宮（織仁親王王女吉子女王）・菊宮（韶仁親王王子公紹親王）等ヲ伴ヒ、石清水八幡宮ニ参詣ス、

編修課

〔有栖川宮日記〕○高松宮家蔵
文政九年三月十日、辛卯、晴、
一宮御方昨年御四十二御厄満ニ付為御礼石清
水八幡宮江御参詣之事、御出門寅刻過、御供立
如左、
先黒羽織押青士五人、御打物御輿、網代、丁五
人、矢野物集女岸五郎前川主鈴嶋岡將監越
前守草履取、信濃守同上、鎌田碩庵御沓御長
柄御跡箱対手代り壹人、御茶辨當手代り引續
實枝宮御方御包輿、丁四人、御供鎌田左仲金

書陵部（三号）

剛監物、多賀帯刀、右京進、草履取安達大圓、御
草履手明、持笠籠五荷、竹馬五、手明三人、押両
人引續
若宮御方御成、御供立如左、
押青士三人、御打物、御輿、網代、丁五人、西村主
税、岸筑前介、武藤采女、田中内匠、肥後守、草履
取、河内守、同上、闘一安、御沓、御長柄、御箱、對手
明、御茶弁當、手代り引續
登美宮御方、菊宮御方御同輿、但し御乞、鎌田一
太郎、大石左膳、鎌田掃部、太田右兵衛、御草履

持、引續常信院殿乗輿、丁四人、若黨両人、下女、
次御両掛、笠籠五荷、竹馬五、手明三人、押、
高瀬角倉為次郎宅之傍より御乗船、尤御供船
等同所ゟ御座舟ヲ初都合十一艘、御座船、左右
江紅ノ丸挑灯五張ツヽ懸ル、御乗船之節、太田
勘解由御先江参り居、夫ヽ江下知致ス、伏見迄
之御船中ニ而御重組四重、但し二重ハ蒸菓物、二重ハ切飯、外ニ
御小重二ツ精進、一重白糸、一重香物、梅ぼし、御酒等
上ル、辰刻過伏見長州家本陣鈴木善兵衛宅江
被為入、尤長州留主居并下役壹人外ニ御被官

両三人等相詰居、御船御上り場迄留主居下役
等御出迎申上ル、且御先詰安藤玄蕃、多賀左門
御出迎申上、且又於本陣留主居吉井平右衛門
江御目見被仰付、同所ニ而御昼御膳一汁五菜
差上ル、但し御精進、御供之諸大夫初青士方迄
奥老女初惣女中下女迄江昼認一汁三菜差出
ス、仲番已下下部者下陣大黒屋ニ而辨當代り
支度被下之、
附記、兼日御用人太田勘ヶ由ゟ長州留主居
吉井平右衛門相招近ヽ石清水八幡宮御参

詣ニ付当所於本陣御昼御膳精進仕立、且又
御夜食肴仕立ニ而御設之義御頼被仰入、早
速留主居より國方江申遣候未否哉之返答
者無之候得共、留主居取斗ニ而右之通差上
ル、中通り江も同上、仲番以下江者不差出候
事、
當所江之御先詰安藤玄蕃、多賀左門、若黨壹人
草履取壹人、
右者下陣一ヶ所別ニ相構御待請申居、
一生鯉　一口　当本陣　鈴木善兵衛ゟ

一同
　右為伺御機嫌献上、　小二口
　当所町人　藤嶋屋又市ゟ
御上御膳被為済、一統支度相済候上当所御立
被為在御乗船、尤伏見舟屋形二階付也、夫ゟ淀姫花表之側
より御上り、社頭江御参詣、此時一二三ノ船ゟ
上り御供ニ立、此内余之舟者御先江廻橋本樋
上御上り場江先着
淀姫社江御備　　白銀壹両
　実枝宮御方々も御内々御備物有之、
此所江御立入羽束師社神主古川伊豆為伺御

機嫌御出迎申上ル、夫ゟ又御乗船、無程橋本御
上り場江御着、
此所ニ兼而御舟寄セ近ク弐間四方之小家
ヲ建、晒御紋付之幕打廻し、内ニ床机二脚毛
氈数設置、且御船付両方ニ高挑燈一張宛建
置、八幡御先詰之者此所江御出迎申上、御舟
ゟ御上り有、御供立為致候間御腰被為掛御
休息、無程御供立出来、是ゟ御一統様御歩行
田中坊ゟ之御案内青士方之先ニ立、御先詰
之者御側近ク立御案内申上、扨又御上り場

近キ所ニ樫村助市与申社家在之、右宅借受
御便所之設致シ置、尤座敷ニ毛氈敷置宮様
御手水ニ被為成、御手洗用桶杓等以前ニ廻
し置、
　御供立如左
黒羽織押　田中坊ゟ御案内者青士八人　御打物　御打物
御先詰御案内　宮様御供、若宮様御供、菊宮様御供、姫宮様方女中交り
御供、御箱御手廻り等、無程八幡江御着、先南門
ゟ被為入、高良社御拝、傍々有之候、神馬御覧、夫
ゟ安居橋ヲ被為渡、放生川之鯉御覧、夫ゟ南ノ

坂ヲ御登山、但し姫宮方并常信院方等は此所
ゟ乗輿也、無程豊蔵坊江被為入御休息之上御
衣躰御小直衣御指貫ニ被改御参詣、先両宮并
菊宮、御引續姫宮方女中交り御先江中坊大僧
都御案内ニ立、先御社参、尤内陣大床ニ而御拝、
荒薦敷有、次金渡樋御覧、武内社御拝、楼門御戸
御覧音御聞被遊、東門ゟ　石清水江御参詣、下道
より豊蔵坊江御帰着、御休息、御小辨当御銘々
様江御中酒、御吸物、御肴三種等差上ル、尤御ま
な仕立也、御参詣被為済候迄は御精進之事、御供方支度并当代

り八まこふ浸し物外ニ重組二重一黄味物一椊鱠こんにゃく
御酒被下、中番以下は休所新坊ニ而支度、夫ゟ
還御之御催被為在、無程還御、尤已前之通御歩
行、但し姫宮方者御輿、常信院方等乗輿也、又橋
本ゟ御乗船、戌刻頃伏見長州本陣江御着、右從
八幡還御之節御船中ニ而御間之御酒御吸物ニ
御食籠詰四重外ニ御裏様ゟ被進候御提重等
上ル、次向江者御酒被下吸物重組肴三重、尤御
まな仕立、於伏見御本陣御料理七菜二汁御蒸菓子
御濃茶御干菓子御薄茶後段御吸物三御肴七

種等差上ル、次向江認五菜一汁後段吸物三種肴等
差出ス、尤何れもまな仕立中番下部等は如以
前下陣大黒屋源兵衛ニ而支度、夫ゟ還御之御
催被為在、本陣前ゟ高瀬舟ニ御乗替子半刻頃
御舟立如前角倉舟付ゟ御上陸、御輿ニ被為召
還御寅下刻、
（中略）
於八幡御備如左
銀　壹枚　別段御厄満ニ付金百疋
宮々御方ゟ金弐百疋

文政九年四月八日
先考織仁親王ノ七回忌ニ依リ、其ノ菩提ノ爲、高
野山東善院竝ニ光臺院ニ各々位牌ヲ安置シ、又
東善院ヲシテ親王ノ遺髮ヲ奥院ニ納メ、石塔ノ
開眼供養ヲ修セシム、仍リテ是ノ日、諸大夫山本
容顯肥後守ヲ高野山ニ差遣ス、又是ノ日、京都町人
殿村彌兵衛ニ和歌入門ヲ許可ス、尋イデ五月二
十一日、高松季實ニ同ジク入門ヲ許ス、

〔有栖川宮日記〕○高松宮家蔵
文政九年三月十九日、庚子、晴、
一　　　　　　　　　　山本肥後守
文聚院宮様御七回忌ニ付御位牌且御納物有
之候ニ付高野山江御使被仰付、来月八日京都
出立候様被仰下、近江守ゟ申渡ス、
畏候旨御請申上ル、其後麻上下ニ而御前江
御請出ル、
一此間高野表ゟ来書依便宜ニ爲置、
一筆致啓上候、春暖趣候処各様弥御安泰可

成御座珍重奉賀候、然者二月十六日認書状
差上候得者定着御熟覧も被成下候半与奉
存候、其節申上置候文聚院御宮御宝塔當山
石屋江申付當月十七日迄ニ山着仕候様請
合一札差出有之候所、今日石屋方江着仕是
ゟ本磨御尊号寫入仕度奉存候、先達御尊号
早速ニ此山江為御登被下候様申上置猶書
面ニ而も申上候得者来月着不仕此度使僧
真如院江御認御渡可被下候、奥院御宝塔場
所地面築出し御玉垣御修復仕居候當月廿

日迄ニ者無滞成就仕候條何卒御代参當月
廿五日ゟ廿八、九日迄之内此山江御着被為
下候様奉頼上候、寛政十午年御登山之節者
神谷之宿花屋市兵衛方ニ而御止宿被遊翌
日御登山ニ御座候得共此度之儀者三日市
ニ而御止宿被遊夫より高野山江御着被下
度、左候得者御着之晩御逮夜御法事執行仕、
翌日辰剋ニ御當日之御法事執行仕、後剋奥
院御遺髪納、御宝塔之開眼供養御法事仕度
奉存候、糸御承知被成下候様奉頼上候、右廿

書陵部（三二号）

日迄ニ者無間違出来成就仕候ニ付此度使
僧を以申上候間宜御取成可被下候様奉頼
上候、恐惶謹言、

三月十三日　東善院

嶋津藏人様
太田勘解由様

一参上　高野山東善院使僧
真如院

書陵部（三二号）

出會勘ケ由

右書面之趣尚又申出候ニ付御尊号之儀者既
ニ可差下候処故直様真如院江相渡候事、御使
登山之儀者別紙之通申聞置、

四月八日　晝船ニ而出坂其夜奥屋又兵衛方江止宿
九日　早天大坂出立紀見峠泊
十日　高野登山東善院江着
十一日　辰剋御法事着座御代香
晝後御塔供養奥院江参詣
十二日　壽命院
十三日　野山出立泊

書陵部（三二号）

十四日　大坂江着奥屋又兵衛方ニ而止宿
但し十五日大坂表御用向相済次第同夜
船ニ而帰京候事、
右之通書付宜取扱手配之儀申聞置、其外雑事
及示談、
其後越前守肥後守面會及挨拶、
一先達高野山光臺院御所御留主居壽命院〆芝
築地治部卿〆申願候ニ付、此度壽命院江御位
牌被納候旨被仰出、明日近江守〆治部卿江掛
合候事、

四月三日、甲寅、曇、夕方〆雨、
一御室宮坊官〆来状如左、
前文略、然者先頃被仰下候高野山惣分方江
被仰下候一條早速申下、則去ル廿六日御使
相勤同日光臺院御所迄使僧を以御請申上
候次第別紙手扣写之通御座候、且又光臺院
御所へも御位牌被納候儀御留守居壽命院
江申達候処、難有御請申上候、御使御下向御
日取等も各申達承知仕候、尚御使御参向後
上京参殿御礼も可申上候得共先各様迄宜
御礼申上呉候様申登セ候、先者右等之儀得
御意度如此御座候、以上、
四月三日
藤木近江守様
芝築地治部卿
別紙如左
惣分方
東善院江
従有栖川宮様御先代御納物被為成置御追福
之儀兼々被仰付時々御代参御差向等之御因
縁を以此度御父文聚院宮様御位牌并御納物
先規之通同寺江被仰付、弥御追福無怠慢候様
被仰付候趣就而者以来之所右寺院之不抱盛
衰永世御追福等万端不行届之儀無之様精々
心添在之度被為思食、其御所〆御通達之儀御
頼ニ付右之趣被仰下、當時御同様御父宮之御
儀候得者前文御同意勿論之御事ニ而猶精々
心添無怠慢可仕御旨以御使被仰聞奉承知候、
以上、
三月
惣分評席使僧
最乗院
六日、丁巳、晴、
一文聚院宮為御菩提今度高野山惣分方東善院江御位

牌被安置、
文聚院入道一品龍渕親王　御牌銘龍光院
文政三庚辰年二月二十日輪住書之
右御位牌上左右雲形上ニ菊御紋附下蓮花
座
右御厨子ニ納之内惣金
御厨子惣高サ弐尺弐寸御前巾九寸八分
御扉中四寸弐分宛　外黒漆　御扉表裏
菊御紋二ッ附御金物ハ双金滅金
右御位牌二体佛師横山肴宗調進

右一体ハ東善院被安置
一体ハ於高野山御室御所御留守居寺光
臺院御所ニ被安置、

八日、己未、晴
一文聚院宮御位牌并御納物被為在候ニ付、高野
山江御使として山本肥後守卯刻出立、
一和歌御門入願之通被仰付候為御礼参上、
吹挙桂咸子　京都町人　殿村弥兵衛
同伴　野口勘介
詠草伺誓状上ル、白銀壹枚為御礼献上之、近江
守面會請取及披露、
宮御方於御小書院御對面、無麁名披露　嶋岡將監、
濟而南廣御殿一ノ間ニ而御盃被下之、近江守
ゟ相達ス、頂戴濟而北弐ノ間於休所吸物・肴三
種・紙敷肴ニ而御祝酒被下之、右相濟候上近江
守再面會、御點之詠草被下御礼申上退出、
十六日、丁卯、折〻小雨、
一　山本肥後守
去ル八日京都發足ニ而紀州高野山江為御使被
差下候処、昨十五日浪華ゟ夜船ニ而歸京、仍而
御廟伺御機嫌
宮様　江
若宮様　土産之品献上、
外ニ
かため　一箱　東善院
椎茸　一箱　寿命院
右献上、
五月廿一日、壬寅
一高松（季實）近江権介殿御参　出會大舎人頭
和歌御入門ニ付御参也、於御小書院御對面、

詠草被返、御式四種物御盃大舎人頭各治、諸事如例、

文政九年四月十五日

閑院宮孝仁親王ノ王女昌宮（光子女王）ニ書道入門ヲ許可ス、

〔有栖川宮日記〕○高松宮家蔵

文政九年四月十五日、丙寅、晴、

一閑院宮ゟ　御使伊東修理

　干たい　一はこ

　御たる代　弐百疋

昌宮御方此度書道御門入ニ付被進候事、右

御使江御祝酒紙吸物數肴ニ而被下之、相済大舎

人頭出會御返答申入御手本被進之、

一御同所江　御使柳松主馬

今日昌宮御方書道御門入幾久目出度思召

候、右ニ付御目録之通被進之御満足ニ思召

候、依而御歓御挨拶被仰進候事、

文政九年六月十七日
鷹司政通ノ勧進ニ依リ、奈良春日社ノ法楽和歌ヲ詠進ス、

〔有栖川宮日記〕○高松宮家蔵
文政九年六月六日、丙辰、時々雨、
一鷹司殿ゟ　出会信濃守　御使牧備前守
此度南都春日社正遷宮無滞相済候ニ付和歌御奉納被成度候ニ付御詠進之義御頼被仰進候処御承知之事、
十七日、丁卯、晴、
一関白殿江　御使太田右兵衛
春日社御法楽和歌御詠出之儀依御頼目出度御詠進被成候所御落手、

文政九年九月二日
伏見宮貞敬親王ノ勧進ニ依リ、邦頼親王ノ二十五回忌追悼ノ和歌ヲ詠進ス、

〔有栖川宮日記〕○高松宮家蔵
文政九年八月廿六日、乙亥、晴、
一伏見宮ゟ　御使後藤主殿允
来月八日故一品宮廿五回御忌ニ付和歌御勧進被催候、依之御詠出之儀御頼被仰進候処御承知之旨被仰答、
上総宮江も御頼被仰進候処御断被仰進、
九月二日、辛巳、晴、
一伏見宮江　御使太田右兵衛
故邦頼親王廿五回御忌ニ付此間御使を以

御内々御頼被仰進候御勧進之和歌御詠出
為御持被進御落手也、

文政九年九月十六日
参州吉田妙圓寺ノ願出ニ依リ、同寺ヲ祈願所ト
定メ、御紋附紫幕二張・提燈四張・白銀五十枚ヲ寄
附ス、

〔有栖川宮日記〕○高松宮家蔵
文政九年九月十四日、癸巳、雨、
一妙満寺末院参州吉田妙圓寺ゟ願書差出ス如
左、
奉願上口状覚
一拙寺義当御所様御祈願所之義奉願上度年
来志願ニ御座候得共不得其折候処、此度多
賀帯刀殿御吹挙被成下候ニ付奉願候、右願
之通被仰付被下候ハヽ、為冥加御殿御永久
之御祈祷仕度、就而者御紋付御幕同御挑灯

御寄附銀等被成下候ハヽ、重畳難有仕合〔可〕奉
存候、此段宜御執成被下度奉願候、以上、
妙満寺末流
参州吉田
文政九戌年九月　妙圓寺印
有栖川宮様
御役人御中
右月番義殺及言上候処御許容、其趣御用人太
田勘ヶ由江申達、同人ゟ呼寄其趣申渡候処難
有旨御請申上ル、
十六日、乙未、雨、

一参上　　　　　　　　　　三州吉田　妙圓寺
右此度御祈願所御幕・御挑灯御寄附銀等被
成下候御礼、
一北二ノ間ニ而休足、御祝酒被下之、程無於御
小書院上総宮御方御目見、御口祝被下之、名
披露御用人勤之、
許状如左
一御紋附紫御幕　弐張
一同御挑燈　　　四張
一白銀　　　　　五拾枚

右今般殿内御安全御祈祷被仰出、仍御寄
附候也、
文政九戊年九月
　　　　　　　　太田勘ヶ由　名乗判
　　　　　　　　嶋津藏人　同
　　　　　　　　豊嶋越前守　同
　　　　　　　　藤木近江守　同
　　　　　　　　栗津甲斐守　同
妙圓寺

文政九年十一月十日
下總國銚子浦圓福寺ノ願出ニ依リ、同寺ヲ祈願
所ト定メ、御紋附紫幕二張・提燈四張・白銀三十枚
ヲ寄附シ、別ニ奥向ヨリ内々白銀三枚ヲ遣ス、

〔有栖川宮日記〕○高松宮家蔵
文政九年十一月六日、癸未、曇、
一下総國銚子浦圓福寺願書指出如左、
一拙寺儀、当御殿様御祈願所之儀奉願上度
年来志願ニ御座候得共不得折候處、此度伏
田右衛門殿御吹挙ニ付奉願上候、右願之通
り被仰付被下候ハヽ、為冥加御殿御永久之
御祈祷仕度、就而者御紋附御幕・同挑灯御寄
附被成下候ハヽ、重疊難有仕合可奉存候、此
段宜御執成被下度奉願候、以上、

文政九戌十一月

下総國銚子浦飯沼山
圓福寺印

有栖川宮様

御役人御中

右言上之処御許容、則御用人ゟ御許容之趣申達、明日御礼参上之旨也、

十日、丁亥、晴、

一参殿
下総國銚子浦
圓福寺
役者
長明寺
油小路家雑掌
附添伏田右衛門

右今般御祈願所被仰付候ニ付、為御礼参上、先甫ニ之間江通、吹挙人安藤玄蕃出會、次御用人嶋津蔵人罷出、今般御祈願所被仰付、御寄附物等被成下候旨申達、夫ゟ於御小書院御目見江御口祝被下、名披露御用人、相済於表吸物三種肴ニ而御祝酒被下之、干菓子煎茶等被下之、相済而御寄附物許状安藤玄蕃持出相達、次ニ奥向ゟ御納銀御寄附状多賀帯刀持出相達、次甲斐守近江守筑後守等出會ニ及、

右相済退出、

右附添人者同間役者者伺公之間ニ差置、尤御祝酒以下何レも同様被下之、

許状如左

一白銀　三拾枚

一御紋附紫御幕二張

一御紋附御挑燈四張

右今般御殿内御安全御祈祷被仰出、仍御寄附候條如件、

文政九戌年十一月

太田勘解由
名判

嶋津蔵人
名判

豊嶋筑後守
名判

藤木近江守
名判

粟津甲斐守
名判

圓福寺

御内々御寄附状如左

一白銀　三枚（此銀三枚者正銀ニ而御寄附、）

右今般當御所御安全御祈祷就被仰付候

奥向ゟ御寄附候條如件、

安藤玄蕃
名判

文政九戌年十一月　山本播磨介 名判
　　　　　　　　　嶋岡右京少進 名判

圓福寺

右之外白銀居臺弐ツ目録御下札等相渡、別段安藤玄蕃ヲ以右等之趣願ニ付御許容候得共来春近江守出府ニ而領主并江戸四ヶ寺等問合無差支旨承知之上差圖有之候ハ者相用候、様申達置、何レ茂相済退出立帰りニ而何れ之御礼申上、伏田右衛門儀も立帰りニ而油小路殿使相勤ゟ今日之御礼不取敢被申上候由申述

自分ニも御礼申上候事、

御礼録金五拾両

献上

金千五百疋　実枝宮御方

金五百疋　上総宮御方

金五百疋

（略。下）

文政九年十一月二十七日

丹後田邊桂林寺ノ藥師如來ニ心願ノ儀アルヲ以テ、代參トシテ同寺ニ家臣山名民部ヲ遣ス、

編修課

〔有栖川宮日記〕○高松宮家蔵

文政九年十一月廿七日、甲辰、雨、

一丹後田邊桂林寺藥師如来江御心願之儀有之候ニ付、此度御代参被立、今晩山名民部出立、供侍山田友治、

十二月四日、辛亥、晴陰、

一粟津甲斐守一昨日ゟ下坂之処山名民部丹刕帰路ゟ所労ニ而帰京後及大切候ニ付甲斐守帰京之儀親族ゟ相願候旨三上大和守願出、則其旨及言上所被聞召為替藤木近江守下坂候

様茂文ゟ申達、御請申上、
即刻甲斐守江飛脚ヲ以帰京候様申遣ス、尤
近江守明五日夜舟ニ而大坂之旨も申遣置

文政九年十二月八日・大坂斎藤町ナル藏屋敷ノ普請成レルヲ以テ、大坂在勤ノ家臣鎌田左仲、掃部従前宿泊セル横堀七郎衛門町ノ大西屋金藏宅ヨリ之レニ移徙ス、以後、此ノ屋敷ヲ大坂屋敷ト称ス、

編修課

〔有栖川宮日記〕○高松宮家蔵

文政九年十二月八日、乙卯、晴、
一大坂表藤木近江守ゟ書状到来如左、
一筆啓上仕候、先以宮様方益御機嫌能被為
成奉恐悦候、然者今日依吉辰斉藤町御屋敷
御徒移無御滞被為済候、此段言上仕候、右ニ
付諸向ゟ御歓として献上御座候ニ付、此鮮
鯛弐尾、海老五頭、両宮様江為御祝儀奉差上
候間宜御披露可被下也、誠ニ御賑〻敷御繁
栄之御事恐悦至極ニ奉存候、何も宜御沙汰

奉頼候、恐惶謹言、
十二月七日　鎌田掃部
藤木近江守
豊嶋越前守様
豊嶋筑後守様
且又別紙ニ而右御徒移ニ付諸向ゟ指上候
御肴之内鯛弐尾より三壹ツ小鯛七ツ御内
一統江指登候ニ付表奥詰合一統江配分被
下之、
一今般斉藤町御屋敷御徒移被為済候ニ付月番

傳奏甘露寺殿江御届如左

覚

一　当宮御内
鎌田掃部 左仲事

右文政二卯年三月大坂西横堀七郎衛門町大西屋金蔵方江致旅宿候旨御届被成置候処、此度同所斉藤町御蔵屋敷へ引移在勤為致候、仍而御届如此御座候、此段大坂町奉行所江宜御通達可被下候、以上、

十二月八日　有栖川宮御内
中川信濃守印

廣橋一位様御内
濱路阿波守殿
平野外記殿
甘露寺一位様御内
坂上左内殿
藤木玄蕃殿

覚

一　当宮御内
太田勘解由
竹内治部

右此度大坂斉藤町御蔵屋敷江鎌田掃部与右両人更代ニ而在勤為致候ニ付御届被成置候、此段大坂町奉行所江宜御通達可被下候、以上、

十二月八日　有栖川宮御内
中川信濃守

廣橋一位様御内
濱路阿波守殿
平野外記殿
甘露寺一位様御内
坂上左内殿
藤木玄蕃殿

覚

一
粟津甲斐守
藤木近江守
豊嶋越前守
豊嶋筑後守

右大坂斉藤町御蔵屋敷之御用之節者更代ニ而罷越可致逗留候、此段兼而御届被成置候間大坂町奉行所江宜御通達可被下候、以上、

十二月八日

有栖川宮御内
中川信濃守

廣橋一位様御内
濱路阿波守殿
平野外記殿
甘露寺一位様御内
坂上左内殿
藤木主蕃殿

右三通被指出候処落手之事

御使岩居甫

一同上ニ付未勤御家来等江申渡候廻章如左、
尤御用人江申渡候御次ゟ廻章指出ス、
今般於大坂斉藤町御屋鋪地御出来御普請
御成就ニ付、以後大坂御屋鋪ト可称候、尤為
出役御構内ニ鎌田掃部被指置候、此段為心
得相達候事、
十二月八日

文政十年正月八日
禁裏孝仁ヨリ御使ヲ以テ、自今幟仁親王ニ勅點ヲ
賜ヒ、韶仁親王ニ其ノ下見ヲ仰付ケラルル旨御
沙汰アラセラル、乃チ禁裏並ニ仙洞格光・大宮欣子内親
王、両御所等ニ参入シテ御禮ヲ言上ス、

〔韶仁親王日記〕○高松宮家蔵
文政十年〔睦〕月八日、申、晴、
一夕景池尻前中納言為御使被参、両人へ面會於
小書院也、先上總宮へ仰被下、自今勅點可給旨
也、韶仁へ御下見之儀仰被下、直ニ御請御礼例
之使之次第也、
内院、江大宮女御等〔も参ル〕両人共御請御礼ニ参ル、申入、

〔有栖川宮日記〕○高松宮家蔵
文政十年正月八日、甲申、晴、
一酉剋前池尻前大納言殿御参、
青士ヲ以御参之旨被申入、茂文出會之所、両
宮御方江被仰入候儀ニ付、御使として御参
候旨被申述、即剋申上候所、両宮御方於御小
書院御對面、池尻殿口演如左、
上総宮江勅点之儀被仰下候、御題寄道祝
被為贈候旨、且来十一日御詠草御伺被為
在候様被申上、

中務卿宮江前件之儀、上総宮御請被為在
候ハヽ者御詠草御下見之儀被仰下候旨也、
右両宮御方共御請被仰上、御使退出之節ニ
ノ間中央迄御送り、御復座ニ而自分江御挨
拶被為在、自分ニも恐悦被申上、表江被退直
様退出、茂文取次青士等御玄関江送り出、退出之節御門開ニ不及候事、
一再御出門、酉半剋禁中、洞中、大后宮、女御殿江御
参、前件之御請御礼被仰上、（以○略）御還御亥剋、

文政十年正月十九日
丹後田邊桂林寺ヲ祈願所ト定メ、御紋附幕一張
提燈四張、翠簾一枚、網代輿一挺ヲ寄附ス、

〔有栖川宮日記〕○高松宮家蔵
文政十年正月十九日、乙未、雨陰、
一参上　丹後桂林寺役者　玉峯
本孝
右兼日参上候様申置候、宮崎縫殿面會ニ而
此度御祈願所被仰付、御寄附物被成下候ニ
付、許状壹通相渡ス、
但シ御祈願所之義被仰付者院主上京之
上可被仰付候得共、御寄附物者受用之品
も有之ニ付、前以相済候旨申達候、則壹

通相渡ス、
一御翠簾（中奉書）　壹枚
一御紋附紫御幕　壹張
一御紋附御提燈　四張
一網代御輿　壹挺

右依
御信仰今般御祈願所被仰付御寄附被成下
者也、
文政十年正月　太田勘解由　名判
坂部左近　名判
山本播磨介　名判
田中摂津介　名判
嶋岡右京少進　名判
豊嶋筑後守　名判
山本肥後守　名判
豊嶋越前守　名判
中川信濃守　名判
藤木近江守　名判
粟津甲斐守　名判
桂林寺

上包同紙
廿二日、戊戌、晴陰、
一参上　丹後田邊　桂林寺
右先頃ゟ上京之儀申達置過ル十九日上着
ニ付明日御用人ゟ以奉文今日参上候様申
達、午剋後参上、
御廣殿南二ノ間江通し、役僧貳人玉峯本孝
同間江通、御用人太田勘ヶ由面會申渡、此度
御祈願所被仰付年中御祈禱御撫物等被相渡
候旨、尤此間御寄附物者相達置候旨申達ス、
難有旨御請申上、右ニ付今日御目見被仰付
候旨も申達ス、於御小書院若宮御方御目見、
御口祝被下之、表ニ而御祝酒吸物三種重肴
御干菓子茶等被下之、役者江も同断、

諸大夫初追々面會、
御撫物文匣入相渡ス、御祈念有之尚来春持
参可被取替旨申置、
右御祈願所被仰付御寄附物被成下候為御
礼金四拾両差出ス、尤内三拾両者御礼金拾
両者御寄附物之御礼とし而差出候事、

文政十年四月七日

參院、上皇光格ヨリ和歌三部抄ノ御傳授ヲ受ケ、御盃ヲ賜ハル、尋イデ一旦歸殿セル後、更メテ仙洞竝ニ禁裏仁孝及ビ大宮欣子内親王御所等ニ參入シ、御禮ヲ言上ス、

〔韶仁親王日記〕○高松宮家蔵

文政十年二月廿三日、巳、晴、

一洞參御當座始之座相勤、

奉行詠進ニ而帰宅申剋、

内々前関白殿面會、今日御内々御沙汰有之三部抄御傳授可給旨仰被下、甚畏入候へとも未熟故如何御請被仕候也、御談申入處めて度御請申上候樣、仍御内々御請ニ及、來ル廿五日ニ御使可給候故他出ひかへ候樣承候御事、

廿八日、戊、晴、

一未剋過院使萬里小路建房卿入來、於小書院面會之処、來四月三部抄御傳授可給由仰被出、御請ニ及直ニ御返答、二ノ間迄送ル、復座御使へ挨拶、

一仙洞御所へ參、評定相招、右御礼申入、御對面御前ニ而御礼申上ル、程々御斷也、不計座主宮面會吹聽申入、直ニ退出関白殿へ參り吹聽申入、

（中略）

帰宅酉剋、

〔有栖川宮日記〕○高松宮家蔵

文政十年二月廿八日、甲戌、晴、

一未剋頃院使萬里小路大納言殿御參、先廣御殿南二間江被通、茶煙草盆青士持出ル、夫ゟ西市正麻上下着罷出候處、為御使被參候旨被申述、則申上無程於御小書院御對面之処、來ル四月三部抄御傳授之義被仰出候旨被申述、先以恭思召候旨御直答ニ而御請被仰上、被引取候節二間敷居際迄御送、退出之節諸大夫并御近習両人麻上下着御玄関下座莚迄送り出ル、

一御出門未半剋、右為御礼御参院、御衣躰御袍、夫
ゟ鷹司殿ニ而御吹聴御通被仰置、大宮御所、御参内、一条殿
御通ニ而被仰置、女御〻方江御成、供略、〇御還御酉剋、
三月十七日、壬辰、夕方雨、
一院使万里小路大納言殿御参、
来月七日巳剋三部抄御傳授之儀被仰出旨
於御小書院御對面ニ而被申候、勘文被入御
覧、右畏思召候旨御答、猶御参ニ而御請御礼
可被仰上旨被仰答退散、其節信濃守御近習両人下座敷迄送り
出ル、尤麻上下着、最初廣御殿南二ノ間江通し茶烟
草盆出ス、但し万端二月廿八日同被仰出候
節之通り、仍略之、
一御出門未剋過御院参、御参内、御請御礼被仰上、
夫ゟ大宮御所、鷹司関白殿、一條前関白殿、女御
殿等江御吹聴御成、供略、〇御還御酉剋前、
二十七日、壬寅、雨降、
一来月七日三部抄御傳授無御滞為可被為済来
ル四日ゟ三ケ日之間御祈禱執行可仕旨御用
人ゟ申渡ス、ケ所如左、
上下御霊、北野天満宮、新住吉、新玉津嶋社以
上五社
右執行ニ而満日七日辰半剋頃迄御札献
上可仕旨為御初穂料金百疋宛被下之事、
四月五日、庚戌、雨、
一来ル七日従仙洞御所三部抄御傳授ニ付摂津
住吉社、紀州玉津嶋社江御代参筑後守茂文江、右
去ル朔日ニ被仰付、明六日早朝出立、高瀬舟ニ而伏見迄、
伏見ゟ昼船ニ而出坂、大坂齋藤町御屋敷へ着
一宿、早朝出立ニ而
七日朝住吉社御代参可相勤事、泊ハ七日夜
八日玉津嶋社御代参可相勤事、
右両社御初穂金百疋宛御備、堅帋目録表、
但し御下ケ札有栖川宮御方ゟ有之、
六日、辛亥、
一今日早朝出立　豊嶋筑後守
明日三部抄御傳授ニ付住吉社、玉津嶋社等御
代参發足、御初穂料其外諸事昨日之所ニ委見
仍而略之、可見合、宿割供之者人数等迄委昨日
之所見ル、
一明日御傳授ニ付今酉剋ゟ御神事入、酉剋前御

掛り湯被遊候後御神事也、
御清掛り　宮崎縫殿
於御清殿御膳等認差上ル、昨日午刻頃
迄御清火用意之事、
同刻ゟ御門注連縄張之四手ニ付小門同断、御内
一統行水之事、服者退出、但重服斗、軽服并女中
月役等ハ不及退出、奥向相憚候事、
七日、壬子、雨、午刻後晴曇、
一卯半刻於御庭鎮守社、稲本社、天満宮社、住吉玉
津嶋天満宮、上御霊、下御霊、木嶋、

御備洗米、御酒、干魚被備之、
右今日三部抄御伝授ニ付為御祈
右御代拝　狩衣　右京少進俊章
御備役送御近習両人勤之、
一卯半刻迄ニ献上被仰付置候、先月廿七日御用
人ゟ申達候去ル四日ゟ三ヶ日之間御祈祷之
御札献上有之、
上御霊　小栗栖大和守、下御霊　出雲路陸奥守、
北野天満宮　松栄坊、新住吉　神主小山内匠、新
玉津嶋神主森川中務、但し内実ハ昨夕調進

也、
右献上之節為御初穂金百匹宛被備之、目録臺乗、
（中略）
右御札各御用人ゟ御前江披露、於清殿御出門
前御頂戴被遊候也、
一仙洞御所奏者所江辰刻御使　布直垂　織部正
御太刀　一腰　大鷹紙横目録一枚
御馬代銀三十両　一匹　御馬代包如例
以上
白銀三拾両
昆布　一箱　同紙竪目録

干鯛　一箱
御樽　一荷　樽者年始ハ大宮御所等江被進候通之御樽一荷之縄掛なし、
以上
右今日三部抄御伝授ニ付従中務卿宮被献之
候、猶後刻御参之節宜御披露候様頼思召候、此段
両局江被仰入候、但し奏者所取次ヘ入魂申置、
一仙洞御所江今日御伝授被為済候後御内々為
御礼御内義向江被献物有之、右者以前之御内
々御伺ニ而御釜ニ御治定ニ而御吟味有之、
御釜　与次郎作　代金三両弐歩并極メ札書付

料金壱歩箱代三拾五匁代金弐歩と匁七分五厘弐服紗
代五匁代、
都而代金三両壱歩銀弐匁七分五厘銭五百
文、右代元方ゟ三月九日〉山本播磨介取扱
ニ而相渡候、則釜師浄雪江相渡、
右御釜一箱堅脚臺ニ乗御進献、
但し御肴一折五種、交肴鯛一尾、大鰻一本、蚫五はい、いせゑび五ツ、大いか二はい
右奥向ゟ御文ニ而御進献也

（略○中）
右表向御進献御使之節一所ニ持参、是又奏者

番ヘ頼置後刻御参〉之節宜御披露可被下旨
両局迄達之儀頼置候事、
一三部抄御傳授ニ付南御文庫ニ有之木地之御
唐櫃今朝御清殿ゟ被出、御誓状御随身、右御箱
文政三ケ度被仰付、目通り桐ニ而野良盖真鍮之御錠前
御寸法有之
右取出純子ニ幅之清者御服紗ニ被包、則御腰
輿ニ被為入於洞中御昇殿之節御扶持御出迎
之堂上方江直ニ被上之旨被仰付、
一御出門前於御小書院御板菌斗御口祝上之図

書頭、
一仙洞御所江辰半刻御出門ニ而御参、
着御御袍雲鶴御単白御差貫紫立涌御地紋御
冠御掛緒紙捻り御檜扇蘓枋御畳帖備中檀紙
御太刀平鞘金
（中○略御供）
於洞中車寄御扶持御出迎之堂上庭田大納言
殿、外山修理権大夫殿ヘハ依遅参御出迎不被
在候、
右御誓状之箱御服紗包之儘信濃守ゟ庭田

殿江直ニ差出ス、勿論御供侍ニ而、
午刻前還御、右御切紙之御箱飛鳥井左兵衛督
殿被持出、信濃守江被相渡、御腰輿ニ入之御退
出之節庭田大納言殿飛鳥井中納言殿雅光殿外山修理大夫殿飛鳥井左兵衛督殿等
車寄翠簾下迄御見送り被申上候、還御御切紙
之御箱御服紗包之儘御腰輿ゟ出之、甲斐守持
之、直ニ御先立ニ而御小書院江、上総宮御方御小
直衣御指貫ニ而、御出迎ニ被為成、右御箱直ニ上総宮
様ヘ上之、夫ゟ若宮御方御箱被為持御先立ニ
而直ニ其清殿江被為入候、夫ゟ直ニ御庭〉

＞鎮守社、柿本社、天満宮社、梅本明神、願照明神、
＞社御拝被遊清殿江被為成御拝、第〇御代、
一於孔雀ノ間御衣冠之儘御祝詞被為請、
御臺所実枝宮御方、若宮御方、登美宮御方、精宮
御方等今日御傳授無御滞被為済御歓被仰上、
右済テ直ニ御小書院江出御、御座御茵御脇
座上総宮御方御小直衣、御家来之御祝詞申上
被為請諸大夫侍一列ニ出申上ル、次ニ御用人一
席次ニ御近習中奥并末勤之御近習席中奥迠
一統ヘ出ニ行列三ノ間ニ出恐悦申上ル、

夫ゟ御昼御膳御設之御神事火ニ而被召上、其
後午半刻御神事被為解旨被仰出、向々江も其
旨申渡し、御門之御神事掛札并注連縄等為取
候事、
一御傳授被為済候為御礼御所々々并勧頃（ママ）之方
御当□（ミ）等ヘ為御吹聴御成、
御出門未刻前先一條前関白殿御通りニ而被
仰置、夫ゟ女御御方、夫ゟ御参内、於禁中御間取、
夫ゟ大宮御所、夫ゟ御参院、夫ゟ鷹司関白殿江
御成御通ニ而被仰置、還御申刻少前、

一於孔雀ノ間今日御祝御祝御膳御酒等如左、
宮御方、御息所、上総宮御方、登美宮御方、精宮御
方
御祝赤飯、御先附 干魚 香物 小皿
次御吸物 蛤すまし、紙敷御肴 からすみ めさし 結わかめ
右済御膳一汁五菜御中酒御菓子
一三部抄御傳授被為済候為御祝儀
宮様江被進 干たい 一はこ 但し御目録斗ニ而
実枝宮様ゟ 御たる 一か
外ニ御内々ゟ 御まな 一折

上総宮様ゟ 干鯛 一箱
御樽 一箱 御目録ニ而披露
御まな 一折 常信院殿ゟ
一今日於洞中三部抄御傳授之節御頼ニ而御扶
持御世話御出迎被申上候堂上方庭田大納言殿、
飛鳥井中納言殿、外山修理権大夫殿、飛鳥井左
兵衛督殿、未刻頃ゟ伺公、廣御殿於南一ノ間先
茶煙草出ミ各今日御傳授無御滞被為済候御
祝詞被申上、且伺公可仕旨被仰出候ニ付方参
賀候事、

先御祝赤飯先附干鯛香物二四
吸物蛤ぬり器附肴盛こがし、七度器かまほこ巻するめ針午房
右済御料理一汁五菜、御菓子、薄茶等
一仙洞御所ゟ　御使鳥飼小西九郎兵衛
真綿　五把臺乗
長熨斗　一折五把臺乗
女房奉書御文箱入ニ而添来ル、
仙洞さまより申とて候いよ〳〵御機嫌よくならせられ候、中務宮ニも御ふしにおハしましめて度覚しめし候、さてはけふは

三部抄御てんしゆする〳〵と済まいらせられ候めてたく思召し祝まいらせられ候て此御なか五ゆいうちあわひ一折めて度まいらせられ候、猶〳〵御機嫌ともよくいく久しく万々年までも御歌道御はん栄の御事にてめてたき御事のみと祝入まいらせられ候よしよく〳〵心へ候て申とて候、このよし御申入候へく候、かしく、
〆たれにてもの　新大納言
御局へまいらせられ候　権中納言ゟ

（〇返書略）
一禁裏御所ゟ　御使鳥飼野村左馬允
生鯛　一折弐尾
（〇奉書略）
十一日、丙辰、晴、
一三部抄御傳授被為済候ニ付御社参之ヶ所如左、
先、
上御霊社、北野天満宮、新住吉社、新玉津嶋社、錦天満宮、下御霊社
御備金百疋ツヽ、但し錦天神ニ者鳥目十疋、御備同社内ニ而御小休、尤前日ゟ御小休之義申

遣ス、御供方近茶烟草盆等出ス、
御出門辰剋前右之ヶ所江御成、（〇等略）御帰還御午剋、各服紗麻上下、

〔歴世諸道伝授関係文書〕○書陵部所蔵

〔包紙〕「包紙檀紙」

和歌三部抄御傳受之儀、謹深畏入存候、右説曽以不可有聊尒儀候、此旨私曲候者可背和歌両神并天神冥助者也、仍誓状如件、

文政十年四月七日　韶仁上

〔日次案〕○東山御文庫蔵

文政十年四月七日、壬子、雨不定、夕景屬晴、巳刻於御賀客間御傳授三部抄于中務卿宮、更於同所賜御盃、女房之沙汰、被畏申、

関白入道准三宮安部卿宮前関白内大臣等参賀、

関白入道准三宮等召御前、上総宮参賀、就父宮御傳授御着拝賜被畏申、

文政十年四月十六日

大和五條櫻井寺住職竝ニ常陸鹿取無量壽寺住職ニ和歌入門ヲ許可ス、

〔有栖川宮日記〕○高松宮家蔵

文政十年四月十六日、辛酉、晴、

一参上

和州五条　桜井寺浄土宗知恩院末

右和歌御入門、御墨紅花墨壹挺昆布料金弐百疋献上、於御小書院御目見御盃被下之、名披露兼日(マヽ)江送物有之廣御殿南弐ノ間ニ而御祝酒吸物肴ニ而被下之、黄梅院江も別段黄梅院江於御座間御對面御菓子被下之、黄梅院江三部抄御傳授ニ付献物為御返祝延紙十束被下之、

同伴　黄梅院

一参上

常陸鹿取郡鳥栖村西本願寺末
無量寿寺

同伴
伴桂成子

右和歌御入門、白銀壹枚献上、於御小書院御目見各披露御盃被下之、兼日江(マヽ)も送り物有之、廣御殿北弐ノ間ニ而御祝酒吸物紙敷着被下之、同伴成子江も、

文政十年五月十四日
王子公紹親王新宮輪王寺ニ和歌入門ヲ許可ス、

編修課

〔有栖川宮日記〕○高松宮家蔵
文政十年五月十四日、乙丑、晴、
一輪王寺新宮(公紹親王)和歌御門入として巳剋御成、
兼日御題被進候處今日御詠草御誓状御隨身御直ニ被進候事、
御小書院江中務卿宮新宮御出座、御門入之御式四種物御配膳御近習御杓成基被為濟候後

御點濟候御詠草御直ニ返し被進、其後大奥江
被為成候事、但し今日御式ニ掛り候面々一統
麻上下着用也、
右ニ付中務卿宮江新宮ゟ被進物如左
御太刀　一腰
御馬　代銀貳十両　一疋
和歌掛り甲斐守近江守江金貳百疋
ツヽ被下之、

右之品々今大路民部卿御供ニ而罷出テ成
基江引渡有之事、

依之民部卿江吸物紙數肴ニ而御祝酒被下
之、
其後一統御供帰り午半刻御迎参上也、新宮御
方江者於大奥御吸物紙數御肴ニ而御祝酒被
進之、御膳等も被進之、還御未剋ナリ、

文政十年六月十日
廣橋胤定・同光成・同胤保及ビ竹屋光棣・同光有ニ書道入門ヲ許可ス、尋イデ十二日栗田白童ニ和歌ノ、千玄室ニ書道ノ入門ヲ許可ス、

〔有栖川宮日記〕○高松宮家蔵
文政十年六月十日、甲寅、晴、
一廣橋一位殿〔胤定〕
同左大辨宰相殿〔光成〕
同大夫殿〔胤保〕、
竹屋前右兵衛佐殿〔光棣〕、

編修課

同（光有）左馬頭殿ゟ　使八木貢

御太刀　一腰ツヽ

御馬　一疋　代金貳百疋ツヽ

右書道御門入ニ付進献之事、

十二日、丙辰、晴夜雨、

一今度御歌道御門入　粟田白童

御書道御門入　千玄室

於御小書院御目見御盃（御）流し被下之後御廣殿二ノ間ニ而御祝酒吸物紙敷肴ニ而被下之、退出後再参上御目見御祝酒被下御礼申上ル、

御門入御礼献上物

白銀壹枚

掛り両人ヘ金百疋ツヽ

文政十年閏六月十六日

西本願寺門主光澤ニ書道入門ヲ許可ス、

〔有栖川宮日記〕○高松宮家蔵

文政十年閏六月十六日、庚寅、晴、

一西本願寺御門主（光澤）　御使下間民部卿

今度書道御門入之儀御願之通御領掌ニ付

御礼被申上并清書被入御覧、

右御礼として

御太刀　一腰　御馬代　白銀拾枚

文政十年九月十七日

飛鳥井雅光・難波宗弘ニ鞠道紅金紋紗上及ビ青黄葛袴ノ著用ヲ願出デ、其ノ内諾ヲ得、尋イデ二十七日、蹴鞠ヲ催シ、梶井宮承眞親王・知恩院宮尊超親王之レニ參會シ、雅光・宗弘モ亦參入シテ色目書付ヲ進呈ス、

〔有栖川宮日記〕○高松宮家藏

文政十年九月十七日、庚申、晴、

一飛鳥井中納言殿（雅光）
難波少將殿（宗弘）等へ　御使筑後守

右中務卿宮御方今度鞠道ニ付
紅金紋紗上萠黄葛袴
右色目御所望被成候旨被仰入、両家共御請
被申上候旨、
右ニ付續而御使色目書付可被差上處進
之、蹴鞠御内会被為催ニ而両家とも被召寄

候御内約被為有候ニ付、其節持參可被致
旨、仍而於此御方右色目御襲来用意申付
當日右書付被差上即日御着用ニ而宜旨
内々掛合中也、右御挨拶御例ハ文化十酉
年七月十九日桃色上之御例ニ而可然、可
見合、但此度ハ弐官故御挨拶物両家へ弐
通り御用意之事、

廿七日、庚午、晴、

一今日蹴鞠御催ニ付
梶井宮
知恩院宮　午半刻御成、

（略、中）

兼而御所望被為在候御色目書付今日飛鳥井
殿難波殿等持參ニ而被上之、
紅金紋紗上　折紙上包有
青黄葛袴
右御着用之事
雅光
両家ゟ同様被上之候事右御挨拶御使昨日
相勤候事、
後刻飛鳥井殿ゟ　使関口数馬

右者過年御對面之節別段御内々拜領之御花瓶中出候則相渡、

〔有栖川宮系譜〕

光格天皇御猶子
韶仁親王

（略。中）

同年（文政元年）九月廿七日鞦道ニ付紅金紋紗上青黄葛袴御着用、

文政十年十二月五日

参院、上皇光格ヨリ入木道七箇條並ニ口傳故實ノ御傳授ヲ受ケ、御盃ヲ賜ハル、乃チ上皇ニ誓状ヲ捧呈シ、祝品ヲ獻上ス、尋イデ一旦歸殿セル後、更メテ仙洞並ニ禁裏仁孝及ビ大宮御所欣子内親王等ニ参入シ、御禮ヲ言上ス、

〔有栖川宮日記〕○高松宮家蔵

文政十年十月廿三日、乙未、晴、

一未半剋比許定高松三位殿御参、伺公之間江被通、諸大夫面會之儀被申入、木工頭麻上下罷出候所、御使として参ル上候間可申上旨被申述、依而廣御殿南二之間江御案内申、青士茶煙草粉盆持出、右及言上候所、無程於御小書院御對面、御使、御前被進來ル、十二月入木道御傳授被仰出候旨被申述、先以畏思召候旨、御請被仰上、御使退座、二之間數居際迄被為送、御歸座、御使江

御挨拶有之、同卿ゟも自分恐悦被申上表江被
退、退出之節木工頭近習麻上下両人御車寄下
座莚近送り出、
一御出門申刻、右為御請御礼御参院、着御御袍、夫ゟ関
白殿江御成、御吹聴御通被仰置、御参宮、御参内、前関白殿
御通被仰置、女御殿江御成、（御供略）還御酉半刻、御供衣
躰常服麻上下、
一今日為御請御礼御参院之処、御対顔被為在、且
御祝酒等被進候由、依御沙汰記置候事、
廿五日、丁酉、晴、

書陵部（三号）

一来十二月従仙洞御所入木道御伝授被仰出候
ニ付為御礼聖廟江御代参相勤　木工頭
御備金百疋
右ニ付後刻御礼持参献上之　松栄坊
同上ニ付上御霊社江御代参、　河内守
御備青銅十疋
十一月十日、辛亥、晴、
一院使として評定高松三位殿、御参、未刻、南廣御
殿式ノ間江通し、茶煙草盆出し置、図書頭、麻上
下着罷出候処、御使として参上候間、中務卿宮

書陵部（三号）

御対面被申上度旨也、即刻於御小書院御対面、
高松殿中務卿宮御対座ニ而来十二月五日時
巳、入木道御伝授日時被仰下、即刻右江仰下候
旨幾久数畏候旨御請被仰上、御使退出之節二
ノ間迄御送り御帰座之上御自分江告方之由
御挨拶被仰入、其後高松殿表江被出、御伝授日
時被仰出候恐悦申上置退出也、図書頭御近習
両人青士壹人送り出ル、
一中務卿宮未半刻御出門、御伝授日時被仰出候
御請御礼也、鷹司殿下江も御風聴として被為

書陵部（三号）

成御順路如左仙洞御所殿下、大宮御所禁裏御
所（御供略）還御亥時、
十二月五日、丙子、晴、
一今日巳刻入木道御伝授従仙洞御所被為請之従昨
夜今日未刻迄御神事御目覚卯刻、
御請掛り　宮崎縫殿
御門注連昨夜ゟ被張之、以下昨日之所ニ委
見、
一早朝仙洞御所奏者所江
御使織部正狩衣
御太刀　一腰
御馬　一疋

書陵部（三号）

昆布　一箱　干鯛　一箱
御樽　一荷　代銀五十両
以上
右今日入木道御傳授ニ付為御礼御進献之事、
一禁裏御所江
生鯛　一折ニ尾
大宮御所江
同上
仙洞御所江

実枝宮御方上総宮御方等5
生鯛　壹折ツヽ
右同断ニ付御進献之事、
以上御使右京少進
のしめ麻上下着
一御庭
鎮守社　柳本社
天満宮　願照明神等江
梅本社
御備　三寸　洗米　三十　御代参織部正

書陵部（三号）

御清殿天満宮御初江
同上御備ヘ　御代拝御近□
一上下御霊社江　御代参　前川主鈴
御初穂料青銅十疋ツヽ　御札受ル
一北野天満宮江　御代参　武藤采女
同上
一御出門前於御小書院御口祝差上ル、図書頭設
之、
一御参院辰半刻御出門
着御々衣冠

書陵部（三号）

御袍御単白御差貫
御冠御懸緒紙捻　御檜扇御畳紙
御太刀平鞘金作
御服紗包御輿ニ入　但御箱物也、
御行粧
（中略）
於院中
御出迎之堂上方兼而御頼ニ付辰半刻前5御参院之事、尤御参之節青侍を御
以実内御、廣橋一位殿庭田大納言殿、廣橋左大弁宰
相殿等御扶持被申上、
洞中於御車寄御勝腰之内御服紗包成基5

書陵部（三号）

辨宰相殿へ渡之御退出之時御同方ゟ成基
へ出渡〉候、
還御巳半刻過、直ニ御庭鎮守社御初梅本社近
御参詣、（供奉御供之輩直ニ南之切戸ゟ相廻ル、）夫ゟ御清殿御拝礼
被為済候後被解御神事候事、宮々様方江御祝
詞被為済於御小書院御内一統恐悦被為請之、
先表一統席へ罷出、次女中一統相済、夫ゟ御黒
戸御拝礼被為在之、
次ニ於御小書院御祝、
先赤飯御向附

次御祝酒御吸物蛤御肴（土器盛板午房）折
御料理壹汁五菜御中酒
御吸物御肴三種（組御酒御吸物者後刻夜分ニ差上）
御茶御菓子等
右御一統様江上ル、常信院殿へも被下之、御内
一統へ御祝酒土器肴ニ而被下也、
一再御出門未刻今日御傳授被為済候御礼也、
禁裏御所
仙洞御所等江御参於三御所御祝酒
大宮御所被出之旨御沙汰、
関白殿、前関白殿、女御之方等江戎御吹廳（聴ヵ）等被

為成候事、（共。略）御還御酉刻、
一今日為御祝儀被進物献上物
実枝宮様ゟ　干鯛壹箱
御とな壹か
外ニ御肴壹折
上総宮様ゟ　干鯛一箱
御樽壹荷
（略。）
一仙洞御所江　御使加藤衛守
御服紗包臺載弐つ

御肴　壹折　御封中添
今日為御礼御内々御進献之御品則御返書来
一禁裏御所ゟ　御使残井主税
生鯛壹折　御封中　（御祝酒御引首足被下也）
くはうさまより申せとて候、いよ〳〵御機
嫌よくならせられ候、中務卿宮にも御ふし
におハしましめて度思しめし候、左様ニ候
へハけふハ仙洞さまより入木道御てんし
ゆおハしましめて度思しめし候いわゐま
いらせられ此御まな一折めて度まいらせ

られ候、猶〻御機嫌共よくいく久しく万〻年までもめて度御事のミと祝入まいらせられ候、よく〳〵心へて申せとて候、このよし御申入候へく候、かしく、

たれにてもの

御局へまいらせ候　与

御返書

（書・略返）

一仙洞御所　御使進藤主計

生鯛壹折　御祝酒御引百疋被下也、

御服紗包壹臺御封中添

仙洞さまより申せとて候、いよ〳〵御機嫌よくならせられ候、中務卿宮にも御ふしにおハしまし候、入木道御てんしゅする〳〵と御滞なくすみまいらせられかす〳〵めて度思しめし候、祝まいらせられ候て此御なか五ゆひ御まな一折めて度まいらせられ候、猶〻御機嫌ともよくいく久しく万〻年迄も筆道御はん栄のめて度御事のミと祝思しめし候よし心へ候て申せとて候、このよし御申入候へく候、かしく、

御返書上に同し、

七日、戊寅、晴、

一中務卿宮御土門卯半刻下御霊社、夫ゟ上御霊社・北野聖廟江御参詣、右者兼而入木道灌頂無御滞被為済候御礼御社参也、上下御霊江御備金百疋ツヽ、聖廟江白銀十両御備ナり、（供・略）御還御巳半剋、

十三日、甲申、晴、

一入木道御伝授被為済候為御後宴御嘶子御能等被相催、於御小書院数寄臺、右ニ付御成

右府殿　内府殿

右大将殿　仁和寺宮

大覚寺宮　梶井宮

知恩院宮　等

午剋前後追〻被為成、直ニ御供帰り、能御覧

先御膳御吸物蛤紙敷肴三種御酒錫御夕御膳ニ汁五菜御中酒御肴三種御菓子御薄茶等後段御吸物五ツ御肴九種等御夜食壹汁三菜其余種〻見計ニ而上ル、

御迎亥刻還御丑刻過、右御供之輩へ御酒三種
肴ニ而被下候、
右府殿ゟ御肴一折御成ニ付被進之、
拝見参上之輩
（人名。略）
右参上之輩へ御祝酒肴三種等ニ而被下候并
御認等被下候、
（下略）

〔日次案〕○東山御文庫蔵
文政十年十一月十日、辛亥、陰、来月五日巳刻、入木
道可有御伝授于中務卿宮、日時御治定被仰出、以
御使高松三位被仰下、被為見日時勘文、歸参御請
言上、
十二月五日、丙子、晴、巳刻於御賀宴間入木道御伝
授于中務卿宮、更於同所賜御盃、女房沙汰、

〔歴世諸道伝授関係文書〕○高松宮家蔵
（包紙）「入木道御伝受之砌誓状」
仙洞入木道御伝授給候砌献上誓状案包紙
（檀紙）
入木道七箇條并口伝故実蒙御相伝鴻恩之至深
畏候、雖為相続之一子、非其器者不可伝候、勿論格
別之書体字形額等之儀、無窺猥不可認候、右之旨
趣於違背者、可蒙天神地祇祖神御罰候、仍如件、
文政十年十二月五日　韶仁上

文政十年十二月十一日
王子大覚寺宮慈性親王ニ和歌入門ヲ許可ス、

〔有栖川宮日記〕○高松宮家蔵

文政十年十二月十一日、壬午、晴、

一大覚寺宮御成午半刻、御供帰り、今日和歌御門入、

於御小書院御式

四種物御銚子 錫御杓成基

御陪膳御近習

御詠草御伺、直ニ御点被成進、於奥向御膳御酒等被進、還御戌半刻過、

編修課

文政十年十二月二十一日

倉橋泰行ニ書道入門ヲ許可ス、

〔有栖川宮日記〕○高松宮家蔵

文政十年十二月廿一日、壬辰、雨、

一倉橋刑部卿殿（泰行）御参、

今日書道御門入也、於御小書院御対面御口祝被遣、但四種物之処依故宮御門入被略、清書被返、於表御祝酒吸物紙敷肴ニ而被出、右相済退出、

鰹節拾本　一臺被進之

後刻御参

献物御挨拶　御使加藤衛守

編修課

文政十一年正月三十日

鷹司政通女衛子嬡ニ書道入門ヲ許可ス、

〔有栖川宮日記〕○高松宮家蔵
文政十一年正月晦日、（三十）庚午、晴、
一鷹司殿へ御使　　信濃守
愛君殿今般書道御門入目出度思召候、（麻上下着）右御
祝詞被仰進且御手本為持被進候事、
一右御同所ゟ御使　　高橋大隅守
同上ニ付愛君殿ゟ為御祝儀
干鯛　壹箱
御樽代金弐百疋
右被進之、

文政十一年二月十五日
長谷信好ニ和歌入門ヲ許可ス、尋イデ十六日、佛光寺門主眞導ニ同ジク入門ヲ許ス、

編修課

〔有栖川宮日記〕○高松宮家蔵
文政十一年二月十五日、乙酉、晴、
一長谷阿波権守殿信好朝臣参上、
右兼日石井行宣卿を以歌道御門入之儀被
相願、御許容、今日為御礼伺公、詠草被伺、且誓
状被差上之、出會右京進万端取扱有之、於御
小書院御對面、（略）右為御礼御太刀一腰御馬代入魂
外ニ文有壹折鯛蛤
右参上以前以使者被上之
〈

十六日、丙戌、晴、
一佛光寺御門主ゟ　　使稲田大蔵卿
和歌御入門為御礼目録之通進上詠草誓状
等被差上、
干鯛一箱　真綿三把
御樽代金五百疋
右詠草目出度御返し、

文政十一年二月十八日

近衛忠凞ノ勸進ニ依リ、圓臺院（職仁親王女董子女王、近衛經凞室、）ノ七十ノ年賀和歌ヲ詠ジテ贈ル、尋イデ二十八日、同宮御殿（櫻御所）ニ於テ賀宴ノ催アルヲ以テ、之レニ臨席ス、

〔有栖川宮日記〕○高松宮家蔵

文政十一年二月九日、己卯、晴、

一内府殿（近衛忠凞）　御使佐竹甲斐守

圓臺院宮御方七十御賀被催候ニ付御勸進之和歌御詠出之儀御頼被仰進候、且実枝宮御方・登美宮御方、上総宮御方・貞操院宮御方・圓照寺宮御方等江も御同様御頼被仰進候、於御領掌者来ル廿日迄ニ被取重度候故も被仰進候旨、

右御承知被為在候事、但実枝宮御方ニ者御非門ニ付御断被仰進候事、

十八日、戊子、晴、

一近衛殿江御使　竹内治部

過日御頼被仰進候圓臺院宮様御年賀ニ付御勸進之和歌御詠出為持被進候事、

上総宮様・登美宮様・貞操院宮様・圓照寺宮様等右御同様御詠出ニ付一同ニ為持被進之、則御落手之旨御答、

此度和歌御題

花契多春

題者民部卿為則卿

右依御沙汰記置、

二十三日、癸巳、晴、

一上総宮御方再御出門、酉刻前近衛殿江被為成、

今日御年賀御祝詞被仰入候、直御供帰リ、（○御供略）

御迎酉半刻過、御供之人数中通御能拝見被仰付、御酒飯等被下之、還御丑刻、

廿八日、戊戌、晴、

一宮御方再御出門、圓臺院宮御殿桜御所江御成、（○御供略）戌刻御迎、還御子刻、

但シ今月着圓臺院宮七十御賀宴ニ付被為
成候事、
奥向ゟ御進物等有之、

文政十一年三月二十七日
九條尚忠女繁君ニ書道入門ヲ許可ス、尋イデ四
月十五日、二條齊信女岸君ニ同ジク入門ヲ許ス、

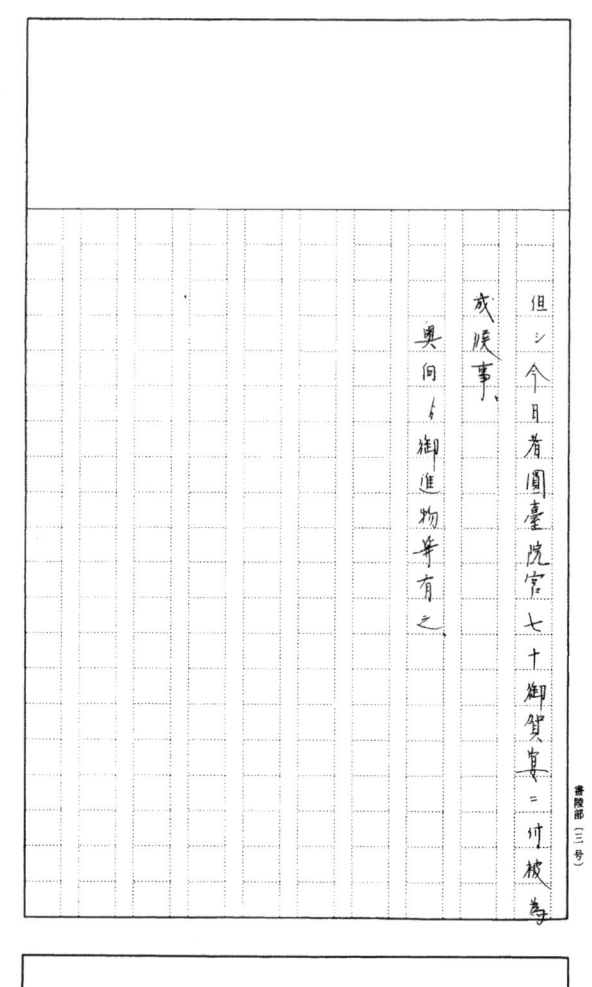

〔有栖川宮日記〕〇高松宮家蔵
文政十一年三月廿七日、丙寅、晴、
一九條殿ゟ　　御使信濃小路大蔵権大輔
御息女繁君殿今日書道御門入ニ付御目録
之通被進之御清書御伺之叓、
ひたい　一はこ
御たる代きん三百ひき
右被進、右府殿ゟ茂宜被仰進候趣也、御清書
御返｜之事、
四月十五日、甲申、晴、

一二條殿ゟ出會信濃守　御使河野玄蕃頭
時節御口上今日左府殿姫君岸（廣子）君御方書道
御門入被成候為御祝儀如左被進、
ひたい　一はこ
御たる代金弐百ひき
右御使江御祝酒被下之、御返答長野中述、御
手本被進、則御使江相渡ス、

文政十一年四月二十五日
越後國與板徳昌寺ノ願出ニ依リ、同寺ヲ祈願所ト爲シ、御紋附紫幕二張・提燈四張ヲ寄附ス、又是ノ日、大賀備後ニ和歌入門ヲ許可ス、

〔有栖川宮日記〕○高松宮家蔵
文政十一年四月廿二日、辛卯、晴、
一願書如左
　　　　　　松村三郎左衛門吹挙
　奉願上口状覺
一独寺儀当御所様御祈願所之儀奉願上度年
来志願ニ御座候得共不得其折候処此度松
村三郎左衛門殿御吹挙被成下候ニ付奉願
候、右願之通被仰付被下候ハヽ為冥加御殿
御永久之御祈禱仕度、就而者御紋附御幕同御
挑燈御寄附被成下候ハヽ、重畳難有仕合可

奉存候、此段宜御執成、被下度奉願候、以上、
　文政十一子年四月
　　　　　　越後國与板
　　　　　　　徳昌寺　印
　有栖川宮様
　　御役人御中
右成基及披露被聞食、則御用人太田勘解由へ
願之通御聞届之旨同人ゟ申達ス、
右御札之儀来廿五日可相勤旨也、
廿五日、甲午、晴、
一参上
　　　　越後国与板
　　　　　徳昌寺
　　同伴吹挙人
　　松村三郎左衛門

北御廣殿ニノ間へ通し太田勘ケ由出會、
右去廿二日御寄附物願之通被仰付候御礼金
三拾両配当如左、
　宮様へ　　金千疋
　　　　御菓子料弐百疋
　御裏様
　若宮様　等へ　三百疋ツヽ
　　〔○中略〕
右献物及披露候後御寄附状御用人太田勘解由
ゟ渡之、

其文如左

御紋附紫御幕　弐張

御紋附御挑燈　四張

右今般御祈願所被仰付候ニ付、為守護被渡置候條如件、

文政十一戊子年四月　太田勘解由

坂部左近　名判

中川信濃守　同

藤木近江守　同

粟津甲斐守　同

德昌寺

右大鷹紙竪書上包同紙

右被下之後役席追々及出會令挨拶御祝酒御吸物三種肴茶菓等被下候、御礼申上退散、

一今日和歌御門入　大賀備後

兼日御題被下、今日詠草（書状箪ニ入）窺、於御小書院御對（面脱カ）御盃被下之、（○中略）御門入為御礼献上交肴弐種壹折、

文政十一年五月十六日

小書院ニ於テ、九條尚忠ニ梶井宮承眞親王ニ能書方ノ秘奥ヲ傳授ス、

〔有栖川宮日記〕○高松宮家蔵

文政十一年四月廿七日、丙申、

一九條右府殿江　御使圖書頭

時節御口上、来ル五月中従中務卿宮能書方御相傳可被成旨被仰進、尤諸大夫ヲ以申入

畏思召候由御答也、

一梶井宮江　同　木工頭

右同様被仰進候処、畏思召候由御直答有之、

一右府殿御成、廣御殿第一間江御通り御口上有之、夫ゟ於御小書院御對面、若宮御方ニも御對面、

編修課

能書方御相傳之儀被仰下畏存候、右御請御
札被仰入候由御口上也、御對面後直ニ還御
之事、
一梶井宮御成、於御小書〔院歟〕御對面之事、
御口上万端同上、
五月四日、壬寅、晴、
一九條殿 江 御使　木工頭
能書方御傳授日時御治定、則勘文ヲ以被仰
進候事、
但去月廿七日御内意被仰進有之候事、

勘文字
陰陽寮擇申能書方御傳授日時
今月十六日甲寅時辰
文政十一年五月三日　権助兼備磨守賀ー朝ー保源
助兼暦博士賀茂朝臣保敬

右御承知之旨御答、
一九條殿御成
前段之趣被仰進候御札被仰入、
一梶井宮 江 御使　図書頭
能書方御傳授日時御治定以勘文被仰進候

事、去月廿七日御内意被仰進、
勘文同前畧之、
今月十六日甲寅時巳
下畧
右御承知畏思召候旨御直答之事、
一梶井宮御成
過刻以御使御傳授日時御治定被仰進候御
札被仰入於御座間御對面被為有候事、
十五日、癸丑、晴、
一明日御傳授ニ付従今酉刻御神事入御神事掛

リ嶋囲拵監、御門大小門共被曳注連縄、御門札ハ明早
天ゟ掛之候事服着退出、女中向不浄之輩奥向相憚候
事、
十六日、甲寅、雨、
一今日能書方御傳授之事、
中務卿宮ゟ
九條右大臣尚忠公 江　時辰
梶井二品座主承真親王 江　時巳
一御傳授御間
御小書院一ノ間四方簾二ノ間三方簾西北

ノ方壹間巻簾一ノ間中央置文臺南北行一
ノ間南方カツキ上御入之時諸大夫役之、
剋限九條殿御成、先御廣廂一ノ間江御通リ
御口上有之、夫ゟ御書院一ノ間江御案内、同
書頭、上総宮御方御送迎、夫ゟ同書頭御案（内歟）ニ
而御小書院江御通リ、上総宮御誘引之叓、御
傳授畢而再御書院江被為入御休足之叓、
但し初御書院江被為入候節天満宮御供
米御札被進之、

〔頭書〕
「一宮御方着御御袍雲鶴御單白すゝし御指貫雲鷺浦
丁端御扶持織部正、

上総宮御方着御御小直衣御指貫、
一御献
　四種物　御盃　御銚子（長柄）両口　圖書頭
　　　　　　　　御手長　采女右兵衛治部
此時御小書院一ノ間南西之方巻簾二ノ間
南西之方巻簾御書院御休足之内設之、被為
済、実枝宮御方御對面、御挨拶有之、相済還御
之叓、
一座主宮御次第同断之叓、
一早朝北野天満宮江御代参御近習、御札御供米

書陵部（三号）

請帰ル、
一早朝
　鎮守社　人丸社　天満宮社　梅本社
　願照明神　上下御霊　木嶋社江
　　御備　干魚洗米神酒
　　　御代拝　御近習
　其清殿
　　天満宮　辨財天　金比羅
　　御備　巻昆布洗米神酒
一九條右府殿ゟ
　　御使　芝伯耆守

書陵部（三号）

御太刀　一腰
奉書　弐拾帖
御馬　一疋　代銀弐拾両
上総宮御方実枝宮御方江
御肴　一折ツヽ　鯛二尾　鰹二本
御傳授為御祝儀被進候叓、御使江御祝酒被
下之、
梶井座主宮ゟ
御太刀　一腰　同　富小路中将
奉書　弐拾帖

書陵部（三号）

御馬　一疋代銀弐拾両
上実枝宮御方江　昆布五拾本一折ツヽ
総宮御方
登美宮御方江　同三拾本一折ツヽ
精宮御方
同上ニ付被進之御使江御祝酒被下之
一御庭御鎮守社江午刻後宮御方御参詣被為在
夫ゟ御神事被為解候旨御門注連縄御神事札
等引之
一今日御傳授ニ付御祝
御一統様江御吸物壹御肴三種御祝酒差上
レ、

大宮御所ゟ　同　青木大學丞
御まな一よはり（ママ）
右御請使　河内守
女御殿ゟ　同　奥田求馬
ひたい一はこ
十七日乙卯、陰雨
一御出門未刻、禁裏御所仙洞御所大宮御所江昨
日御傳授被為済候御礼御肴御拝領等之御礼
〻し而御参（○供御略）還御未半刻、

一御傳授被為済候為御礼未刻比再御成如左
九條殿　梶井宮
御通於御座間御祝酒御吸物蛤ニ種御肴ニ
而被進之還御申刻比、
一御傳授ニ付御歓被進物御使等如左
禁裏御所ゟ　御使野村左馬允
鮮鯛一折出會釆女
（○女房奉書略）
仙洞御所ゟ　御使三沢右番長
鮮鯛一折女房奉書同上略之、

文政十一年六月二十一日
攝州浦江妙壽寺ノ願出ニ依リ、同寺ヲ祈願所ト
爲シ、御紋附幕並ニ提燈ヲ寄附ス、

〔有栖川宮日記〕 ○高松宮家蔵

文政十一年六月八日、丙子、晴、

一願書如左

奉願上口状覚

一拙寺儀當御所様御祈願所之儀奉願上度年来志願ニ御座候へ共不得其折候処、此度鎌旧修理殿御吹挙被成下候ニ付奉願候、右願之通被仰付被下候ハヽ、為冥加御殿御永久之御祈祷仕度、就而者御紋附御幕同御挑燈御寄附被成下候ハヽ、重畳難有仕合可奉存候、此段宜御執成被下度奉願候、以上、

文政十一子年　摂州西成郡浦江村
五月廿八日　妙壽寺 印

有栖川宮様
御役人御中

右言上候処被聞食候事、

廿一日、己丑、晴、

一参上　摂州浦江 妙壽寺

御祈願所願之通り被仰付候旨御用人ゟ申達、有難旨御請申上ル、則御札として指上ル

御札様如左、

金拾五両　配當如左

献上　金五百足

若宮様
御裏様江　同弐百足ツヽ

（中略）

〆拾五両

右比二ノ間ニ而休足、若宮様於御小書院御目見、御口祝被下之、於休所三種肴紙敷肴ニ而御祝酒下之、御菓子等難有御札申上ル、退出之事、

御寄附如左

〔アキマヽ〕

文政十一年九月二十四日

嫡母藤原〈鷹司〉福子ノ二十五回忌ニ當ルヲ以テ、大徳寺龍光院ニ於テ法事ヲ修シ、諸大夫粟津義毅ヲシテ代香ヲ勤メシム、

編修課

〔有栖川宮日記〕　○高松宮家蔵

文政十一年九月廿一日、戊午、

一竜光院ゟ明臺院殿二十五回御忌ニ付品目差上ル、

明臺院殿二十五回御忌御法事品目

来廿三日未之刻

普門品　大悲神呪

同廿四日巳之刻

施餓鬼　満散楞厳神呪

半斎大悲神呪

右

廿三日、庚申、

一明臺院殿御逮夜御法事未之刻

普門品　大悲神呪

着座　肥後守

右京少進

但し御法事料御逮夜御法事等ニ而白銀五枚御用人ゟ相渡ス、

一明臺院殿廿五回御忌ニ付御斉詰帳如左、

宮御方ゟ

御香奠金　弐百疋

御花　壹筒

錫御花　壹對

実枝宮御方ゟ

葩　十片

手桶

上総宮御方ゟ

葩　十片

宮々御方ゟ

葩　三十片

一竜光院役者ゟ請書如左、

覺

一白銀五枚者

為明臺院殿御廿五回御法事料

右攸令院納如件、

竜光院役者
栽首座　印

戊子九月廿三日

坂部左近殿
太田勘ケ由殿

廿四日、辛酉、

一明臺院殿廿五回御忌御相當御法事ニ付竜光院江御寺詰、

寅半刻着
粟津甲斐守　布衣
鳴岡右京少進　同

（○以下七名略）

一明臺院殿廿五回御忌御法事巳刻

施餓鬼　満散楞厳神咒
半齋大悲神咒
出頭四人
平僧廿人
着座甲斐守
相済御代香相勤、和尚座元江御挨拶甲斐守
申之、

一御聴聞簾中　仁和寺宮　梶井座主宮

知恩院宮
於客殿如例大衆江御非時被下
候、

一御寺詰帳如左
仁和寺宮御成
梶井宮御成
知恩院宮御成
関白殿御成
中宮寺宮　御代香　知湛

葩　三十片

御花　壹筒
（○中略）
知恩院宮〻
葩　三十片
金　百疋
御花　一筒
（○中略）
梶井宮〻
葩　壹臺
金子　弐百疋

御花　壹筒
文聚院宮御廟江
御花　壹筒

仁和寺宮ゟ
葩　壹臺
金　弐百疋
御花　壹筒
輪王寺新宮　御代香岩井修理
葩　三十片
御花　壹筒

文政十二年四月二十五日

去秋以來體調勝レズ、或ハ藥餌ニ親シミ、或ハ諸社ニ祈禱ヲ命ゼシガ、漸ク快癒セルヲ以テ、是ノ日、床拂ノ祝儀ヲ行フ。

〔有栖川宮日記〕○高松宮家蔵

文政十一年九月朔日、戊戌、雨、
一 山本従吉へ　御使山田左内
宮様少々御不例ニ付御薬調献候様被仰入則
差上ル、
五日、壬寅、晴、
一 朝之内山本従吉江　御使加藤衛守
宮御方御違例ニ付参詣候様被仰下候処即刻
参詣御薬調進之
一 未刻頃楯井近江介江　御使同人

参詣之儀被仰下候処即刻参上也、
十日、辛未、曇、
一 宮様少々御違例ニ付御見舞御使等如左
知恩院宮　御使高森正親
御菓子　壹箱
仙洞御所　同　藤木蔵人
御交肴　壹折　御封中添御返書出ル
前関白殿　同　難波伊予守
（○中略）
仁和寺宮上総官迄御封中　御使吉田藤馬

以上

十一日、戊申、

一宮様少々御違例ニ付御見舞御使等如左、

一圓照寺宮　御使山田伊織

梶井宮　同　竹原三河

仁和寺宮　同　久富内匠

左府殿　同　小出多門

大聖寺宮　同　古屋将曹

（以下略）

十二日、己酉、

一宮様少々御違例ニ付御見舞御使等如左、

大覚寺宮申刻過御成

御夜食被進、還御為御見廻温飩一組被進、

知恩院宮ゟ　御使小山民部卿

（略中）

一依召参上　小栗栖大和守

一同上参上　松栄坊代歓楽坊

御祈祷之儀ニ付参上

宮御方御違例ニ付今日ゟ一七ヶ日御祈祷

被仰付、

十三日、庚戌、

一宮様御違例ニ付御見舞御使等如左

大覚寺宮申過刻御成還御、

梶井宮　御使入谷大学

知恩院宮　同　岩波伊勢守

仁和寺宮　同　村上勤負

大覚寺御門主　同　上野丹波介

（略中）

十五日、壬子、

一御詰医師　高階備前介　中山広安

森田主一郎　山本従吉

右今日ゟ改而被仰付候事、

一御次詰御医師　石田東純　後藤佐一郎

鎌田藤吉　堀文格

右今日ゟ壹人宛相詰候様被仰付候事、

十八日、乙卯、晴、

一上御霊社へ　御代参　柳松主馬

聖廟へ　同　安藤玄蕃

一参上　上御霊社　小栗栖伊勢守

北野　松栄坊

宮御方御違例ニ付去十二日ゟ一七ヶ日御

祈祷被仰付、今日満行ニ付御札守壹箱ツヽ

献上之、
廿一日、戊午、
一宮御方御違例ニ付御見舞御使等如左
梶井宮御成
御夜食被進、還御丑半刻、
一宮御方御發痛ノ福井丹波守御匕仕候所今日
ノ高階安藝守江御轉匕ニ相成候事、
廿五日、壬戌、
一宮御方御違例ニ付御見舞御使等如左、
仁和寺宮御成

知恩院宮御成
先善哉餅并御盃御膳御中酒御吸物御重有
三種等被進、還御申刻前、
十月五日、辛未、
一宮御方御違例ニ付御見舞御使等如左
梶井宮御成
知恩院宮御成
御夜食被進、還御
〔按〕韶仁親王違例ニ伴フ御見舞御使等ノ記
事ハ後有栖川宮日記ニ屢〻見エ、今省略ス

〔有栖川宮日記〕○高松宮家蔵
文政十二年四月廿五日、戊子、晴、
一宮様昨年秋以来御違例之処、御本服〔復〕被為在候
ニ付、今日御床拂御祝儀被催候事、

文政十二年九月八日
生母村井敦子死去セルヲ以テ、五十箇日ノ假ヲ
請ヒ、十三箇月ノ喪ニ服ス、

〔有栖川宮日記〕○高松宮家蔵、

文政十二年九月八日、己亥、晴、

一傳奏ヘ御届　　御使青侍

覺

此御方家御實母今夜酉刻逝去。付五旬之御假、十三ケ月御着服候、且被混穢候、穢之限者追而可被仰入候、仍而御届如斯御座候、以上、

九月八日　　有栖川宮御内

粟津圖書頭

廣橋一位様御内

平野外記殿

野村主馬殿

甘露寺一位様御内

坂上古内殿

藤木玄番殿

文政十二年九月十九日

生母村井敦子ノ葬送ヲ行ヒ、大徳寺龍光院ノ葬儀ニ參列ス、尋イデ二十二日、初願忌ノ法事ヲ行フヲ以テ、龍光院ニ參詣シテ之レヲ聽聞ス、

〔有栖川宮日記〕○高松宮家蔵

文政十二年九月十九日、庚戌、雨降、

一常信院殿今日酉刻大徳寺山内龍光院江葬送、

一於終焉間御棺前燒香、先女中、次表諸大夫始中奥迄、其後御上御一統様、

一宮様龍光院御先江被爲成、着御御喪服、刻限前

一刻限事具之時列奉行ゟ爲知拍子木、

一一番御供廻り、

二番内外火ヲ點、

三番列奉行ゟ事具之由諸大夫江爲被知、

干時出棺、
御輿寄ゟ御臺所前表御門（此時竹仮門設、）夫ゟ北へ今出川御門通、西へ室町通、北へ上立賣西へ小川通、北へ寺内通、西へ大宮通り、北へ大徳寺勅使門、
（○行列略）
客殿西ノ間南階下江宮御方御出迎、
御法事衆僧紫衣ゟ平僧ニ至り三十六口、
御引導之儀等事畢僧焼香、宮御方御焼香、次御見送御使之輩焼香、

次山頭江御移り、此時客殿西階御降り宮御送り穴門外迄、
御葬場懸り之輩相詰、畢而於客殿御安牌着座図書頭、
右相済和尚座元へ挨拶、

〔有栖川宮日記〕○高松宮家蔵
文政十二年九月廿二日、癸丑、曇、
一今日於寺門初願忌御法事也、
初願忌御法事品目
施餓鬼巳之刻
満散楞厳神咒
半齋大悲神咒
一宮御方御出門巳刻前竜光院江御参詣、（○御供略）還御未半刻、
一上総宮御方引續御出門御参詣、（○御供略）還御同前、

一今日於寺門御法事料相渡、則請取書差出ス、如左、
覺
一白銀三拾枚者為常信院殿（御葬式并）御初願忌御法事料、
右被令院納如件、
文政十二己丑九月廿二日
龍光院役者栽首座印
諦首座印
太田勘解由殿

文政十二年十月八日
生母村井敦子ノ初月忌ニ當ルヲ以テ、大徳寺龍光院ニ於テ法事ヲ修シ、參詣シテ之レヲ聽聞ス、

〔有栖川宮日記〕○高松宮家蔵
文政十二年十月八日、己巳、晴、
一御寺詰帳如左、
詰 山本織部正 太田勘ケ由 安藤玄蕃、
多賀左門
御初月忌御法事已刻品目
金剛経 大悲神呪
附法事未刻品目
楞嚴神呪
右附法事者豊嶋宮内権大輔

宮御方御參詣、
一宮御方御出門辰半刻、龍光院江御成、（俟略）御還御
未刻、
一今日於寺門御法事料相渡ス、則請取書差出ス、
覺
白銀三枚者 為虔信院殿御初月忌御法事料
右收令院納如件、
丑十月八日 龍光院役者
諦首座 印
太田勘解由殿

文政十二年十月二十八日
中務卿復任宣下並ニ除服出仕ヲ仰出サル、仍リテ御禮ノ爲禁裏（仁孝）並ニ仙洞（光格）・大宮（欣子内親王）兩御所等ニ參入ス、

〔有栖川宮日記〕○高松宮家蔵

文政十二年十月廿八日、乙丑、晴、

一禁中取次ゟ来状、

御用之儀候間只今非蔵人口江御参候様日野西弁殿被命候、仍而申入候、以上、

十月廿八日　小佐次石見守

中務卿宮様

諸大夫御中

右承知之旨返書遣ス、

即刻信濃守非蔵人口江罷出候処、日野西弁殿面會ニ而中務卿宮復任宣下除服御出仕被仰出候間可申上旨被申達、則帰殿及言上、

御承知之旨日野西殿亭江御使相勤、

一御出門未刻、禁中洞中・大后宮江御参、女御殿江も御成、除服御出仕ニ付御礼也、(〇御供略)何レ茂御中置、還御申刻、

文政十二年十二月十四日

大徳寺龍光院ニ於テ生母村井敦子ノ百日忌正當十二月十八日法事ヲ引上ゲ執行ス、乃チ龍光院ニ参詣シテ之レヲ聴聞シ、又遺物ノ掛物織仁親王筆ノ短冊、一幅・短冊箱其ノ他ヲ寄附ス、

〔有栖川宮日記〕○高松宮家蔵

文政十二年十二月十四日、甲戌、晴陰、

一常信院殿御百ヶ日来ル十八日正當之処、寺門差支ニ付御引上御法事、

施餓鬼　巳刻

満散楞厳神呪

半齋大悲神呪

右御法事料銀五枚被納、

祈者江銀壹両被下之、

一御法事ニ付御寺詰帳如左、

詰 山本肥後守 狩衣、 太田勘解由殿 白麻上下 已下同
安藤玄蕃 岩居甫
一 宮御方〆御備
御香奠白銀壹枚
御花 壹筒
実枝宮御方〆
花ひら 二十片
上総宮御方〆
葩 三十片
御花 壹筒

宮々御方〆
花ひら 三十片
一 宮御方御出門午刻竜光院江御参詣（供略）。御寺門ニ而御非時差上ル、還御申刻前、
一 今日御百ヶ日御法事ニ付白銀五枚被納請書差出ス、外ニ御納メ物請書如左、

覚

一 御掛物 織仁親王御短尺 壹幅
一 御短冊箱 葵御紋ちらし 壹箇 外箱附
一 御砂鉢并薄板 壹箇

右者為常信院殿御遺具御寄附相成候ニ
院納仕候、以上、
文政十二己丑年十二月十四日
龍光院役者
諦首座 印
太田勘ヶ由殿

右之外大鼎和尚江御硯箱御遺物ニ送り請書来ル、且又先月御廟地永々年貢米料被納候ニ付銀貳貫目之請書差出ス、如左、

覚

「南 拾五間五寸」〔朱筆〕
「東 拾七間半」〔朱筆〕

貳畝、高三斗五升七合
三畝貳拾歩 高七斗三合
三畝十五歩 高四斗五合
壹畝九歩 高貳斗三升
貳畝 高貳斗八升五合

「西 拾七間半」〔朱筆〕
「北 拾二間二尺」〔朱筆〕

五口合壹段壹畝四拾四歩
此高壹石九斗八升
右ニ付貳升口米
三升九合六夕也
合 玄米貳石壹升九合六夕

一 銀貳貫目 右者右繪圖面之通為御廟地永々年貢米料今般御寺納ニ相成候ニ、院納仕候ニ付、以後従當院夫々寺領年貢納米可

仕候為後日銀子御請書依而如件、

文政十二己丑年十一月

龍光院役者

諦首座印

栽首座印

享首座印

太田勘解由殿

安藤玄蕃殿

文政十三年六月二十五日

美作國夢中山幻住寺ノ願出ニ依リ、館入ヲ許シ、祈願所ト爲スベキ旨ヲ申達ス、尋イデ七月七日、同寺ニ御紋附辛櫃一合紫幕布幕高張提燈弓張提燈各二張宛ヲ寄附ス、

編修課

〔有栖川宮日記〕○高松宮家蔵

文政十三年六月廿五日、辛亥晴

一、参上巳剋　美作國北村夢中山 幻住寺

右御廣殿南ニノ間江通シ御用人面會ニ而此度御館入御祈願所之義願之趣御許容之旨申達ス、即日御礼申上、御礼録金四拾両献上 宮様江 金千五百疋 姫宮様若宮様江 金壱両ツヽ

（中略）

右於御小書院若宮様御目見名披露御口祝被下之表ニ而御祝酒吸物三種重肴干菓子茶等被下之、御礼申上退出、

七月七日、壬戌地震、

一、夢中山幻住寺御館入ニ付許状御寄附状如左、

作州北條郡山手北村

夢中山 幻住寺

右就御信仰今般御祈願所被仰下、然上者殿内安全長久之祈念可抽丹誠依令旨執達如件、

文政十三年六月

白井主水
景文花押
太田勘解由
則久同
坂部左近
美章同
嶋岡右京少進
俊章同
山本遠江守
（清）靖揚同

豊嶋筑後守
茂文同
粟津甲斐守
義毅同

幻住寺

御寄附納
一　御紋附辛櫃　一合
一　同紫御幕　貳張
一　同布御幕　貳張
一　同高張提燈　貳張
一　同弓張提燈　貳張

書陵部（三号）

右今般有栖川宮御祈願所就被仰付候為守護被渡置候、尤御用之外猥ニ相用間敷候、仍此段相達候也、

文政十三年六月

白井主水
景文花押
太田勘解由
則久同
坂部左近
美章同

書陵部（三号）

一　今日幻住寺江許状并御寄附状相渡し候請書差出候如左、

幻住寺御坊

御請書之事

一　御許状　壱通

右今般御祈願所被仰付難有奉畏候、然ル上者御殿内御長久抽丹誠御祈念可申上候、仍而御請書差上申度（ママ）如件、

文政十三年六月
作州北條郡[illegible]中山
幻住寺

有栖川宮様御殿

書陵部（三号）

御役人御衆中
右之外壱通者明八日之處ニ記し置、
八日、癸亥晴、
一、幻住寺ゟ昨日御請書差出ス、壱通者今日之處
ニ記ス、
御請書之事
一、御寄附状　壱通
但御撫物納
御紋附辛櫃　一合
同紫御幕　二張

同布御幕　二張
同高張提燈　二張
同弓張提燈　二張
右御品ミ御寄附被成下大切ニ守護可仕、
尤御殿御用之外猥ニ相用間敷被仰渡謹
而奉承知候、仍御請書差上申處如件、
作州北條郡夢中山
文政十三年六月　幻住寺
有栖川宮様御殿
御役人御衆中

文政十三年九月八日
生母村井敦子ノ一周忌ニ當ルヲ以テ、大徳寺龍
光院ニ於テ法事ヲ修ス、乃チ參詣シテ之レヲ聽
聞シ、書寫セル法華經一臺ヲ供フ、

編修課

〔有栖川宮日記〕○高松宮家蔵
文政十三年九月三日、戊午晴、
一、參上　龍光院庵者　木内元可
来ル八日御法事ニ付品目相伺如左、
常信院殿御一周忌御法事品目、
来八日巳之刻
施餓鬼
満散楞厳神咒
半齋大悲神咒
右　龍光院

（中略）

右伺之上思召も無之旨嶋岡右京進江申達

同人ゟ其旨元可江申達、且御非時被下人数

者五日迄ニ可申遣由申達置、

八日　癸亥　晴陰、

一、宮御方御出門辰半剋、常信院殿御一周忌ニ付

龍光院江御参詣（供略。）御引續御附輿ニ而実枝宮

御方御成、（供略。）

御非時差上ル、御供方へも被下之、還御未剋過、

一、常信院殿御一回忌御相當御法事巳剋

施餓鬼

満散楞厳神咒

半齋大悲神咒

和尚一人、座元弐人、平位十二人、

御法事料

白銀五枚

行者木内玄可江

白銀壱両

但シ御非時被下多人数ニ付支度料銀

五枚後日相廻ス、

右御法事両宮御方御聴聞、尤宮御方簾中ニ

被為成、御法事後和尚初江御對面御挨拶之

義御断看座諸大夫ゟ申入、御焼香茂簾中ニ

而御勝手ニ被遊、

一、今日出頭之僧衆江蒸籠弐組被下之、

但小書院ニ而孤蓬庵　看松庵

瑞源院　大鼎和尚　沢□座元　玄峰座元

右三人江御對面被為在、別段大鼎和尚江

干菓子一箱被下之、

御寺詰　栗津甲斐守　狩衣　太田勘解由　布衣

嶋岡將監　布衣　岩居甫　獣斗目麻

御寺詰帳

一　宮御方ゟ　御香奠　金弐百足

一、実枝宮御方ゟ　御花　一筒、

　　葩　二十片

一　上総宮御方ゟ　御花　一筒

　　御香奠　金百足

一、宮〻御方ゟ　御花　一筒

　　葩　二十片

一、宮御方ゟ御参詣之節

　　御書写　御経　法華経一臺　柳営乗、

一、実枝宮御方ゟ

御造花一箇

天保二年九月八日

大徳寺龍光院ニ於テ生母村井敦子ノ三回忌、織仁親王王女壽宮ノ二十五回忌正當八月十五日竝ニ同王女苞子女王ノ十三回忌正當十月六日、各法事ヲ執行ス、乃チ參詣シテ法事ヲ聽聞シ、燒香ス、

編修課

書陵部（三号）

〔有栖川宮日記〕○高松宮家藏

天保二年九月八日、乙巳、晴陰、

一、宮御方御出門辰半剋、竜光院江御參詣、

常信院殿三回御忌、

蘭香院宮廿五回御忌八月十五日之処御延在、

眞相院宮十三回御忌十月六日之処御延引上之、

御供青士三人山名民部武藤采女嶋岡將監、筑後守麻上下のしめ其外准之、引續御附輿ニ而実枝宮御方御成、御包輿、御供田中舎人鎌田内蔵、其餘准之、押両人、

書陵部（三号）

右両宮様江御非時差上ル、御供方江茂御非時被下之、

書陵部（三号）

一、今日御法事施餓鬼宮様分、常信院殿分両度ニ
可被仰付之処、便宜ニ付一緒ニ相勤、料者両度
分被納之、就而者院内斗ニ而無之、他院之同派
和尚初出頭有之候事、
蘭香院宮御二十五回忌
眞相院宮御十三回忌
常信院殿御三回忌
御法事品目
施餓鬼
満散楞厳神咒　和尚四人　座元五人　平位廿人

半齋大悲神咒
御法事料
白銀拾枚　銀壱両行者木内玄可江
但シ御非時多人数ニ付支度料後日相廻
ス
右御法事両宮御聴聞、尤宮御方ニ茂簾中ニ而御
被為成、御法事後御焼香之義茂簾中ニ而御
拝、和尚初江御對面御挨拶之義御断、看座諸
大夫ヲ申入、御法事後御代拝御焼香相勤、且
今日出頭之僧衆江蒸籠弐組被下之、

書陵部（三号）

但小書院ニ而大鼎和尚玄峰座元江御對面
被遊、別段大鼎和尚江被下物有之、
御寺詰粟津圖書頭袴、太田勘解由布衣、
安藤玄蕃布衣、三間此面麻上下のしめ
（略中）
常信院殿御寺詰帳
一、宮御方ヲ
御香奠　金弐百足
御花　壱筒
一、実枝宮御方ヲ

書陵部（三号）

葩　二十片
御はな　一筒
一、上総宮御方ヲ
御香奠　金百足
御花　一筒
一、他宮御方精宮御方ヲ
葩　弐拾片

書陵部（三号）

天保二年十月二十二日
綾小路有長ニ書道入門ヲ許可ス、

〔有栖川宮日記〕○高松宮家蔵
天保二年十月廿二日、庚子、晴、
一、庭田前大納言殿ゟ御吹挙綾小路三位有長卿
書道御入門之義被相願、
此義過日頭中将殿を以被相願、尚此御方ゟ
御勘考之上御返答可有之旨申入置、今日甲
斐守彼御亭江参り内々院中御時宜御伺之
處御子細無之ニ付御許容之旨今朝申入、其
後亦被相願候間頭中将殿を以被申上後剋御
手本被為送之、

廿八日、丙午、晴、
一、綾小路三位殿ゟ　使堀本金吾
御太刀一腰　御馬一疋代金弐百疋、
今度書道御門入ニ付進献之事、
一、綾小路三位殿御参、出會雅楽少允、
御門入ニ付御参之事、
宮御方於御小書院御對面、御献四種物相済、
於表御祝酒紙敷肴給之、相済退出之事、

天保二年十一月十六日
豫テ專修寺門主圓祥ノ情願ニ依リ、其ノ嗣子松
若丸ヲ養子ト爲ス、尋イデ十二月七日、松若丸ニ
學宮ノ名ヲ遣シ、十日、傳奏ニ之レヲ届出シム、尚
學宮ハ、後ニ圓禧ト稱シ、專修寺二十代住職ト爲
ル、

〔有栖川宮日記〕○高松宮家蔵

天保二年六月廿八日、戊申晴

一、関白殿江　　御使近江守

此度専修寺（圓祥）御門主御息男松君殿義此御方
御養子御頼ニ御座候、依而両御所御時宜御
伺之義宜御取扱御頼被仰進、且御先例別紙
之通御先代御領掌有之候間御心得迄別紙
被進候旨申述、

寛政元年正月十二日専修寺御門主ゟ御
使を以御息男御出生ニ付宮御養子之儀
御頼被仰進候事、

右ニ付関白様江御相談之上御内〻両御
所御時宜御伺之処御子細無之旨ニ付其
段専修寺御門跡江御領掌被進候旨正月
廿日被及御返答候事、

正月廿一日傳奏衆江御届書如左書被差
出候、

（○傳奏衆ヘノ届書略ス、）

七月朔日、辛亥晴

一、関白殿ゟ　　御使牧備前守

過日御頼被仰進候専修寺御門主御息男御
養子御頼之義則御時宜御伺之処何之思召
も不被為在候旨ニ付、猶又御答被仰進候趣
被仰進、

二日、壬子晴

一、関白殿江　　御使図書頭

専修寺御息男宮御養子御頼ニ付御相談猶
御時宜御伺之儀此間御頼被仰進候処御子
細不被為在候由昨日御〉答被仰進段〻御
世話忝思召候右御挨拶被仰進、

十一月十六日、甲子晴

一、専修寺御門主ゟ　　（御使）同國府谷刑部卿

御息男松若殿御養子之儀御頼被仰上於御
領掌者如御先例宮号被進候様御頼被仰上候
事、

申次遠江守

（御答）御養子之儀御承知被成候、猶御神事後両御
所御時宜表向御伺之上宮号等可被進候事、

右之一件先達ゟ御書ニ而御頼有之、関白
殿江も被仰談、内〻両御所御時宜御伺之

処御子細も有之間鋪哉之旨ニ付其段先日被仰進候ニ付今日御使上京候事、
尤御先方未廿一日ゟ御大法會ニ付其節迄ニ御領掌御承知被成度旨之所、此節御神事中ニ付表向御伺被成兼候間、前段之通御返答被成置候事、内実者御時宜御伺も相済有之候儀故御子細も被為在間鋪趣ニ而御養子之儀者御承知之趣被仰答候事、

廿七日乙亥晴、

一関白殿 江　　御使成基

先達御相談も被仰進候専修寺御門主御息男弥宮御養子之儀御願御座候ニ付近日之内御領掌被進度此段被仰進候、御届書等被差出候節者宜御取斗之儀御頼被仰進候処御参内中ニ付牧治部少輔 江 申入置、
右者先達而御使を以御両所 并 御續之邊 江 御相談被仰入候処於殿下何等之思召も不被為在、両御所御時宜御伺之処是又御差支無之よし御返答被仰進候得共、此度勢州表ゟ御使を以表向御頼ニ付為念今日前顕之通被仰入候事、
前顕之御返答翌廿八日為承成基参上候処牧治部権少輔出會ニ而何之御子細も不被為在候間御勝手ニ御取斗御届書等被差出候而宜敷旨御返答帰殿及言上、

十二月七日乙酉晴、

一専修寺御門主　　御使國府谷刑部卿

此度御嫡男松若殿御養子御願通御整ニ付為御禮御目録被進如左、

宮御方 江
御養子宮 ゟ
御太刀　一腰
御馬 代白銀拾枚　一疋
干鯛　一箱
昆布　一箱
御樽 代金五百疋　一荷

實枝宮御方 江
御養子宮ゟ
干たい　一はこ
こんふ　一はこ

御樽　　　　　　　　一か
上総宮御方　江
御養子宮〻
御太刀　　　　　　　一腰
御馬　代白銀弐枚　　一足
他宮御方
精宮御方　江
御肴　代金弐百疋　　一折ッヽ
宮御方
御門主〻

昆布　　　　　　　　一箱
岩茸　　　　　　　　一箱
御樽　代金五百疋　　一荷
実枝宮御方　江
御門主〻
こん布　　　　　　　一はこ
御たる　代金三百ひき　一か
上総宮御方　江
御門主〻
昆布　　　　　　　　一箱

御樽　代金弐百疋　　一荷
宮御方　江
彩姫殿〻
干たい　　　　　　　一はこ
こんふ　　　　　　　一はこ
御樽　代金弐百疋　　一か
実枝宮御方　江
彩姫殿〻
ひたい　　　　　　　一はこ
御たる　　　　　　　一か
上総宮御方　江

彩姫殿〻
ひたい　　　　　　　一はこ
外ニ金弐百両被進之、
右弐百金被進候儀者御養子御頼通御整宮
号被進候為御礼別段ニ被進候也、尤御先例
天明九年正月無上〻院殿御嫡男清〔又カ〕宮御養
子済之節被進金之御例も有之候ニ付両三
年以前〻及掛合候処、御養子済御礼御進物之
儀者前顕御進物通之由、又者天明度ニ別段
被進金之儀者京都大火此御殿依御類焼被

進候趣記録ニ相見へ候由ニ而対談未決之処、
當夏弥御養子御願之儀申来、別段被進候儀
彼是雖有之、當御殿ニ而者何分御養子済之
邊ニ而被進候事故、此度迚も弐百金被進候様
國府谷刑部卿輪番寂照院 江 近江守ゟ及掛
合、高田表ニ而者昨年京都地震ニ付被進被
成候も御名目被附弐百両被進候様申入候
而今日相廻り候まつ□□□ニ而者金御養
子之邊ニ而被進候心得也、為後年其訳荒増書
付置候事、

右披露了而宮御方於御小書院御対面、御口祝被
下、名披露太田解ヶ由、着座近江守遠江守、
次ニ於御廣殿二ノ間前段御祝酒御料理二
汁五菜中酒吸物三種肴御菓子薄茶被下之、
次ニ御名
學（サト）官　檀紙ニ御染筆ニツ折　御臺乗、
右御箱白木桐、萌黄真田紐付、竪九寸、横八寸、深サ弐寸、
右御箱跡ゟ相廻ス、今日者御文匣ニ入臺乗
相渡、近江守出會、
一、専修寺御門主御里坊 江　御使近江守

松若御方御養子済ニ付被進如左
宮御方ゟ
御養子宮 江
御守刀　一腰
紗綾　弐巻
昆布　一箱
干鯛　一箱
御樽代金五百疋　一荷
寛枝宮御方ゟ
御同所 江

昆布　一はこ
ひたい　一はこ
御たる代金三百ひき　一か
上総宮御方ゟ
御同所 江
御太刀　一腰
御馬代銀十両　一足
他宮御方
精宮御方ゟ
昆布　一箱

干鯛　一箱

宮御方江

昆布　一箱

干瓢　一箱

御樽代金五百疋　一荷

実枝宮御方江

御門主江

こんふ　一はこ

御たる代金三百ひき　一か

上総宮御方江

御門主江

昆布　一箱

御樽代金弐百疋　一荷

宮御方江

彩姫殿江

ひたい　一はこ

こんふ　一はこ

御たる代金弐百ひき　一か

実枝宮御方江

彩姫殿江

ひたい　一はこ

御たる代金弐百ひき　一か

上総宮御方江

彩姫殿江

ひたい　一はこ

十日、戊子、晴、

一、徳大寺大納言殿江　御使太田右兵衛

専修寺御門跡御息男今度有栖川宮御養子被成、被称学宮候、仍而此段御届被仰入

候、以上、

有栖川宮御内

藤木近江守

甘露寺――様御内

徳大寺大納言――様御内

〔専修寺系譜并歴代事蹟〕

二十代住職

圓禧

有栖川中務卿韶仁親王之子、楠学宮、實圓祥三男、母藤堂氏、

（弘化二年）
同年六月十二日、任僧正、

弘化三年四月廿七日、任大僧正、三十歳

文久元年五月十六日、遷化、「四十五」

号清浄楽院、

〔有栖川宮系譜〕

韶仁親王

圓禧　實専修寺前大僧正圓祥息男

文化十四年正月十七日、御誕生、号松若丸、

天保二年十二月九日、為御養子、改号学宮、（朱書）「十五」

天保三年十月十五日、御附弟御届、「十六」

天保七年十月廿五日、御得度、「二十」

天保九年三月廿一日、仁孝天皇賜綸旨、「二十二」

弘化元年五月六日、叙任大僧都法眼、「二十八」

弘化二年二月十八日、叙法印、「二十九」

有栖川宮実録　六五

韶仁親王実録　六

有栖川宮實錄　六五

韶仁親王實錄　六

有栖川宮實錄　六五

韶仁親王實錄

韶仁親王　六

天保三年正月二十一日

上皇光格ノ仰ニ依リ、将軍徳川家齊六十ノ賀ニ當リ家齊ニ賜フベキ月次御屏風和歌ヲ詠進ス、

〔有栖川宮日記〕○高松宮家蔵

天保二年十二月廿九日、丁未晴、

一、外様口江依招罷出、　雅楽少允

冷泉民部卿殿御面會、和歌御用之儀ニ付委細書中ニ而被申上候間御承知之儀被承度由也、

右帰殿及言上、封中如左、

明年大樹年賀ニ付自仙院被下候月次御屏風和歌御詠進之事、

御詠進日〔限〕□迫而可被仰出候事、

凡未正月下旬之初可為御詠進哉之事、

為則

月次御屏風

八月

秋の田の千町

色つくそ

右御請御封中ヲ以被仰上如左、

明年大樹年賀ニ付自仙院被下候月次御屏風和歌詠進之仰可給旨畏承候、此段宜御沙汰之儀頼入也、

韶仁

〔有栖川宮日記〕○高松宮家蔵

天保三年正月廿一日、己巳、晴、

一、冷泉民部卿殿へ　使

洞中御用之御屏風和歌御詠進外様相揃候ニ付被申上、

一、冷泉民部卿殿江　御使嶋岡将監

将軍家六十賀屏風之和歌御詠進被附、為則落手、

天保三年二月二日

庭田重基同重胤ニ書道入門ヲ許可ス、

〔有栖川宮日記〕○高松宮家蔵

天保三年二月二日、庚辰、晴陰、

一、庭田宰相中将重基卿

同侍従重胤朝臣

書道御門入ニ付御参、義穀罷出御口上承り

清書被伺、則及言上、無程於御小書院宮御方

御対面御挨拶被為在、清書返し給、其後御式

四種物也、先御盃、次四種物、次御湯、先被召上

宰相中将殿江被進、御挨拶在之ニ付御返盃、

一献被召上侍従殿江被進、依気色図書頭罷

出侍従殿盃ヲ呑納、平而次第ニ徹之、相済御

礼被申上退席、

（中略）

御広殿於二之間御両人江御祝酒吸物蛤三

種紙数有ニ而被差出挨拶図書頭申入、（ママ）倍膳

青士、取持御近習、右相済御礼被申上退出之

事、

御太刀　一腰

御馬代金百疋　一疋　宛

右今日御門入ニ付進献被致候事、

天保三年二月三日

是ヨリ先、将軍徳川家斉ノ六十ノ賀ニ当リ、禁裏仁孝ヨリ下賜セラルベキ和歌ノ詠進ヲ仰付ケラレシガ、是ノ日、之レヲ詠ジテ和歌奉行ニ附ス、

編修課

〔有栖川宮日記〕○高松宮家蔵

天保三年正月廿日、戊辰、晴、

一、入夜禁裏御所より　奉使橋本治三郎

御封中弐ツ御到来、

女房奉書

将くん家六十の賀に下され候和哥のた

いまいらせられ候まゝ二月朔日迄に御

詠進あハしまし候やうに申とて候、この

よし御申入まいらせ候、かしく、

ハれにてもの御局へまいらせ候

奉行飛鳥井左兵衛督

上総宮御方　江も御同様御到来略之、
右何レも御返書被出、
廿三日、辛未、陰晴、
一、禁裏御所ゟ　　御使橋本治三郎
折紙来ル、
大樹年賀和歌来ル三日晩迄ニ御詠進之
事、
奉行飛鳥井左兵衛督
右御到来之處御承知、
二月三日、辛巳、晴、

書陵部（三号）

一、飛鳥井左兵衛督殿　江　御使（太田右兵衛）同人
大樹公御年賀之和歌御詠進被附候處被改
候事、

書陵部（三号）

天保三年二月八日
先考織仁親王ノ十三回忌ニ當ルヲ以テ、追悼和歌ヲ諸家ニ勧進ス、尋イデ十九日、大徳寺龍光院ニ於テ逮夜ノ法事ヲ修シ、参詣シテ之レヲ聴聞ス、

編修課

（有栖川宮日記）○高松宮家蔵
天保三年二月四日、壬午、晴、
一、飛鳥井大納言殿　江　御使遠江守（麻下着）
来ル二十日文聚院宮十三回御忌ニ付和歌
御勧進被催候間御出題御頼被仰入候事、
尤於御承知者来ル六日迄ニ被申上候様
申入、則御短冊弐枚持参、但替地共、
右承知被致候旨御請被申上、
後刻同所ゟ　使
過刻御頼出題認被上、尤明日可差上之所差

書陵部（三号）

支ニ付今日被上之旨也、
右御落手之旨安藤玄蕃申出、
御題　寄霞懐舊
八日、丙戌晴、
一、文聚院宮十三回御忌ニ付和歌御勧進被催、
御題　寄霞懐舊
題者権大納言雅光卿
御短冊御取重
今日夫々御頼被仰入
御人数如左

△准三宮忠良公　左大臣斉信公
右大臣尚忠公　△兵部卿貞敬親王
中務卿韶仁親王　△上野太守邦家親王
上総太守幟仁親王　内大臣忠熈公
（甘露寺）従一位國長卿　（中院）△権大納言通知卿
（飛鳥井）△権大納言雅光卿　（庭田前大納言）正二位重能卿
（三条西）権中納言實勲卿　（石井前中納言）△正二位行宣卿
（日野西前中納言）△正二位延光卿　（久世前宰相）△従二位通理卿
（西大路前宰相）従二位隆明卿　（壬生前宰相）正三位家尹卿
（外山）△脩理権大夫光施卿　（石井）弾正大弼行弘卿

（持明院）左京大夫基延卿　（文野）正三位時雍卿
（飛鳥井）左兵衛督雅久卿　（八條）正三位隆祐卿
（慈光寺）従三位實仲卿　（中院前侍従）正四位下通繁朝臣
（東園）左近衛権中将基貞朝臣　（少屋前右兵衛佐）正四位下光棣朝臣
（西大路）侍従隆枝朝臣　（長谷）少納言信好朝臣
（外山）勘解由次官光親朝臣　（高松）左京権大夫季實朝臣
（石井）右衛門佐行遠朝臣　（日野西）蔵人権右中弁光暉
○
准后宮　仁和寺宮
梶井宮　知恩院宮

輪王寺新宮　大覺寺宮
大覺寺殿　實相院殿
○
東本願寺殿　佛光寺殿
圓満院宮　圓照寺宮
樂宮　郁君
就君　登美宮
貞操院宮　壽姫
○
藤池院

○

圖書頭義毅

織部正容顕

治部権少輔茂文

右御人数之内従二位堀川前宰相親實卿依故障被省之、

亦正三位東久世通岑卿従三位六條有言卿先年御人数

之所此度者被省之、亦木工頭精進頭信濃守

長経出府等ニ付被除之、

一、御詠出御頼之方々江如左、

御短冊小鷹紙包柳営来白紅水引結

（○下略）

書陵部（三一号）

〔有栖川宮日記〕○高松宮家蔵

天保三年二月九日、丁亥晴、

一、龍光院ゟ御法事ニ付品目差上ル如左、

文聚院宮尊儀御十三回忌御法事品目、

来十九日未之剋

金剛般若経

大悲神咒

同二十日辰之刻

観音懺法

半斎大悲神咒

書陵部（三一号）

右

（○中略）

龍光院

文聚院宮尊儀御十三回忌従實枝宮御方御

附御法事品目

来十九日未之剋

金剛般若経

大悲神咒

右

龍光院

十九日、丁酉、晴、

一、文聚院宮十三回御忌御法事御逮夜、

書陵部（三一号）

金剛般若經

大悲神咒

未剋

右御執行之事、

（○中略）

實枝宮御方御附御法事

金剛般若經

大悲神咒

右

但し御逮夜御法事相兼執行白銀三枚被

納之、

書陵部（三一号）

御法事出頭僧

松月軒　宙寶和尚
黄梅院　大綱和尚
芳春院　仙巖座元
清泉寺　新州座元
當院　大鼎和尚
玄峯座元
平僧

右

一、宮御方御出門辰半刻御参詣、供奉青士三人鎌田内蔵宮崎縫殿武藤采女嶋津造酒治部権少輔其餘如例、
實枝宮御方同刻、供奉青士弐人坂部蔵人神子嶋式部雅楽允其外如例、還御申刻、

一、御弃詰帳如左、

粟津図書頭
山本遠江守
太田勘解由
嶋岡將監
安藤玄蕃
岩居甫
岡多仲

御備

一、宮御方、
御香奠白銀壱枚
御作り花壱対　櫻
御花壱筒

一、實枝宮御方、
御香奠弐百疋
御作り花壱対　紅梅
御花壱筒

一、上総宮御方、
御香奠百疋
御書写　阿弥陀経一巻

一、他君御方、
精宮御方、
葩廿片

一、登美宮御方、
御香奠白銀二枚　御代拝樫村半蔵

一、圓臺院宮　御代拝おきせ方

葩二十片
御香奠弐百足
一、中宮寺宮へ
葩
御花一筒
一、輪王寺宮
御香奠白銀二枚
御代拝恵心院僧正
御花一筒
新宮御方へ
御香奠百足

一、貞操院宮
葩
御経一部
御挽茶一はこ
御干菓子一はこ
御香奠銀弐枚
御附御法事ニ付
造り花一桶
御挽茶一はこ
御杉重やうかん まんちう一組
御代拝石津新右衛門

御香奠銀壱枚
一、御同所へ御附御法事ニ付
白銀五枚
水菓子一籠
一、貞操院宮御方へ奥廻り
御かうてん百ひき
御作り花
一、仁和寺宮
御香奠三百足
御使杉浦丈之進
御花

一、大覚寺宮
御香奠百足
御代香森安芸介
葩
御門主へ
葩
廿日、戊戌、晴、
一、文聚院宮御十三回忌御法事、
御寺詰豊嶋筑後守、山本遠江守、嶋田右京、

御法事辰之剋

少進（各衲衣、六名以下略）

觀音懺法

銀拾枚被納之、（御法事料）

半齋大悲神咒

請書有之、

銀□□被下之、（行者五）

出頭僧衆

宙寶和尚（松月軒）　剛堂和尚（大源庵）

大綱和尚（黄梅院）　仙巌和尚（芳春院）

太室座元（眞珠庵）　拙叟座元（玉林院）

新州座元（清泉寺）

大鼎和尚（當院）　玄峯座元

書陵部（三一号）

平僧

一、御寺詰帳如左

一、上総宮御方御成

御作り花御備

一、貞操院宮様〻（奥廻り）

御干菓子一箱

一、圓照寺宮様　御使関大蔵

葩　御香奠百足

御花一筒

一、梶井宮様御成

書陵部（三一号）

一、梶井宮〻

御香奠三百足

葩

御花壱筒

一、知恩院宮様御成

御香奠弐百足

御花壱筒

一、仁和寺宮様御成

書陵部（三一号）

天保三年六月二十六日

相模國鎌倉柳神社白山宮ノ願出ニ依リ、同宮ヲ祈願所ト爲シ、撫物一箱白銀十枚御紋附紫幕布幕各二張提燈四張ヲ寄附ス、

編修課

〔有栖川宮日記〕○高松宮家蔵

天保三年六月廿二日、丁酉、

一、願書如左、

奉願上口上覚

當御所様御祈願所之儀奉願上度年来志願ニ御坐候得共、不得折候処、此度安藤玄蕃殿御吹挙被成下候ニ付、右願之通り被仰付下候ハゝ、為冥加御殿御永久之御祈禱仕度、然而者御撫物并御門附御幕同御（紋）挑打御寄附被成下候ハゝ、重而之難有仕合ニ奉存候、此段宜御執成被下度奉願候、以上

相模國鎌倉本郷上之村
神戸神社白山宮神主

天保三年六月　内田和泉印

内田奥守印

有栖川宮様

御用人御中

廿六日、辛丑、晴、

一、御祈願所今日願之通被仰付御礼参上、

内田和泉

内田奥守

於御小書院上総宮御方御對面御口祝被下之、退座次ニ於北六帖之間御用人面會ニ而御寄附之一札相達、次ニ圖書頭遠江守面會済而吸物三種有、御菓子等被下、

御寄附状如左、

一、御撫物但シ年々引替　一箱

一、白銀　拾枚

一、御紋付紫幕　弐張

一、同布幕　弐張

一、御紋附御挑灯　四張

右今般依御信仰御祈願被仰付御寄附候条如件、

太田勘解由

嶋岡右京進

山本遠江守

豊嶋筑後守

中川信濃守

藤木近江守

粟津甲斐守

相州鎌倉郡本郷上村
神戸神社白山宮神主

内田和泉

内田奥守

天保三年八月十三日

三寶院新門主定演ノ勸進ニ依リ、同門主高演ノ

六十ノ賀ノ和歌ヲ詠ジテ遣ス、

（有栖川宮日記）○高松宮家蔵

天保三年六月十三日、戊子、曇、

一、三宝院御門主ゟ　（御使）同大原宮内卿

當年御門主（高演）六十之賀御祝和歌御勧進御取

重被成候右ニ付御詠出之義御頼被仰進候

仙洞御所江御伺不被為在御詠出之儘被進

候様上総宮様、登美宮様江も同様御願候事、

宮様若宮様者御承知、登美宮様江者猶関東

江被仰候趣申入候事、

八月十三日、丁亥、

一、三宝院新御門主（定演）江　御使太田右兵衛

御門主六十賀和歌御詠進被成候処御落手

之事、

十四日、戊子、晴、

一、三宝院新御門主ゟ　（御使）同倉地内膳

此間者御年賀ニ付和歌御詠出之儀御頼被

進候処早速御詠進被進深御満足思召候、先

不取敢御挨拶被仰進、

天保三年十一月二十六日
石井行光ニ和歌入門ヲ許可ス、尋イデ閏十一月
二日、高松保實ニ同ジク入門ヲ許ス、

〔有栖川宮日記〕○高松宮家藏
天保三年十月十三日、丙戌、晴、
一、高松左京權大夫殿御參、
時節伺、且御息備中權守保實和歌御入門之
義被相願度旨、猶自是御返答可被成旨被仰
入、
十一月廿六日、戊辰、陰雨、
一、石井前中納言殿御參、晝後
同民部大輔殿御參、御同伴
此間被相願候和歌御入門、今日御詠草并誓

状等被差上、出會圖書頭、御太刀馬折紙斗馬
代入魂、外ニ御肴一折進上、
無程於御書院御對面、前中納言殿御同伴、宮
御方民部大輔殿江四種物御獻御盃、宮御方
分給之、
（中略）
附記、民部大輔殿實名行光也、
閏十一月二日、甲戌、晴陰、
一、高松備中權守殿分
使北原縫殿
御太刀一腰
御馬一疋馬代入魂

鱧一折二口
一、高松備中權守殿御參、午剋後、出會圖書頭、麻上下、
實名保實、
先達而被願置候和歌御入門、今日參上、此間
御題給候ニ付、詠草持參并誓状等被差上、無
程於小御書院御對面、（中略）其後詠草返し給、

天保三年閏十一月二十二日

二條齊信女𥶡君ニ書道入門ヲ許可ス、

〔有栖川宮日記〕○高松宮家蔵

天保三年閏十一月十二日、甲申、晴、

一二條殿ゟ出會図書頭、御使北小路大蔵少輔

姫君𥶡君御方十二歳書道御門入之義御頼

被仰進、

廿二日、甲午、晴、

一左府殿ゟ（二條齊信）御使松波隼人正

ひたい一折

御たる代金弐百疋

𥶡君御方御書道御入門ニ付御目録之通り

被進之候、則御手本被進候事、

天保四年四月七日

深草村桓武天皇陵前ニ拜所一宇ヲ建立シテ寄附セシントス、乃チ是ノ日ヨリ晴天十箇日ノ間地築ヲ催シ、地鎮ノ爲地福院ヲシテ大般若經ヲ轉讀セシム、

〔有栖川宮日記〕○高松宮家蔵

天保四年四月七日、丁未、晴、

一、深草村桓武天皇陵前御拜所壱宇御寄附ニ付

今日七日ゟ晴天十日之間地築被催、右ニ付為

地鎮地福院江被仰付大般若轉讀有之、今日開

辟（闢）、依之田中舍人岡村小膳為警固參ル、

九日、己酉、曇天、

一、深草村桓武天皇陵江為地鎮大般若執行ニ付

御備如左、

宮様ゟ

金百疋、

実枝宮様へ　白檀弐両
若宮様へ　同断
御代拝田中舎人

天保四年七月八日
江州下田村慶圓寺住持並ニ庄屋上西藤兵衛ノ
内願ニ依リ、山王十禅師ノ額字ヲ染筆シテ遣ス。

有栖川宮日記　○高松宮家蔵
天保四年七月八日、丙子、晴陰
一、参上　野村主馬
先達而廣橋家へ被相願候御額字壱枚
内願主江州甲賀郡下田村水口領慶圓寺
庄屋上西藤兵衛
右此程御染筆御出来ニ付、内々案内申遣ニ
付上京之由、今日頂戴申出度旨、尤当人も参
殿可仕筈之処田舎之義故主馬へ相達申度
旨也、則御額字御裏書等相渡ス。
為御礼白銀拾枚献上
（○中略）
山王十禅師
右御額字中務卿韶仁親王御染筆御寄附
被成下候者也、
天保四年六月廿六日
豊嶋筑後守　名判
藤木近江守　名判
粟津甲斐守

名判

上包ニ添状

右主馬江相渡御礼申上退出、

天保四年八月十二日
大和國銀峯山神宮寺ノ願出ニ依リ、同寺ヲ祈願所ト爲シ、御紋附紫幕・布幕各一枚、高張提燈四張、弓張提燈三張、翠簾二枚ヲ寄附ス、

有栖川宮日記　○高松宮家藏

天保四年八月十一日、己酉、陰晴、

一、願書如左、

奉願口上覚

一當社　八幡宮　神功皇后　住吉大明神

右御祈願所ニ被仰付被下候様奉願候、然ル上者御殿御繁栄（爲）之御祈禱於神前執行可仕候、依之御紋附御幕・御挑燈等御寄附被成下置（衍カ）候御館入之儀茂奉願候、此段宜御執繕御沙汰奉願候、以上、

天保四癸巳年五月

和州吉野郡
銀峯山神宮寺
義仙印

有栖川宮様
御用人御衆中

右及披露御許容其旨御用人江申達ス、栖明日被召其旨可申達旨、其上御目見被仰付候旨也、

十二日、庚戌、晴、

一、参上　神宮寺義仙

出會御用人太田勘ヶ由、

此度願之通御祈願所被仰出、且御寄附物被

成下候旨申達ス、許状相渡ス、如左、

御寄附状

一、御紋附紫御幕　布御幕　弐枚

一、翠簾　弐枚

一、御紋附御挑燈高張　四張

一、御紋附御挑燈弓（提）張　三張

右今般御祈願所被仰付候ニ付、為守護被

渡置候間、御用之外猥ニ相用間敷候、依而

如件、

天保四巳年八月

太田勘解由　名判

嶋岡左京大進　名判

豊嶋筑後守　名判

中川信濃守　名判

藤木近江守　名判

粟津甲斐守

神宮寺

義仙

（○一通略ス）

右弐通相渡候処、難有謹而御請奉申上、

上総宮御方於御書院御對面、名披露御用人、

御口祝被下之、相済表（[illegible]）而御菓子被下之、始終

取合田中舍人也、

今日御對面被仰付候（付）、為御礼御（肴）料金百疋献

上、義仙退出之節、先達御祈禱被仰付候ニ付、

御檀料金弐百疋被下候事、

天保五年三月十日

清水谷公正ニ和歌入門ヲ許可ス、

編修課

〔有栖川宮日記〕○高松宮家蔵

天保五年三月十日、乙亥、陰、夕雨、

一、清水谷中將殿御參、晝後、

公正朝臣

過日植松大夫〉雅恭朝臣を以被相願候和歌御入門之義、今日詠草被相伺、誓状差通被上、為御礼

御太刀一腰　御馬一疋代料入魂

御肴一折代金百疋

右今朝以使被上、

於御小書院御對面、四種物御献上、

書陵部（三号）

天保五年九月六日

伏見宮貞敬親王ノ勸進ニ依リ、邦頼親王ノ三十三回忌追悼ノ和歌ヲ詠進ス、尋イデ七日、其ノ正忌ニ當ルヲ以テ、相國寺心華院ニ葩二十片ヲ供ヘ、使ヲ遣シテ代香セシム、

編修課

〔有栖川宮日記〕○高松宮家蔵
天保五年九月二日、甲子、晴、
一、伏見宮ゟ（両宮御方ヘ）御使田中信濃守
来ル七日故一品宮御年回ニ付和歌御詠出
之義御頼之処御承知之事、
六日、戊辰、晴、
一、伏見宮江（両宮御方ゟ）（御使）同坂部蔵人
御年回ニ付御頼之和歌御詠進之事、
七日、己巳、晴、
一、相國寺中心華院江　御代香雅楽少允

書陵部（三号）

伏見究竟覚院宮三十三回御忌ニ付
両宮御方より
葩　二十片ツヽ
右御備之事、尤御代香相勤、

書陵部（三号）

天保五年九月十六日
十念寺ノ請願ニ依リ、同寺ニ灰筋築地（長延二十六間半、）
ヲ寄附ス、先年ヨリ同寺ニ音仁親王ノ位牌ヲ安
置シテ回向セシムルヲ以テナリ、

編修課

〔有栖川宮日記〕○高松宮家蔵
天保五年九月二日、甲子、晴、
一、願書如左、
下恐奉願口上書
一当寺儀者光臺院様御信仰依浄圓覚院
宮様御尊牌御日供料御納被為在候ニ
付、自来御館入仕朝暮御供養回向呪願
等奉申上候、然処今般表門并ニ土塀廻
リ及（損脱カ）破候ニ付普請取掛仕度候、就而者
奉願上兼候得共、右土塀別紙繪圖面之

書陵部（三号）

通御寄附之儀奉願上度候、御由緒茂被
為在候間、何卒願之通り御聞済被成下
候者難有仕合奉存候、此段宜御取斗被
成下度奉願上候、以上、

天保五午年八月　　十念寺印
役者　粟生庵印

有栖川宮様
御用人御中

別紙繪圖面

右繪圖面之通灰筋御築地塀二十四間八尺
御寄附可被成下候様奉願上候、以上、

天保五午年八月　　十念寺印
役者　粟生庵印

有―様
御用人御中

十六日、戊寅、晴、
一、参上　　十念寺等宗
附添役者　粟生庵高岸
右當九月二日出願ニ相成御許容有之候灰
筋御築地御寄附之義ニ付今日御礼申上献
上送り物如左、都而金廿両差出し配當如左、
献上　金千疋
御裏様江献上　金三百疋
若宮様江献上　金三百疋
（中略）

右披露之上於御小書院御目見被仰付、上総
宮御方御出座、名披露、御口祝被下之、役者江
素礼御目見、名披露、於伺公間御祝酒吸物紙
敷肴干菓子被下之、役者江御祝酒斗被下之、
役方之者面會及挨拶御寄附状相渡ス、如左、
御用人ゟ渡之、
一灰筋築地長延貳拾六間半　大鷹紙上包同紙
右者浄圓覺院宮御位牌從先年就被為安置
候、今般御寄附候、然則御菩提永代無怠慢
御迴（マヽ）願可有之候、條如件、

天保五年九月
嶋岡将監 俊徳判
太田勘解由 則久判
嶋岡左京大進 俊章判
中川信濃守 長経判
藤木木工頭 成基判
粟津圖書頭 義叙判
十念寺

右相済御礼申上退出、

天保五年十月十九日
江州蒲生郡ノ鳩摩羅庵ニ蓮如上人木像一體玄米五俵金十兩ヲ寄附ス、是ノ日、家臣山田耕藏ヲシテ木像ヲ守護シ、同庵ニ參向セシム、

編修課

〔有栖川宮日記〕○高松宮家蔵
天保五年十月十九日、庚戌晴、
一、本願寺八世蓮如上人木像一躰近江國蒲生郡
鳩摩羅庵江被納候ニ付、右守護として
山田耕蔵參向、
右ニ付御寄附状如左、
一蓮如上人尊像　一躰
一玄米　五俵
一黄金　十兩
右依有栖川宮令旨御寄附候、永世守護無怠
慢繁栄之修法可有之候、仍執達如件、
天保五年十月
嶋岡将監 俊徳判
太田勘解由 則久判
中川信濃守 長経判
藤木木工頭 成基判
粟津圖書頭 義叙判
鳩摩羅庵

天保六年正月二十一日
鷹司政凞女備子綱君ニ書道入門ヲ許可ス、

［有栖川宮日記］○高松宮家蔵
天保六年正月十五日、乙亥、晴、
一、入道准后殿へ　御使高橋兵部権大輔
出會圖書頭
御末女綱君御方御八歳書道御入門之義御頼被成、於御領掌者以御使可被仰進間一應御頼被仰進候旨也、
廿一日、辛巳、雪、
一、鷹司殿へ　御使牧備前守
ひたい　一はこ

御樽代金弐百足
綱君御方御書道御入門ニ付御目録之通被進之、且此間御手本被進候御礼も被仰進、

天保六年三月十九日
近衛忠凞ノ勧進ニ依リ、仙臺藩祖伊達政宗ノ二百回忌追悼ノ和歌ヲ詠ジテ遣ス、

〔有栖川宮日記〕○高松宮家蔵
天保六年三月十二日、辛未、晴、
一、近衛殿、　　御使齋藤右京亮
来ル五月廿四日仙臺政宗二百回忌依之御
勧進和歌御詠出之儀頼思召候、尤於御領掌
ハ當月廿日迄ニ被取重度思召候旨御頼之
處、則御領掌、
十九日、戊寅、晴、
一、近衛殿江　　御使安藤大監
仙臺政宗二百回忌御勧進之和歌御詠進被

附則御落手、

天保六年五月十六日
熾仁親王ニ能書方ノ秘奥ヲ傳授ス、尋イデ翌十
七日、御禮ノ爲、禁裏仁孝・仙洞光格・大宮欣子内親王、兩
御所ニ参入ス、

〔有栖川宮日記〕○高松宮家蔵
天保六年五月朔日、己未、晴、
一、幸徳井陰陽助ゟ勘文指上ル、如左、
能書方御傳授日時
五月十五日　癸酉　時巳
同　十六日　甲戌　時巳或午
同　十七日　乙亥　時巳或午
五月一日　　陰陽助保救
右御側江指上候事、併此勘文ヲ以日時御伺之由、
二日、庚申、晴、

一、慥仁親王江能書方御相傳日時内勘文を以仙
洞御所江御對中を以御内々御伺之処、来ル十
六日巳刻与被仰下候ニ付勘文清書之儀被仰
付、則陰陽助江申達候処即刻調進如左、尤堅書ニ而

陰陽寮
撰申能書方御傳授日時
今月十六日甲戌時巳
天保六年五月二日　権助兼播磨守賀茂朝臣保源
助兼暦博士賀茂朝臣保救

四日壬戌晴
一、今日御沙汰如左

上総宮御方江来ル十六日巳刻能書方御相
傳可被在旨被仰出、木工頭ゟ一統江申達ス、
木工頭惣代ニ而恐悦申上ル、
一、上総宮御方御出門巳刻、先准后殿夫ゟ御参
内御参院大后宮等江御成、（供略）御還御巳半刻、
附記、今日御参者能書方御相傳日時被仰出
候御礼御参也、

十六日甲戌晴
一、今日中務卿宮ゟ上総宮江能書方御相傳巳刻、
一、御相傳之御間

御小書院一二之間四方簾二之間西北之方
壱間巻簾、一之間中央ニ置文臺、
一之間簾南ノ方カツキ上ケニ而被為入時
諸大夫役ス、
宮御方着御　御袍雲鶴御単白すゝし　御指貫雲堅涌
若宮御方着御同断
御相傳事了而奥江被為入夫ゟ巻簾也、尤
一二之間北之方垂簾也、
御献
四種物御盃御銚子両口木工頭

御手長造酒采女内膳
右被為済於御小書院諸大夫御用人御近習席
々罷出恐悦申上ル、
一、禁裏御所　鮮鯛二尾　一折宛
仙洞御所　鮮鯛二尾　一折宛
大宮御所　干鯛　一箱宛
右両宮御方ゟ御相傳ニ付為御祝儀御進献
御使美濃守 献上下
一、准后御方江　同
干鯛　一箱宛

両宮御方ゟ御同様ニ付被進之、
一、御相傳ニ付早朝御備如左、御代拝武藤采女、
鎮守社、人丸社、天満宮梅本社、上下御霊木嶋
社、願照明神、
御備干魚、洗米、神酒、
其清殿ニ而
天満宮、弁財天、金比羅 巻昆布、洗米 神酒
一、中務卿宮御方江
御太刀　一腰
奉書紙　二束

御馬　一匹　代銀二十両
上総宮御方ゟ被進　御使木工頭
一、上総宮御方江
干鯛　一箱
中務卿宮御方ゟ被進
一、禁裏御所　御使清水右兵衛尉
鮮鯛ニ尾　一折
女房奉書　御封中添
くはうさまより申入られ候けふハ上総
宮へ能書かた御てんしゆおハしましめ

てたく思しめし候、祝まいらせられ候て
此御まな一折めて度まいらせられ候な
を／＼御機嫌ともよく幾久しく祝入ま
いらせられ候よしよく／＼心得候て申
あれ候へく候、かしく、　ゟ
〆にれニ而もの御局へまいらせ候
上総宮御方江も右同様女房の文ニ而御拝
領、
御受使雅楽少允
一、仙洞御所ゟ　御使木本斎宮

鮮鯛一折　割段 御樽一ツ
御封中弐ツ　青籠一折
仙洞さまより申入られ候いよ／＼御機
嫌よくならせられ候、中務卿宮ニも御無
事ニおハしましめて度思しめし候さや
うニ候へハけふハ上総宮へ能書かた御
てん授おハしまし御にき／＼の御事と
めて度思しめし候、夫ニ付此御まな一折
めて度まいらせられ候、なを／＼御機嫌
ともよくいく久しく万々年までも段／＼

御はん采のめて度御事のゝと祝入まいらせられ候よし何もよく心得候て申とて候このよし御申入まいらせ候かしく
新大納言
権中納言
〆にれ＝てもの御局へまいらせ候
右御到来之處御返書被出
御受使雅楽少允
一、御同所ゟ
御使川添左兵衛尉
鮮鯛一折
御封中壱ツ
上総宮御方江御到来之處御返書被出、
但し女房奉書前同様依略之。
御受使雅楽少允
一、大宮御所
御使西池左兵衛尉
鮮鯛一折ツヽ
両宮御方江能書方御相傳為御歓御拝りやう
御受使雅楽少允
一、准后御方
御使真田求馬
干鯛一箱ツヽ
両宮御方江御同様ニ付被進之、
一、禁裏御所・仙洞御所
大宮御所・准后御方
江
上総宮御方今日能書方御相傳被為済候為御礼御参御出門未剋、佚。略御還御未半剋、
一、今日御相傳ニ付御祝
御一統様江御吸物壱・三種御肴ニ而御祝酒さし上ル。
十七日、乙亥、晴。
一、中務卿宮御方昨日之御礼として御出門午半剋、禁裏御所・仙洞御所・大宮御所江御参ゝ佚。略御還御未半剋、

〔有栖川宮系譜〕

幟仁親王　光格天皇御猶子

（中略）

天保六年五月十五日、從父宮韶仁親王能書方

御傳受、〔朱書〕「二十七」

天保六年八月二十日

深草村桓武天皇陵前ニ拝所一字ヲ寄附ス、仍リテ是ノ日、傳奏ニ此ノ旨ヲ届出ヅ、

〔有栖川宮日記〕○高松宮家蔵

天保六年八月廿日、乙亥、晴、

一、德大寺大納言殿江　御使三間此面

桓武天皇陵御拝所御寄附ニ付御届書三通

被差出候処落手、委敷別記ニアリ、爰ニ略之、

廿九日、乙酉、晴陰、

一、德大寺大納言殿江　御使吉田傳次郎

桓武天皇陵江御拝所御寄附ニ付備前國ゟ

材木買上ケ運送之節御称号之小指并御紋

附提灯等相用候旨伏見奉行所江之御届書

壱通被差出、委敷別記、

〔按〕本條ニ就キテハ天保四年四月七日條ヲ参看スベシ、

天保六年九月八日

生母村井敦子ノ七回忌ニ當ルヲ以テ、大徳寺龍光院ニ於テ法事ヲ修シ、参詣シテ之レヲ聴聞ス、

〔有栖川宮日記〕○高松宮家蔵

天保六年九月三日、己丑、晴陰、

一、来ル八日御法事ニ付寺門ゟ品目持参、

常信院殿七回御忌御法事品目

来八日卯之剋

施食

満散楞厳呪

半斎大悲呪

右　　龍光院

七日、癸巳、晴、

一、龍光院ゟ御法事料請取差上ル、

（略○中）

覺

一　白銀五枚者

為常信院殿御七回忌御法事料

右只令院納如件、

乙未九月　　龍光院役者

暖首座

太田勘解由殿

八日、甲午、晴、

一、宮御方御出門卯半剋、龍光院江御参詣、

常信院殿七回御忌

（略○中）

引續御附輿ニ而実枝宮御方御成　御包輿、

右両宮御方江御非時上ル、

一、今日、御法事施餓鬼常信院殿分卯剋宮々様分

未剋ゟ両度ニ被仰附

（略○中）

常信院殿御七回忌

御法事品目

施餓鬼　　和尚壱人座元
満散楞厳神咒　　平位
半齋大悲神咒
御法事料白銀拾枚被納

右都合銀拾枚被納候也、
右御法事両宮御方御聴聞、尤宮御方ニも簾
中ニ被為成御法事後御焼香之儀も簾中ニ
而御拝、和尚初江御対面御挨拶之儀御断着
座諸大夫ゟ申入、御法事後御代拝御焼香も
相勤、
　但小書院ニ而玄峰座元江御対面被遊
御寺詰粟津図書頭狩衣　太田勘解由のし目長上下
　宮崎縫殿のし目長上下　三間此面
（略。中）

常信院殿御弔詰帳
一宮御方ゟ
　御香奠金弐百疋
　御花　壱筒
一実枝宮御方ゟ
　花ひら　弐拾片
　御はな　一つゝ
一上総宮御方ゟ
　御香奠　金百疋
　御花　壱筒
一輪王寺宮より　御代香岩井修理
　白銀　壱枚
　御花　壱筒
　新宮ゟ御花　壱筒
一中宮寺宮　御代香村上隼人
　葩　壱臺
　御花　一筒
一知恩院宮　御代香安藤雅楽
　葩　弐拾片
　御花　壱筒
一梶井宮　御代香理乗坊

葩　壱臺

一圓臺院宮より

御香奠金　百疋

一仁和寺宮　御代香本多隼人

葩　壱臺

一貞操院宮　御代香山崎兵吉

御香奠金　百疋

一大覺寺宮　御代香田口大炊

葩　壱臺

天保六年九月十三日

甲州宮原村浅間神社ノ願出ニ依リ、同社ヲ祈願所ト為シ、御紋附紫幕・高張提燈・箱提燈・弓張提燈・提提燈各二張宛ヲ寄附ス、

〔有栖川宮日記〕○高松宮家蔵

天保六年九月十二日、戊戌、晴、

一願書如左

奉願上口狀覺

一當御所様御祈願所御館入之儀奉願上度奉存候、尤先年當社江御寄附物御座候而其後年々御祈禱相仕居候得共、中絶仕書物等燒失ニ而古来之儀不相分歎敷奉存候ニ付、此度更ニ御寄附物等奉願上度候、猶御殿御永久之御祈禱仕度、紫御紋附御幕・御紋附御挑燈等御寄附被成下候者重疊難有仕合奉存候、此段宜御沙汰御執成被下度奉願上候、以上、

甲州八代郡岩間庄宮原村

正一位一宮浅間神社及三社神主

内藤紀伊　印

有栖川宮様

御役人御衆中

右反言上候處御許容、其旨御用人江申達ス

編修課

明十三日御目見被仰附候ニ付巳剋ニ参殿
候様申達ス、
十三日 乙亥、晴、
一、参上　　　内藤紀伊
昨日願之通被仰付候為御礼参上、
宮御方於御小書院御對面被仰付素礼ナリ、
相済表十五帖敷ニ而御祝酒、御菓子等被下
之、
右ニ付献物送り物如左、
献上　金　七百足
姫宮様
若宮様 江　金　三百足
一、御寄附状被下如左、
御紋附紫御幕　弐張
御紋附高張挑燈　弐張
同　箱挑燈　弐張
同　弓張挑燈　弐張
同　提挑燈　弐張
右今度御祈願所就被仰付候為守護被渡
置候條如件、
天保六年九月　　嶋岡将監 名判
太田勘解由 名判
内藤紀伊殿
甲州八代郡岩間庄宮原村
浅間神社
右就御信仰今般御祈願所被仰下候、然上
者殿内安全長久之祈念可抽丹誠者依令
旨執達如件、
年月　嶋岡将監 名判　太田勘解由 名判　前川雅楽少允 名判
嶋岡左京大進 名判　豊嶋筑後守 名判　中川信濃守 名判
藤木近江守 名判　粟津甲斐守 名判
内藤紀伊殿

天保六年十月九日
大坂町人井吉佐治良ニ和歌入門ヲ許可ス、

編修課

〔有栖川宮日記〕○高松宮家蔵
天保六年十月九日、甲子、曇、
一、参上　大坂町惣年寄当時隠居　内淡路町住居　井吉佐治兵衛
今般歌道御門入今日参上、於伺公間休足、圖書頭面會、誓状詠草等請取、其後於御小書院御目見、素礼、名披露、其後南壱ノ間ニ而御盃被下、圖書頭遣之、相済、於休所御祝酒被下、相済難有旨御礼申上退出、
白銀壱枚献上、

天保六年十一月二日
藝州藩主浅野齊肅ノ請ニ依リ、饒津大明神ノ額字ヲ染筆シテ遣ス、

〔有栖川宮日記〕○高松宮家蔵
天保六年十一月二日、乙亥、終日雨、
一、松平安藝守殿ゟ　使者高木元次
去月上旬被相願候元祖（アキマ之）神輿江被乗
饒津大明神江御額字御染筆被為在候ニ付
則粟津甲斐守面會ニ而相達ス、
饒津大明神御作リ額、尤絹地、
御裏書
天保六年（未）十一月一日
中務卿韶仁親王
安藝國

饒津大明神
御額字
御裏書
右
二品中務卿韶仁親王御染筆令為成給也、（著）
天保六年十一月
粟津甲斐守
義敦　判
藤木近江守
成基　判
右添書等相渡候処深難有仕合早々國元江留主居携下向可仕旨御請申上退出、

天保六年十二月一日
江州蒲生郡光明寺ノ願出ニ依リ、同寺ヲ祈願所
ト爲シ、御紋附紫幕一張高張提燈二張ヲ寄附ス、

〔有栖川宮日記〕○高松宮家蔵
天保六年十一月廿九日、戊寅、晴陰、
一、願書如左、
奉願上口状覚
一拙寺儀、當御所様御祈願所之儀奉願上
度年来志願御座候得共、不得折候処、此
度山田耕蔵殿御吹挙被成下候ニ付、奉
願上候、右願之通被仰付被下候ハゝ、為
冥加御殿永久之御祈禱仕度、就而者何
卒御紋附御幕向御挑燈御寄附被成下
候ハゝ、重疊難有仕合可奉存候、此段宜
御執成被下候様奉願上候、以上、
天保六乙未年十一月　江州蒲生郡蒲生堂村　光明寺印
有栖川宮様
御役人御中
右長経及披露候処、御聞済ニ付、其段御用人
江申達ス、明日御禮参殿候様ニ申渡ス、
十二月朔日、己卯、晴、
一、参上　光明寺
昨日願之通被仰附候為御礼参上、上総宮御
方於御小書院御對面被仰付素礼也、其後中
口ニ拾六帖之間ニ而御祝酒御菓子被下之、
御寄附状写如左、
御紋附紫御幕壱張
御紋附高張挑燈貳張
右今度御祈願所被仰附候ニ付、為守護被
渡置候條如件、
天保六年十二月　嶋岡将監
光明寺
江州蒲生郡蒲生堂村
光明寺

編修課

右観世音菩薩就御信仰今般御祈願所被
仰下、然上者殿内安全長久之祈念可抽丹
誠者依令旨達如件、

嶋田将監
前川雅楽少允　名判
嶋田左京大進　同
豊嶋筑後守　同
中川信濃守　同
藤木近江守　同
粟津甲斐守　同

光明寺

天保七年二月六日

閑院宮愛仁親王ノ勧進ニ依リ、孝仁親王ノ十三回忌追悼ノ和歌ヲ詠進ス、

編修課

〔有栖川宮日記〕○高松宮家蔵

天保七年二月二日乙卯晴、

一、閑院宮ゟ　　御使浅井大舎人頭

中務卿宮、実枝宮、上総宮江

如是相院宮（孝仁親王）十三回御忌来ル十日御相当ニ付御追悼之和歌御勧進被成度、依之御詠出之儀御頼被成度思食候、於御領掌者来ル八日中御取重被成度此段御頼被仰進、

右御返答中務卿宮、上総宮ニ者御承知、実枝

宮御方ニ者御非門ニ付御断被仰進、
六日、己未晴、
一、閑院宮江　　御使嶋岡造酒
両宮御方ゟ如是相院宮十三回御忌御勧進
和歌御詠出之處御落手、

書陵部（三号）

天保七年二月十九日
先考織仁親王ノ十七回忌ニ當ルヲ以テ、大徳寺
龍光院ニ於テ逮夜ノ法事ヲ修シ、参詣シテ之レ
ヲ聴聞ス、二十日正忌ニ當リ、亦参詣シテ法事ヲ
聴聞ス、

編修課

〔有栖川宮日記〕○高松宮家蔵
天保七年二月十四日、丁卯晴、
一、龍光院ゟ御法事ニ付品目差上ル、如左、
文聚院宮尊儀御十七回忌御法事品目
未十九日未之刻
金剛般若経
大悲神呪
同二十日辰之刻
観音懺法
半斎大悲神呪

書陵部（三号）

右　　龍光院
十六日、己巳、曇、
一、参上　　龍光院役者
実枝宮様ゟ之御附法事品目指上ル、如左、
文聚院宮尊儀十七回御忌従實枝宮御方
御附御法事品目
未十九日未之刻御逮夜相兼
金剛般若経
大悲神呪
十九日、壬申晴、

書陵部（三号）

一、文聚院宮十七回御忌御法事
金剛般若経
大悲神咒　未刻
右御執行之事
一、實枝宮御方御附御法事
金剛般若経　巳刻
大悲神咒
右
一、宮御方御出門辰半刻御参詣（。御供略）
實枝宮（御方）同刻（。御供略）

還御申刻、
一、御寺詰帳如左
中川玄蕃頭
嶋岡左京大進
安藤大監
嶋津造酒
宮崎縫殿
三間此面
岡多仲
御備

一宮御方
御香奠白銀壱枚
御作り花　壱瓶
御花　壱筒
一、實枝宮御方
御香奠　弐百疋
御作り花　壱瓶
御花　壱筒
一、上総宮御方
御香奠　百疋

御花　壱筒
一、精宮御方
葩　廿片
一、登美宮御方
御代拝　樫村半蔵
御香奠白銀壱枚
一圓臺院宮
御代拝和き丶勢方
附添女中一人
葩　三十枚
御香奠　弐百疋

一中宮寺宮〆
花ひら　三拾片
御花　壱筒
御香奠金五拾疋
御代拝　知堪　春映
一圓照寺宮
御香奠　百疋
はなひら　一臺
御花　一筒
関大蔵
白檀御花
大貞　貞渕　明堂
一貞操院宮御方〆　御代拝山崎兵吉

御経　一部
御挽茶　一はこ
御干菓子一はこ
御香典　銀弐枚
御附御法事ニ付
造り花　一桶
御挽茶　一はこ
御杉重やうかん まんぢふ一組
御香典　銀壱枚
一大覺寺御門跡

大覺寺宮　御代香野路井刑部卿
葩　壱臺ツヽ
一仁和寺宮御方　御使今井右膳
全　百疋
御花　一筒
御代拝
一輪王寺両宮　正覚院前大僧正
准后御方〆
白銀　弐枚
御花　壱筒
新宮御方〆
葩　壱臺
全　百疋

廿日、癸酉、晴、
一、文聚院宮十七回御忌御法事、
御寺詰　藤木木工頭拝殿前川雅楽少允詞
（○以下六名略）
御法事辰剋
観音懺法
半齋大悲神咒
御法事料銀拾枚
役者江銀弐両被下之
出頭僧衆
（アキマヽ）
一、中務卿宮御出門辰半剋龍光院江御参詣、（○御供略）

還御申剋前、
一、御寺詰帳如左
中務卿宮御成
知恩院宮　同　御備　御花壱筒　御香奠弐百疋
梶井宮　同　御備　鮑壱臺　御香奠弐百疋　御花壱筒
一、御法事中務卿宮御聴聞巻簾、平而和尚一席、座元一席江御封面御挨拶有之、其後御焼香御拝被為在、

天保七年三月十六日
家臣武藤采女・神子島式部・柳松主馬ニ和歌入門ヲ許可ス、

〔有栖川宮日記〕○高松宮家蔵
天保七年三月十六日、乙亥、晴、
一、此度御歌道御門入願之通御聞済之事、
武藤采女、神子嶋式部、柳松主馬

天保七年七月二十四日
大徳寺龍光院ニ於テ嫡母藤原（鷹司）福子ノ三十三回忌（正当九月二十四日）ノ法事ヲ引上ゲ修ス、仍リテ法事ニ先立チ龍光院ニ詣リ、靈前ニ焼香シ、又内々勧進セル追悼和歌ノ短冊ヲ牌前ニ供ヘテ詠誦シ、畢リテ廟所ニ参詣ス、

〔有栖川宮日記〕○高松宮家蔵

天保七年七月十七日、戊戌、晴、

一、龍光院ゟ御法事品目三通持参如左、

明臺院殿三十三回御忌従貞操院宮御方御

附御法事品目、

（○貞操院宮ヨリノ附法事品目略ス、）

明ゝ

来廿四日辰之剋　〔三〕

普門品　大悲神咒

同廿四日巳之剋

施餓鬼　満散楞厳神咒　半斎大悲神咒

右　龍光院

廿三日、甲辰、雨、

一、明臺院殿三十三回御忌九月廿四日御相当之處寺門差支ニ付御引上ニ相成今日御逮夜御法事御執行、

右ニ付御寺詰粟津図書頭 狩衣　安藤大監 布衣

但御近習一人而可然為后例記之、

嶋津造酒 布衣　太田左兵衛 布衣

岡夘仲 麻上下、

（略○中）

御寺詰帳如左

一宮御方ゟ

御香奠　金弐百疋　別段錫御花活　作り花一器、

御花　壱筒

光明真言経木千遍

一、実枝宮御方ゟ

葩　弐拾片

一、上総宮御方ゟ

同　弐拾片

一宮ゝ御方ゟ

同　三拾片

一、貞操院宮　御代香山崎兵吉

御経　壱部

御茶　壱箱

干菓子　壱箱

御香奠　白銀弐枚

右御法事ニ付御備

造り花　一桶

御茶　一箱

御杉重　壱箱

御香奠　白銀壱枚
右御添法事ニ付御備
一、中宮寺宮ゟ　御代香春映
葩　三拾片
生花　壱筒
一、大覚寺宮ゟ　御代香森舎人
葩　弐拾片
一、圓臺院宮ゟ奥向江御頼
御香奠　金百疋
廿四日、乙巳、雨、

一、明臺院殿三十三回御忌御引上御法事ニ付御
當日ニ付龍光院江御寺詰卯刻前参着
中川玄蕃頭狩衣　嶋岡左京大進同
嶋岡将監布衣　松浦内膳布衣
鎌田内蔵同　山田耕蔵麻上下
三間此面麻上下
一、右御法事ニ付宮御方御出門卯刻龍光院江御
参詣（御供略）、還御巳刻、
例之通於小書院御非時さし上ル、但御供方
青士迠御非時被下之、

一、宮御方今日御法事御聴聞可被遊之処還御御
急ニ付其儀無之、右ニ付前顕御法事已前簾中
ニ而御焼香被為在、且此度御内々御勧進之和
歌御短冊御牌前江被供於簾中御読上、其後御
廟江御参詣惣御拝之事、
一、御當日御法事巳之刻
施餓鬼
満散楞厳神咒
半斎大悲神咒
看座玄蕃頭　左京大進

右出勤之僧侶如前、
右御法事ニ而禅師座元等江御挨拶之儀玄
蕃頭より申入、且御法事後御焼香之儀も同
人勤之、
上総宮御方御代香も同人勤之、
御法事料白銀五枚渡之、
但御逮夜御法事とも銀五枚被納、
御非時支度料銀三枚渡之、
一、今日御法事ニ付
蒸籠弐組　出頭和尚座元江被下之

同　弐組　平僧へ被下之

御寺詰帳如左

一 知恩院宮　御代香　岩波少進

御香奠金　百疋

葩　三拾片

御花　壱筒

一 梶井宮御参詣

御香奠金　百疋

御花　壱筒

一 圓照寺宮　御代香　関大蔵

御香奠金　百疋

御花　壱筒

一 輪王寺宮　御代香　岩井修理

御香奠金弐百疋

葩　弐拾片

御花　壱筒

新宮御方ゟ

葩　三拾片

御花　壱筒

一 仁和寺宮御参詣

御香奠金弐百疋

葩　壱臺

御花　壱筒

一 龍光院役者ゟ請書差出如左

覚

一 白銀五枚者

為明臺院殿三拾三回御忌御法事料

右攸令院納如件

七月廿四日

龍光院役者

眼首座印

嶋岡将監殿

武藤采女殿

天保七年十月一日

仙洞光格ノ御内命ヲ蒙リ、妹圓照寺宮文乘ニ能書方ヲ傳授ス、尋イデ其ノ御禮ノ為、禁裏仁孝竝ニ仙洞・大宮欣子内親王両御所等ニ參入ス、

〔有栖川宮日記〕○高松宮家蔵

天保七年九月朔日、辛巳、晴、

一、今般依院御内命従中務卿宮圓照寺宮ヘ能書方御相傳之義被仰出、右一會掛り木工頭ヘ被仰付、但一統恐悦者同人ゟ惣代ニ而申上、

右之趣御用人御近習等ヘ申達、青士小頭等ヘも為心得御用人ゟ申達置、

二日、壬午、晴、

一、宮御方御出門未半剋、御參院ヘ、（○中略）御還御即剋、

一、梶井宮ヘ　御使木工頭

昨日御成ニ而圓照寺宮江能書方御傳之儀院中御内々御沙汰之後御傳ヘ被進候御挨拶被仰進、其外山村御殿ゟ御聞合之事共渡邊相模江委敷申談、

一、今般能書方圓照寺宮文成王江御傳之事、昨朔日座主宮御成ニ而中務卿宮江従院中御内々被仰出、即剋畏御請被申上、座主宮御參院ニ而直様御請被仰上、今日中務卿宮御參院、女房江御面會ニ而畏候旨御請被仰上、圓照寺宮ニ者尼宮之御事故院中上﨟方江御直書を以御礼

被仰上候事、

（○以下先例書略）

廿九日、己酉、晴、

一、幸徳井陰陽助ヘ　（御使）同三間此面

圓照寺宮ヘ能書方御相傳之勘文来月朔日一日斗ニ認替差上候様被仰入候處則直様書改差上ル、請取帰ル、

一、右御相傳之義両御所ヘ日時御伺之處思食不被為在候由ニ付来月朔日時辰御治定也、其旨夫々ヘ申達、

三十日、庚戌晴、

一、明日御傳授ニ付従今酉剋御神事入御神事懸
リ松浦内膳、御門大小門共被曳注連縄、御神事札ハ明
リ早天掛之、より服者退出、女中不浄之輩奥向相憚候事、

十月朔日、辛亥陰晴、

一、今日中務卿宮ゟ圓照寺宮江能書方御傳授時
辰、

一、御傳授之御間
　御小書院一二之間四方簾、二之間西北之方
壱間巻簾、一之間中央置文臺南北行、一之間

簾南ノ方カツキ上ケニ而被為入諸大夫役
之、
宮御方着御、御袍雲鶴御単黄、御差貫雲立涌
剋限圓照寺宮御成、平重門ゟ御入、御廣殿一
之間南椽ニ御輿臺捉御出迎諸大夫御近習
二人、御書院一之間江御案内御通り、火鉢御
茶煙草盆出、申入再罷出追付御面會可被成
旨申之、此時北野天満宮御札御供米被進之、
御頂戴引續御案内申御小書院江御通圖書頭
御案内、一之間簾南ノ方カツギ上ケニ而御

入、御傳授畢而再御書院江御案内御休息、
　但シ宮御方以前ニ御進一ノ間御簾カツキ上ケニ而御入中央西面ニ御著座

一、御献
　四種物御盃御銚子長柄両口
　　御酌圖書頭御手長御近習三人、
　御間御小書院一二之間、東北垂簾、西南巻簾、
　御休息之設替被為清
　宮御方ニ者御座間江御入、御鎮守其清殿
　江御神拝、
　圓照寺宮ニ者再御書院江御案内御休息

　但シ右一ノ間ニ硯箱料紙等設置御文匣
　江御切紙御入ニ而御封被附之後之御休
　息ニ御法服被改、
　　此節老尼大真伺公、
　御間鋪廣御殿一ノ間御床宝来、下ニ勝江寄
　文臺硯、御書院一之間御床鯉二幅対、下推朱
　卓唐冠香爐違棚巻物軸盆推朱大師御筆双方御手水
　角盥披宛、

一、早朝北野天満宮江御代参安藤大監
　御札御供米請帰ル、

一、早朝鎮守社、天満宮、人丸社、梅本社、願照明神、上
下御霊、木嶋社江
御備　神酒　洗米　干魚
御代拝御近習、
其清殿天満宮、辨財天、金毘羅
御備　神酒　洗米、巻こぶ
同　同　人
一、早朝圓照寺宮
宮御方江
昆布一箱
御使関大蔵
小奉書弐千帖
外ニ
赤飯一ふた、

白銀弐拾両
実枝宮御方、上総宮御方江
こんふ一折五十本ツヽ
赤はん一ふたツヽ
（中略）
右能書方御傳授ニ付、為御礼御目録之通被
進之、
一、圓照寺宮江　還御後相勤　御使圖書頭　御衣着
宮御方〳〵
昆布一箱
実枝宮御方、上総宮御方〳〵

こんふ五十本一をりツヽ
（中略）
右今日御傳授無御滞被為済候、御歓、為御祝
義御答礼御目録之通被進之、
一、御傳授被為済候後、宮御方鎮守社御参詣被為
在、其後御神事被為解候事、御門注連縄御神事
札等引之、
一、御傳授後一統席々罷出恐悦申上、於御小書院
実枝宮御初御一統江も恐悦申上、圓照寺宮江
も御書院ニ而申上ル、

今日御一統様江御吸物壱ツ、御肴三種ニ而
御祝酒差上ル、一統奥表江土器肴ニ而御祝
酒被下之、
一、禁裏御所、仙洞御所江　御使壱岐守　昼下
生鯛二尾一折ツヽ
大宮御所、親王御方江
干鯛一箱ツヽ
右今日圓照寺宮江能書方御傳授ニ付、為御
祝義被献之、
准后御方江も　御使岩井数馬

干たい一はこ
右御同様ニ付被進之、
一、中務卿宮御出門未刻頃、但シ当日御祝詞も被仰上、
禁中親王様江も、院中大宮准后御方江今日圓
照寺宮御傳授被為済候御礼御参、且御肴御拝
領之御礼も被仰上、（○御供略）御未半刻頃還御、
一、御傳授ニ付御歓被進物御使等如左、
禁裏御所へ　　御使平本左馬允
鮮鯛二尾一折
（○女房奉書略）

御返事御相應　　御請使壱岐守
仙洞御所へ　　御使木本斎宮
鮮鯛二尾一折
文面御同様略之
（御使）御請使壱岐守
大宮御所へ　　同　宮崎主計
御肴鯛二尾一折
御請使同人
親王様へ

鯣三連一臺
准后御方へ　　御使高木左衛門尉（天）
干たい一はこ
右御挨拶御使柳松主馬、
四日、甲寅、雨、
一、圓照寺宮御成　辰刻直ニ御供帰り、御迎暮比還
御、戌刻過、過ル朔日能書方御傳授被為済候後
今日御礼旁被為成、御書御膳壱汁五菜御夜食
御酒等被進、此間無御滞被為済候御礼御内々
被進物如左、

宮御方江
綸子一反　御扇子料金千疋
上総宮御方江
御菓子料金五百疋
実枝宮御方江
御菓子料金三百ひき、

〔円照寺文書〕○円照寺蔵
（包紙）
「天保七年十月一日　文来」
能書方御相傳之条ゝかたく口外他見致す間敷候事、依誓状かくのことくニ御座候事、
天保七年十月一日
中務卿宮　文来

天保七年十月七日
生母村井敦子ノ菩提ノ為、大徳寺龍光院ニ祠堂金五十両ヲ納メ、永代毎月ノ靈供盆正祭奠供養ノ執行ヲ命ズ、

〔有栖川宮日記〕○高松宮家蔵
天保七年十月七日、丁巳、晴、
一参上　龍光院役者　量首座
出會嶋岡將監
右者常信院殿祠堂金五拾両此度被納候ニ付為請取罷出ル、同人ゟ相渡落手書持参如左、
御祠堂料之事
一文金五拾両也
右者為常信院殿御菩提御施入所被為在也、毎月御靈供盆正祭奠御供養永代無懈怠可令執行候、仍状如件、
天保七丙申年十月七日　龍光院役者　量首座印
眼首座印
嶋岡將監殿
武藤釆女殿
一右同上ニ付於龍光院御供養被仰付御内ゝ金弐百疋御備被為在候ニ付看座為御代拝罷越、
安藤大監

編修課

天保八年三月二十六日

西本願寺門主光澤ニ能書方ヲ傳授ス、乃チ光澤、
内々白銀五十枚・綸子二反等ヲ贈進ス、

編修課

〔有栖川宮日記〕○高松宮家蔵
天保八年三月廿三日、庚子、晴、
一、西本願寺殿江　御使鎌田内蔵
　右者来廿六日能書方御傳授剋限少々御差
　支ニ付未剋ニ被改候ニ付更ニ御案内被仰
　入度此段勘文を以被仰入
　（○勘文略）
　右勘文持参ニ而下間少進江面會ニ而御口
　上申入御口上之趣畏候旨御請申上、
廿六日、癸卯、晴、

書陵部（三一号）

一、今日中務卿宮ゟ本願寺御門主江能書方御傳
授
一、御傳授之御間
　御小書院一二之間四方簾二之間西北之方
　壱間巻簾、一之間中央置文臺南北行、一之間
　簾南之方カツキ上ニ而被為入諸大夫役之、
　宮御方着御、御袍雲鶴、御單、御差貫雲立涌、
　剋限本願寺御門主御参、先御廣殿一之間江
　御通り圖書頭罷出御口上承ル、夫ゟ御書
　院一之間江御安内御通り御茶御盆出ス烟草申入再

書陵部（三一号）

　圖書頭罷出追付御面會可被成旨申之、此時
　北野天満宮御札・御供米被為送御頂戴引續
　御小書院江圖書頭御案内御通り、一之間簾
　南之方カツキ上ニ而御進ミ、御傳授早而再
　御書院江御案内御休息、
一、御献
　　四種物、御盃、御銚子長柄両口
　　　御酌圖書頭、御手長御近習三人、
　御間御小書院一二之間東北重簾、西南巻簾、
　御書院ニ而御休足之内敷替被為済、再御書

書陵部（三一号）

院江御案内御休息但し右二之間ニ硯箱料
紙設置御文匣江御切紙被入封被附之、其後
御礼被申上退出、
御間錺廣御殿一之間御床三幅對宝来御書
院一之間御床山水二幅對、下ニ推朱卓唐冠
香爐違棚巻物軸盆推朱、大師御筆双方御手水角盥設
置、
一、御傳授ニ付早朝御備如左御代拝嶋津造酒、
鎮守社天満宮人丸社梅本社願照明神上下
御霊木嶋社江

御備神酒、洗米、干魚、
其清殿ニ而
天満宮、辨財天金毘羅神酒洗米巻こんぶ、
一、早朝北野天満宮江　柳松主馬、
御札御供米請帰ル、
一、御傳授被為済候後宮御方鎮守社江御参詣被
為在、其後御神事被為解候事、御門注連縄御神
事札等引之、
一、御傳授後一統席々罷出恐悦申上ル、於御小書
院実枝宮御初御一統江も恐悦申上ル、

今日御一統様へ御吸物壱ツ御肴三種ニて
御祝酒差上ル、表奥一統江も土器肴ニて御
祝酒被下之、
一、禁裏御所、仙洞御所江　御使壱岐守
鮮鯛二尾一折宛、
大宮御所、親王御方江
干鯛　一箱宛、
右今日本願寺御門主江能書方御傳授ニ付
為御祝儀被献之、
准后御方江　御使神子嶋式部

干だい　一はこ、
右御同様ニ付為御祝儀被進之、
一、本願寺御門主より　使池永大隅介
宮御方江
御太刀　一腰、
奉書　二十帖、
御馬　一匹代銀弐拾両、
実枝宮御方、上総宮御方江
御肴　一折ツヽ、代金五百匹ツヽ
（略○中）

右能書方御傳授ニ付御礼として御目録之通御進上之、

（〇中略）

但右使伺公之間江通し御祝酒吸物、三種重肴ニ而被下之、取持御近習挨拶、御用人

御引全百疋被下之、

一、御傳授被為済候為御礼申刻頃再本願寺御門主御参、直ニ御座之間江御通り御一統様御挨拶被為在、其後御料理ニ汁五菜御中酒、御吸物壱ツ、御肴三種、御茶菓等被出、後段御酒、御吸物三ツ、御肴六種等被出、尤御一統様御相伴被為在、万端相済戌刻御退出也、

但御廣殿二之間ニて供頭下間少進江吸物三種重肴ニて御祝酒被下之、伺公之間ニ而近習六人江同様御祝酒被下之、拾六帖之間ニ而徒士茶道八人へ右同様御祝酒被下之、

一、御傳授ニ付御内〻御進上物并表奥一統へ給りもの如左、

白銀五拾枚

〔綸〕輪子弐端

右宮御方江

御文庫之内

右上総宮御方江

御ふんこ之内

右実枝宮御方江

（〇中略）

已上

一、御傳授ニ付御歓被進物御使等如左

禁裏御所へ

鮮鯛一折　御使秦主水

（〇女房奉書略）

御返事御相應　御請使美濃守

仙洞御所へ　御使徳岡中務

鮮鯛一折

文面御同様畧之、

御請使壱岐守

大宮御所へ　御使藤林右馬少允

御肴一折

御請使美濃守

親王御方へ
准后御方　　御使山本主殿
干鯛一箱ツヽ
右御挨拶御使神子嶋式部
廿七日、甲辰、晴、
一、中務卿宮御方御出門午半剋、禁裏御所・仙洞御所・大宮御所・准后御方等江御参候。（略）御還御未剋、

〔有栖川宮系譜〕
韶仁親王　光格天皇御猶子
（中略。）
天保八年四月廿六日本願寺光澤大僧正江能
書方令傳給　五十四

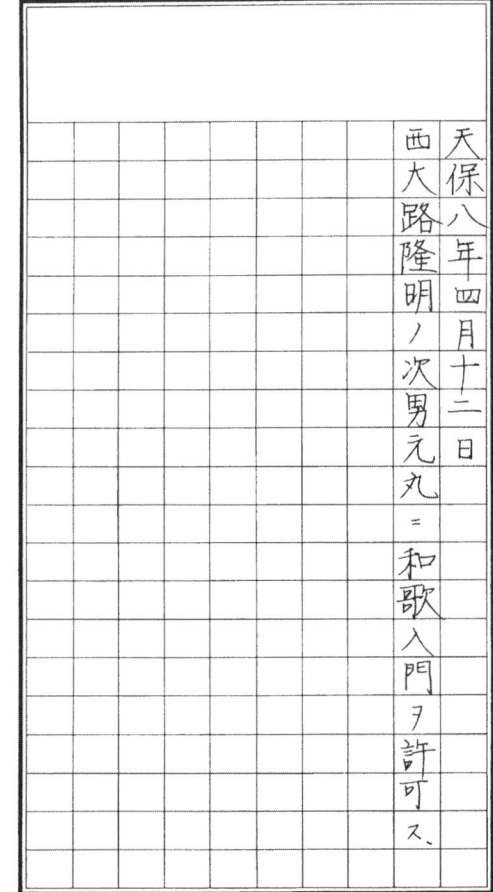

天保八年四月十二日
西大路隆明ノ次男元丸ニ和歌入門ヲ許可ス、

編修課

〔有栖川宮日記〕○高松宮家蔵
天保八年四月十日、丁巳、晴、
一、西大路前宰相殿御参、出會、雅楽少允、
時節伺且此程被願試置候次男元丸殿歌道
御門入之儀、弥被相願度、尤大夫殿事も同時
ニ相願度旨被申上置候処、此頃所労ニ付猶
快復之上追而被相願度、右ニ付此度者先元
丸殿斗御門入之儀相願候趣被申上候處、尚
院中江御伺之上御返答可被仰入旨御返答
也、

十二日、己未、晴、(隆明)
一、西大路前宰相殿御参、
同　元丸殿御参、
右者元丸殿歌道御門入ニ付同伴御参也、廣
御殿南二ノ間休足、於御小書院御對面、御献
四種物相済、表ニ而御祝酒紙敷肴ニ而被下
之、相済御礼被申上退出之事、

天保八年六月三日
好仁親王ノ二百回忌ニ當ルヲ以テ、大徳寺龍光院ニ於テ法事ヲ修シ、法華經一部・蓮三十片・花一筒ヲ供ヘ、諸大夫粟津義毅ヲ遣シテ代香セシム、

編修課

〔有栖川宮日記〕○高松宮家蔵
天保八年五月廿四日、庚子、雨陰、
一、来ル六月三日永照院宮弐百回御忌御法事御
執行之儀伺定、御治定、(○法事料例書略、)
六月三日施餓鬼御法事料銀十枚可被相納旨、
右之趣寺門江申達、品目可差上候様御用人
ゟ寺門江申達ス、
六月三日、己酉、晴、
一、永照院宮二百年御遠忌御法事ニ付
御寺詰　粟津圖書頭安藤大監

三間此面
御法事巳刻
施餓鬼・満散楞厳神呪
半齋大悲神呪
右御執行相済、御代香并僧衆江挨拶圖書頭
相勤、御法事料白銀拾枚被納之、御用人ゟ相
渡、且今日出頭和尚始僧衆へ蒸籠二組被下
之、但し代料ニ而被下之、白銀壱両木内元慶
江例之通被下之、
出頭
座元五人、平位十四人

御備左之通

宮御方より

法華経　壱部

葩　三十片

御花　壱筒

実枝宮御方より

葩　二十片

上総宮御方より

葩　二十片

宮々御方より

葩　三十片

書陵部（三号）

天保八年六月十一日

上皇（光格）ヨリ伏見宮貞敬親王・同邦家親王・外山光施・武者小路公隆・風早公元ノ勅點詠草ノ下見ヲ仰付ケラル、尋イデ十七日、天皇（仁孝）ヨリ三條實萬ノ勅點詠草ノ下見ヲ仰付ケラル、

編修課

〔有栖川宮日記〕○高松宮家蔵

天保八年六月十一日、丁巳、

一、仙洞御所取次ゟ来状如左、

御用之儀候間、唯今外様口へ御参候様、評定衆被仰渡候、仍此段申入候、以上、

六月十一日　渡辺隠岐守

有栖川宮様

諸大夫御中

即刻美濃守罷出候処、久世前宰相殿面會ニて切紙ヲ以被申上、切紙之御人数冷（旧）御下見

書陵部（三号）

之義被仰出ル、
兵部卿宮（貞敬親王）
上野宮（邦家親王）
修理権大夫（外山光施）
武者小路三位（公隆）
風早三位（公元）
右以来和歌御下見之義被仰出候間此段可申上之由、帰殿言上、再外様口ヘ美濃守罷出
右畏思召候由御請被仰上候事、
一、兵部卿宮　御使御牧近江介

時節御口上、今日和歌御下見之義院中ゟ被仰出候ニ付以来御世話ニ可被為成候間何分宜御頼被仰進候事、
右同上ニ付御礼被申上候如左、
外山修理権大夫殿御参
武者小路三位殿　同
風早三位殿　同

〔有栖川宮日記〕○高松宮家蔵
天保八年六月十七日、癸亥、晴、
一、禁中取次ゟ来状如左、
御用之儀候間唯今早々御一列御老分之内非蔵人口江御参候様万里小路按察使殿被仰渡候、仍申入候、以上、
六月十七日　勢多大判事
有栖川宮様
諸大夫御中
一、非蔵人口江　御使木工頭

万里小路按察使殿御出會ニ而三條大宮権大夫（実萬）御點伺詠草自今下見之事被仰出候、速ニ御請候様健房卿内意被達候間、木工頭ゟ宜言上取斗候様との事也、
帰殿言上、即剋非蔵人口江成基出頭ニ而御請之趣按察使殿江告、
一、三條大宮権大夫殿御参実萬卿、
此度詠歌之分此御所江下見之儀被仰出候旨実萬江も被仰下候、深畏御座候、右御礼（旦）御願之にめ参上仕候旨被申上、成基承り言上

ニ及ビ御返答御相應ニ申出ル、

書陵部（三号）

天保八年七月二十八日

園基茂・庭田重基同重胤ニ和歌入門ヲ許可ス、尋イデ三十日中山忠能ニ、八月三日中院通富ニ、二十六日武者小路實建ニ、九月二十六日王女精宮韶子女王ニ、十月五日一條忠香ニ、八日廣橋胤保ニ同ジク入門ヲ許ス、

編修課

有栖川宮日記　○高松宮家蔵

天保八年七月廿三日、戊戌、雨、

一、中山頭中将殿御参、出會木工頭、

時候被伺御機嫌、且是迄一條殿和歌御門人之處無程五旬も被為済候義ニ付和歌御入門之義先内々被相願候旨、尤表向者追而被相願候旨也、則御承知、

書陵部（三号）

廿八日、癸卯、晴、

一、園中納言殿（基茂）

御太刀　一腰

使山中造酒、

一、庭田宰相中将殿（重基）

御馬代金百疋　一疋

同　少将殿（重胤）

御太刀　一腰

使柴田右門

書陵部（三号）

御馬代金百疋　一疋
少将殿ヘ
御太刀　一腰
御馬代金弐百疋　一疋
右今般和歌御入門之辺を以目録之通被献
候事、

一、園中納言殿
庭田宰相中将殿　御参出會同人（甲斐守）
同　少将殿
右今日和歌御入門ニ付於御小書院御對面、

四種物御式於御廣御殿御吸物、紙敷肴ニ而
御祝酒等被出之、
晦日（三十日）乙巳晴、
一、中山頭中将殿（忠能）　使鬼頭嘉門
御太刀　一腰
御馬　一疋代金〆百疋
今般和歌御入門之辺を以目録之通進献之
事、

八月三日、戊申晴、
一、中院侍従（通富）和歌為御門入御参、

大納言殿御同伴也、
茂行出會候処御門弟御閭（屆脱カ）之御礼被申上詠
草被相伺、大納言殿ヘ時候御安否被相伺、則
及言上無程於御小書院御對面御挨拶被為
在、如例四種物ニ而御式御盃被遣、侍従殿盃
茂行罷出呑納、済而御點之詠草返し給、頂戴
ニ而退出、於表廣御殿吸物蛤、三種紙敷肴ニ
而御祝酒被出之、

一、中院侍従殿ヘ　使小川下野守
御太刀　一腰

御馬代銀拾両　一匹
今日和歌御門入ニ付御進上大納言殿ヘ御
文肴一折今日御参ニ付御進上之事、
廿六日、辛未晴、
一、武者小路尾張権介殿（實建）　使山本雅楽
御太刀　一腰
御馬　一疋
御肴　一折

右今般和歌御入門之辺を以目録之通被献
候事、

一、武者小路尾張権介殿御参、
今般和歌御門入、於御小書院御対面、御式四
種物、右被為済、於御廣殿二間ニ而御祝酒蛤
吸物紙敷肴被給之候事、

九月廿六日、己丑、晴、

一、精宮御方御諱韶子与御治定、父宮御方ゟ被進
且此度和歌御門入ニ付御題被進之、御式者未

〃廿八日之事

十月五日、丁酉、晴、

一、一條大納言殿（忠香）ゟ　　　御使入江土佐守

御太刀　　　　一腰
御馬代銀弐十両　一疋
（別紙）御文肴　　　一折
今般歌道御入門ニ付御祝儀として被進之、
右御使江吸物三種紙敷肴ニて御祝酒
被下之、

一、一條大納言殿和歌為御入門未刻頃御成、先御
廣殿壱之間江御通り御夕葉粉盆御茶差上ル、
其後御口上雅楽少允承ル、且御誓状御詠草御
伺、則及言上、其後於御小書院御対面、御式被為

在如左
先御盃、次御吸物鯛ひれ、
次御肴紙敷三種御銚子錫、
右被為済候上御詠草御返し被進、

八日、庚子、晴、

一、廣橋侍従殿（胤保）　　　使藤堂大和介
御太刀　　一腰
御馬代銀壱枚　一疋
右今般御入門之辺を以目録之通被致進献
候事、

一、廣橋侍従殿御参、
今般和歌御入門、於御小書院御対面、御式四
種物、右被為済、猶御廣殿二之間ニ而御祝酒
蛤吸物紙敷肴被給之候事、

天保八年十月十日

烏丸光政ノ勸進ニ依リ、其ノ祖光廣ノ二百回忌追悼ノ和歌ヲ詠ジテ遣ス、

編修課

〔有栖川宮日記〕○高松宮家蔵

天保八年九月十九日、壬午、曇、

一、烏丸辨殿（光政）御参、

古前大納言光廣二百回正當去七月十三日、

来月十三日追慕和歌勸進の御詠願度候、御

領掌者十日頃拝領之義希入候事、

十月十日、壬寅、陰晴、

一、烏丸右少辨殿江　御使岩井数馬

先代光廣卿弐百回忌勸進之和歌御詠出被

為贈候事、

書陵部（三号）

天保八年十二月二十七日

上皇（光格）ヨリ日野資愛廣橋光成ノ勅點詠草ノ下見ヲ仰付ケラル、

編修課

〔有栖川宮日記〕○高松宮家蔵

天保八年十二月廿七日、庚午、晴陰、

一、日野前大納言殿（資愛）廣橋中納言殿（光成）御参、

今日院御點給候旨被仰出、尚御下見之義中

務卿宮江入御一見候様被仰出、深畏入被存

候右ニ付自今宜御願被申上候旨、

右御返答幾久敷目出度思召候且御下見之義

中務卿宮江被見候様与之御事過剋御當方江

被仰出、御承知被成候旨御答、

書陵部（三号）

天保八年十二月二十九日
千種有功ニ和歌入門ヲ許可ス、

編修課

有栖川宮日記　○高松宮家蔵

天保八年十二月廿九日、壬申、曇、
一、千種三位有功卿和歌御門入、御吹挙久我御裏就君殿、
　午剋御参出會近江守、
　今日歌道御門入之御礼堅詠草を以被相伺
　且右ニ付御太刀　一腰
　　御馬代金百疋　一疋
　　朝之内以使被進上、

書陵部（三号）

及言上候処於御小書院御対面、御挨拶之上四
種物御式、（略。）中早而御點之詠草返し給、御礼
申上御前退出、

天保九年正月六日
倉橋泰行・泰聡父子ニ和歌入門ヲ許可ス、尋イデ
十四日、徳大寺實堅ニ同ジク入門ヲ許ス、

編修課

〔有栖川宮日記〕○高松宮家蔵
天保九年正月四日、丁丑、晴陰、
一、西洞院三位殿江　同　人（御使安藤主膳）
右倉橋殿御父子和歌御門入之儀、則今日院
中御伺済ニ而御領掌之旨被仰入、御題直ニ
被為送候、尚御参之義者五日・六日・七日之内
午後御参候様被仰入候、仍而御吹挙之義ニ
付御答迄被仰入、委細者倉橋殿江御直ニ被
仰入候旨御答也、
六日、己卯、曇、
一、倉橋刑部卿泰行卿
同　右馬頭泰聡朝臣　和歌御門入　御吹挙西洞院三位殿、
巳剋御参、出會圖書頭
今日歌道御門入之御礼、竪詠草を以被相伺、
且
右ニ付御太刀一腰
御馬一疋代銀壱枚ヅヽ　朝之内以使御進上、
及言上処、於御小書院御對面、御挨拶之上、四
種物ニ而御式、御配膳御近習、尤返盃有之候
也、但右馬頭殿ハ返盃無之ニ
付圖書頭、香納御點之詠草返し給、御礼申上、御前退
出、
十四日、丁亥、晴、
一、徳大寺大納言殿（實堅）御参、
和歌御入門御許容御礼被申上、且詠草被入
御覧、於御小書院御對面、御盃事四種物御銚
子錫、御配膳近習、詠草御返し、
御太刀一腰
御馬一疋代銀壱枚
右為御礼進上、先達而相廻ル、

天保九年正月二十二日
河内國檜尾山観心寺ノ願出ニ依リ、其ノ館入ヲ
許シ、祈願所ト為ス、乃チ同寺ニ御紋附紫幕高張
提燈・弓張提燈各二張宛ヲ寄附ス、

〔有栖川宮日記〕○高松宮家蔵
天保九年正月廿一日、甲午、陰、
一、奉願上口上書
当山儀当御殿様御祈願所奉願上度年来
志願ニ御座候得共不得折罷在候処、此度
田中舎人殿御吹挙被成下候ニ付、奉願上
候、右願之通被仰付被下置候ハヽ、為冥加
御殿御永久之御祈願仕度、然而者御紋附
御幕同御挑灯御寄附被成下候ハヽ、重畳
難有仕合可奉存候、此段宜御執成被成下

候様奉願候、以上、
御朱印地
河州錦部郡
檜尾山観心寺
同　威徳院浚照　印
同　不動院英尊　印
同　理性院淳性　印
同　多聞院秀雄　印
同　楨本院賢住　印
同　蓮蔵院等住　印
有栖川宮様
御役人御衆中
右及披露御許容、其旨御用人江申達ス、猶明

日被召其旨可申達答、其上御目見被仰付候
答也、
廿二日、乙未、晴、陰、
一、参上
河州檜尾観心寺惣代
多聞院
右伺公間江通し、御用人武藤采女面会、此度
御館入并御祈願所願等之儀御許容之旨申
渡し即刻御礼申上、金廿五両差出ス、
於御小書院御対面、御口祝被下、名披露有之、伺
公之間ニ而御祝酒、吸物、紙敷肴、干菓子、茶等
被下之、右献物配当如左、

献上
一金　千足
御裏様、若宮様江
一金　三百足ツヽ
〔○以下献物配当略〕
許状相渡如左、肥後大奉書、
河内国錦部郡
檜尾山観心寺
右就御信仰今般御祈願所被仰下、然上者
殿内安全長久之祈念可抽丹誠者、依令旨
執達如件、
武藤采女
名判

天保九年正月

嶋岡将監 名判
前川雅楽少允 名判
藤木近江守 名判
粟津甲斐守 名判

観心寺
衆徒中

右壱通
一此度御祈願所被仰付候間
有栖川宮御方
實枝宮御方

上総宮御方
御臺様
水戸御簾中御方
御連枝宮々御方
於七星如意輪観世音寶前御繁栄御長
久御祈禱抽丹誠可有修法者也、

天保九年正月
藤木木工頭 名判
粟津圖書頭 名判

観心寺
衆徒中

右壱通
御紋附紫御幕 貳張
御紋附高張挑燈 貳張
御紋附弓張挑燈 貳張
右今度御祈願所被仰付候ニ付為守護被
渡置候之條如件

武藤采女 名判
嶋岡将監 名判

観心寺
衆徒中

右壱通
右三通御用人ゟ相達ス、
右之外御撫物可被納旨も申達ス、

天保九年二月七日

東本願寺新門主光淨並ニ其ノ室壽賀君ニ和歌入門ヲ許可ス、

〔有栖川宮日記〕○高松宮家蔵

天保九年二月七日、丁酉、晴、

一、東本願寺新御門主ゟ　使者下間大蔵卿

御太刀　一腰

御馬（代銀拾枚）　一匹

今般歌道御門入ニ付御目録之通為御礼御

進上之、

一、東本願寺新御門主光浄和歌為御入門未剋頃

御参、先廣御殿一之間江御通り、御夕葉粉盆火

鉢御茶等出、其後雅楽允御口上承ル、且詠草被

伺、則及言上、再雅楽少允罷出追付御面會可被

成旨申之、其後御小書院江雅楽少允御案内御

通り、御對面御挨拶早而御式被為在如左、

先御盃　次御吸物鯛ひれ

次御肴紙數三種　御銚子錫　御杓茂行

右被為濟候上御詠草御返し、

一、東本願寺新御門主御内室

一、壽賀君御方ゟ　使者

先日被相願候歌道御入門之儀御領掌被為

在候御禮被申上、且今日詠草被伺、右ニ付

ひにい　一はこ

白かね　五枚

右御礼として御目録之通御進上之、且和歌

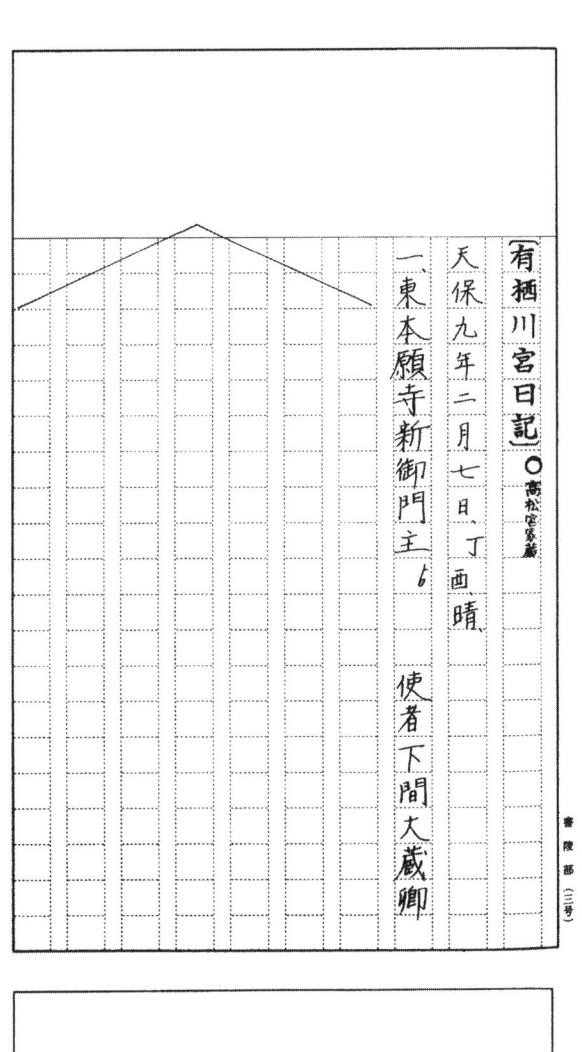

方両人江金弐百ひきツヽ給之、

右言上、詠草御覧之上御返し雅楽少允出會
御返答申述ル、
天保九年三月七日
甲州宮原村ノ浅間神社ニ額字ヲ染筆シテ寄附
ス、
［有栖川宮日記］○高松宮家蔵
天保九年三月七日、己卯陰晴
一、三條大納言殿（実萬）江　（御使）同　吉田齋
甲州八代郡宮原村浅間神社御額字御寄附
之義ニ付御届書三通被差出、則落手委書別
記、
天保九年三月九日
近衛忠煕ノ勸進ニ依リ、圓臺院（職仁親王女董子、近衛經煕室）
ノ八十ノ賀ノ和歌ヲ詠ジテ遣ス、尋イデ二十三
日、圓臺院ノ邸ニ於テ賀宴ヲ催スヲ以テ、使ヲ遣
シテ祝品ヲ贈リ、二十八日、幟仁親王ト倶ニ其ノ
邸ニ赴キ、賀詞ヲ申述ブ、

〔有栖川宮日記〕○高松宮家蔵
天保九年二月十三日、癸卯、晴、
一、近衛殿　　御使中川宮内少輔
両宮様實枝宮様江圓臺院宮御方八旬之御
賀ニ付御勧進之和歌御詠出之義御頼被仰
進候、猶御領掌ニ者三月十日迄被取重度御
頼被仰進候処御領掌被仰進候、實枝宮様者
御断被仰進候、

三月九日、辛巳、雨、
一、近衛殿江　　御使岩井数馬

圓臺院宮御賀和歌御詠進、
上総宮様圓照寺宮様右御同様御落手之
事、
廿三日、乙未、晴、
一、圓臺院宮御殿江　　御使壱岐守
今日八十御年賀御祝被為在候ニ付御歓被
仰進、但シ御内ゝ奥向右之御進物者種ゝ被
進之候事、

廿八日、庚子、晴、
一、中務卿宮上総宮御出門午半刻圓臺院宮江被

為成、今日御年賀御祝詞被仰進候、直御供帰り、
御供青士五人安藤主膳鎌田内蔵田中舎人松
浦内膳壱岐守美濃守其余如例、御迎戌刻、御供
之人数中通江御祝酒被下候、還御子半刻、

天保九年五月十七日
大西新右衛門ニ和歌入門ヲ許可ス、尋イデ七月
二十八日久我建通ニ、八月十日幕臣石黒惟清翁尾
ニ同ジク入門ヲ許可ス、

「有栖川宮日記」（高松宮家蔵）

天保九年五月十七日、丁巳、晴、

一参上　　　大西新右衛門

今般歌道御門入ニ付参上、於伺公之間休足、木工頭面會誓状詠草等請取、其後於御小書院御目見素礼名披露、其後南邑之間ニ而御盃被下、木工頭遣之、相済於休所御祝詞被下相済難有旨御礼申上退出、

金百疋献上

御扇子壱箱

七月廿八日、丁卯、晴、

一久我中納言殿〟　　　使森田甲斐守

御太刀　　一腰

御馬代銀十両　一足

今日建通卿和歌御門入ニ付為御祝儀御進上、

一久我中納言建通卿巳剋御参、御吹挙就君殿和歌御門入御領掌御礼右ヲ付詠草且誓状被差上、出會木工頭承之及言上、且無程中務卿宮於

御小書院御對面御挨拶之上御太刀目録被露之次ニ四種物御盃事有之、御返盃之事相済御點之詠草返し給之御禮被申上御退出、

八月十日、己卯、雨、

一参上　　　關東小普請旗本隱居　内々上京也
石黒尾翁

惟清

此度歌道御門入ニ付参上、圖書頭出會詠草相伺、其後於御小書院宮御方御對面御盃被下之、其後詠草被返下、圖書頭〟相達、伺公之間ニ而御祝酒吸物蛤紙敷肴ニ而被下之、

天保九年十一月二十九日

中院通知ノ勸進ニ依リ、其ノ祖通躬ノ百回忌追悼ノ和歌ヲ詠ジテ遣ス、尋イデ十二月三日、百回忌ノ法事ヲ行フヲ以テ、香奠金百疋ヲ贈ル、通躬ハ職仁親王ノ師範ナリシニ縁ルナリ、

編修課

〔有栖川宮日記〕○高松宮家蔵
天保九年十一月十六日、
一、中院大納言殿（通知）御参、出會壱岐守、
　切紙ヲ以被相願如左、
　前右府通躬公来月三日百回忌追善和歌勧
進御詠相願度候、被許候者深畏存候、来廿
　九日取重度候事、
廿九日、丁卯、
一、中院大納言殿江　　御使山名民部
　両宮御方より
　前右府通躬公来月三日百回忌ニ付勧進
之和歌御詠出被為送候事、
十二月三日、庚午、曇、
一、中院大納言殿江　　御使岡多仲
　御香奠金百疋
　為御尋蕨粉三袋、
右者右府通躬公百回忌ニ付被為贈候事、但（通躬公者職仁親王御師範格別之義ニ付被遣之、）

天保十年三月十八日
三條西季知ニ和歌入門ヲ許可ス、

編修課

〔有栖川宮日記〕○高松宮家蔵
天保十年三月十八日、甲寅、曇、昼後雨、
一、三條西前中将季知朝臣和歌御門入御参、
茂行出會之処、御門弟御聞之御礼被申上詠草
被相伺、則及言上、無程於御小書院御對面、御挨
拶被為在、如例四種物ニ而御式御盃御遣、中将
殿盃成基罷出呑納、濟而御點之詠草返し給、頂
戴ニ而退出、於表廣御殿吸物給、三種紙數肴ニ
而御祝酒被出之、（陪膳青士、取持御近習、）成基御面會ニ而萬
端相濟御礼被申上御退散也、

天保十年三月二十九日
本禪寺ノ願出ニ依リ、其ノ館入ヲ許シ、祈願所ト
爲シ、且ツ織仁親王ノ位牌ヲ安置セシム、乃チ同
寺ニ御紋附紫幕・高張提燈・弓張提燈各二張・宛挾
箱一對ヲ寄附ス、

〔有栖川宮日記〕 ○高松宮家蔵

天保十年三月廿五日、辛酉、曇、
一奉願上口上覚
拙寺儀、当御所様御祈願所之儀奉願上度、年
来志願ニ御座候得共、不得折候所、此度岸筑
前介殿御吹挙被下候ニ付、奉願上候、右願之
通被仰付被下候ハヽ、為冥加御殿御永久之
御祈祷仕度、就而者何卒御紋附御幕・同御挑
灯御寄附被成下候ハヽ、難有仕合可存候、此
段宜御取成被下候様奉願上候、以上、

天保十己亥年三月
寺町今出川下ル所
本禪寺 印
有栖川宮様
御役人御中
右及披露御許容、其旨御用人江申達ス、猶来ル
廿九日被召其旨可申達旨、其上御目見被仰付候
旨也、
廿九日、乙丑、晴、
一参上 寺町今出川下ル
本禪寺
右御廣殿弐之間江通し御用人武藤左衛門面
会、此度御館入并御祈願所等之儀願之通御許
容之旨申渡ス、即刻御礼申上、於御小書院御対
面御口祝被下之、有名之、披露御廣殿ニ而御祝酒吸
物紙敷肴干菓子等被下、
許状相渡如左、
寺町本禪寺
右就御信仰、今般御祈願所被仰下、然上者殿
内安全長久之祈念可抽丹誠者、依令旨執達
如件、

編修課

天保十亥年三月

武藤左衛門 名判

嶋岡右衛門少尉 名判

前川雅楽少允 名判

中川玄蕃頭 名判

藤木木工頭 名判

粟津図書頭 名判

本禅寺

文聚院宮御位牌一基

右今般就干被為安置候、然上者御菩提永世

無怠慢御回顧可有之候條如件、

天保十亥年三月　武藤左衛門 名判

（同前・以下）

本禅寺

御紋附紫御幕　弐張

御紋附高張挑燈　弐張

御紋附弓張挑燈　弐張

御紋附御挟箱　壹對

右今度御祈願所被仰附候ニ付為守護被渡

置候之條如件、

天保十亥年三月

武藤左衛門 名判

嶋岡右衛門少尉 名判

本禅寺

右都合三通御用人より相達、

天保十年四月十四日

青蓮院宮坊官進藤治部卿参郎シ、昨年誕生セル幟仁親王ノ王子浩宮ヲ韶仁親王ノ末子ト為シ、青蓮院門室ヲ相續セシムベキ旨情願ス、仍リテ之レヲ内諾ス、既ニシテ七月二十八日、禁裏ヨリ浩宮ヲ天皇孝仁ノ御養子ト為シ、青蓮院ヲ相續セシムベキ旨仰出サル、

編修課

〔有栖川宮日記〕○高松宮家蔵

天保十年四月十四日、己卯、雨、

一、参上、　出會木工頭　進藤治部卿

今日参上之儀者過日刑部卿ゟ来状ニ而
内〻被仰出度儀有之由ニ而内密面會之
儀打合有之参上也、
青蓮院宮御室御無住ニ付當御殿ニ若宮御
方被為在候ハヽ御相續上ゟ被仰出候時者
御領掌被進候様相願度、尤先年先住宮御違

例中御附弟之宮御願被成候処、當時若宮御
方不被為在候故追而御人躰被為在候ハヽ
御沙汰可有之旨被仰出其儘ニ相成候然ル
所當御方ニ御密子被為在候哉ニ聴承仕ニ
付其御筋江も急度故宮御遺願此節被仰出
候様乍極密申願候処、近内御遺願之趣可被
仰出哉急〻當御殿御時宜御取繕之上申出
候様との御事ニも相聞候ニ付伺出候旨、乍
内〻御領掌も被進候ハヽ御年齢之処御年
増ニ而御披露ニ相成候様仕度、弥御領掌被

進候ハヽ中務卿宮様御末子ニ而被進候御
時宜哉此儀も相伺置度兎角此御所思食之
邊を重疊相伺度云云、
委曲演舌之次第両宮御方江及言上、
右返答前願之演舌之旨趣尤ニ被思食候、
天氣被仰下候上者深畏御請可被仰上、尤
上総宮ニ者未御息所も不被為在候故中
務卿宮御末男ニ可被定御年齢之儀刑部
卿申出候趣者尤ニ思食候得共餘り御年
被為増候時者御長成之上、而如何ニ付

浩宮御歳之処御三歳と可被成哉、夫仰之
儀者思食も無之是迄も両御所思食被為
在候ハヽ兎角天氣可被出仰旨是等も程
能其筋江申入候様此段成基ゟ及御挨拶
候様両宮御方御沙汰之趣申答候処、速ニ
御領掌被成下難有仕合奉存候、今日其御
筋江可申上様との事ニ候、
當御所様江も追〻可申上旨而退出、

〔按〕浩宮ヲ子トセル日時今詳カナラズ、

〔有栖川宮日記〕○高松宮家蔵

天保十年七月廿八日、辛酉、晴、

一非蔵人口江傳奏衆依御招圖書頭罷出、則兩傳奏徳大寺大納言殿・日野前大納言殿御面會ニ而青蓮院空室此度中務卿宮御末子浩宮御相續被仰出并當今御養子之儀茂被仰出候、此段可申上旨被達、

右歸殿及言上、御請使圖書頭相勤、

一浩宮御方青蓮院御室御相續被仰出候旨一統江申達ス、

〔有栖川宮系譜〕

韶仁親王

王子

仁孝天皇御養子、御准母新待賢門院

実ハ幟仁親王御子、

御母御息所

天保九年九月十五日御誕生、号浩宮、

（略〇中）

（天保十）同年七月廿八日為仁孝天皇御養（子歟）以叡慮青蓮院室御相續、

天保十年五月十六日

西本願寺門主光澤ニ和歌入門ヲ許可ス、尋イデ八月二十九日、清水谷實揖ニ同ジク入門ヲ許ス、

〔有栖川宮日記〕○高松宮家蔵

天保十年五月十六日、庚戌、晴、

一西本願寺御門主光澤和歌為御入門午半刻頃御參、先廣御殿一之間江御通り御多葉粉盆御茶等出、其後玄蕃頭御口上承ル、且詠草被伺、則及言上、再玄蕃頭罷出追付御面會可被成旨申之、其後御小書院江玄蕃頭御案内御通り御對面、御挨拶畢而御式被為在如左、

先御盃　次御吸物

次御有紙敷　御銚子

右被為濟候上御詠草御返し、其後御床之間江

御通り御一統様御挨拶被為在、其後御酒御間
之者御参御菓子御夜食等被進之、万端相濟御
帰り亥半刻、
八月廿九日、壬辰、晴、陰、夜雨、
一清水谷大納言殿御参、實揖卿、
今日和歌御入門御参、廣御殿ニノ間休息、
詠草堅一通并誓状一通被差上、圖書頭申継、
　鮮鯛一折代金弐百疋
右為礼進獻、但し前以使ニ而被上、

書陵部（三号）

〔有栖川宮日記〕　○高松宮家蔵
天保十年十二月四日、丙寅、晴、
一飛鳥井前大納言殿（雅光）江　御使　鎌田隼人
先代（アキマヽ）年回ニ付、勧進和歌御詠被相願ニ付
則御詠出為持被為遣候処落手之事、
十一日、癸酉、晴、
一飛鳥井大納言殿江　御使　岡村小膳
雅親卿（三百五十回忌）年回ニ付勧進之和歌御詠出被下候ニ
付為御禮御参、并御菓子壹箱進獻之御挨拶被
仰入候事、

書陵部（三号）

天保十年十二月四日
飛鳥井雅光ノ勧進ニ依リ、其ノ祖雅親ノ三百五
十回忌追悼ノ和歌ヲ詠ジテ遣ス、

編修課

天保十年十二月十三日
烏丸光政ノ勧進ニ依リ、其ノ祖光雄ノ百五十回
忌追悼ノ和歌ヲ詠ジテ遣ス、尋イデ十七日其ノ
法事ヲ行フヲ以テ、靈前ニ葩一臺ヲ供ス、

編修課

〔有栖川宮日記〕○高松宮家蔵

天保十年十二月四日、丙寅、晴、

一烏丸頭辨殿（光政）御参、出会雅楽少允、

時候伺且来ル十七日先代光雄卿百五十回忌

和歌勧進被相催候ニ付、巻頭御詠出之儀被相

願於御領掌者来ル十五日被取重度旨被願候

処、則御領掌之事、去十月十七日正當之処依差支延引祭之旨被申上候事、

十三日、乙亥、晴陰、

一烏丸頭辨殿江　御使　松浦内膳

光雄卿年回ニ付勧進之和歌御詠出ニ付被為

送候処、留主中ニ付雑掌御預リ申、

十七日、己卯、晴、

一烏丸頭弁殿江　御使　山田右兵衛

笵　一臺　靈前江

蕨粉　三袋　辨殿江御見舞

右者光雄卿百五十回年忌ニ付靈前江御備、且

頭弁殿江為御尋一種被遣候事、

韶仁親王実録　七

有栖川宮實錄　六六

韶仁親王實錄　七

有栖川宮實錄　六六

韶仁親王實錄

韶仁親王　七

天保十一年正月十六日

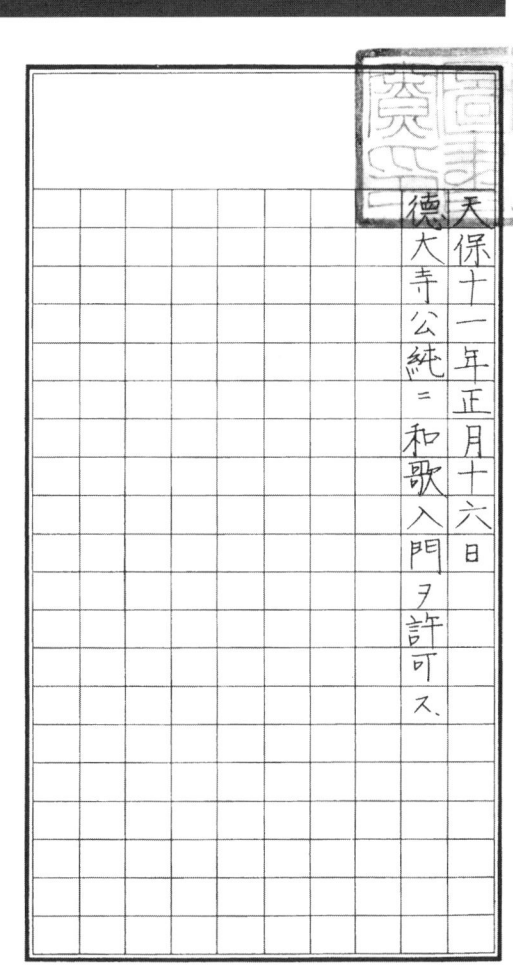

徳大寺公純ニ和歌入門ヲ許可ス、

有栖川宮日記　○高松宮家蔵

天保十一年正月十六日、丁未、晴、

一徳大寺三位中将殿御参、公純（キンイト）卿、已刻、

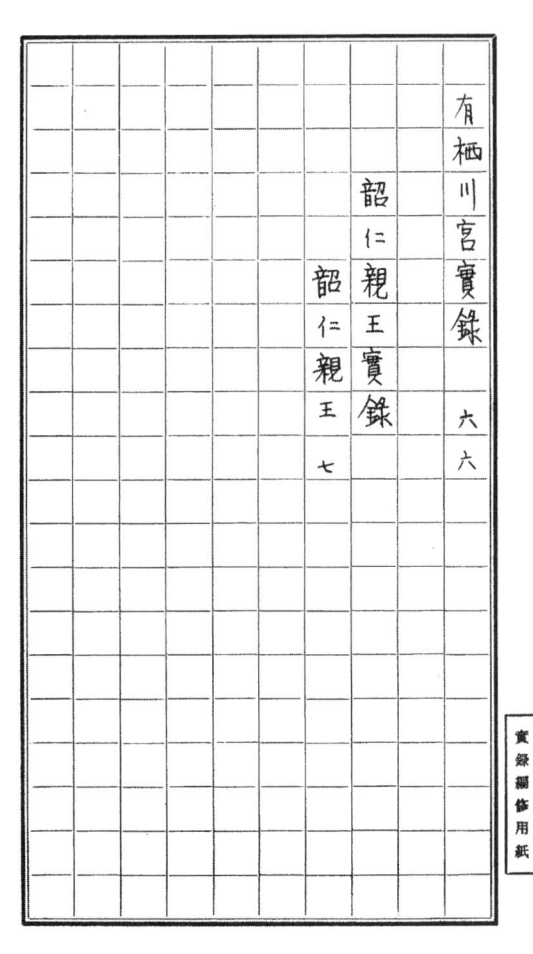

今日和歌御入門ニ付御申入、堅詠草并誓状持参被差上、無程於御小書院宮御方御対面、四種物ニ而御盃事有之、御配膳御近習、其後（御詠草御返し）於表御広殿二之間御祝酒吸物・蛤・紙数肴ニ而御酒被出、相済御礼被申上退出、

天保十一年四月十一日
知恩院宮尊超親王参邸シ、去ル二日誕生セル幟仁親王ノ王子長宮ヲ韶仁親王ノ末子トシテ附弟ト爲スベキ旨要請ス、仍リテ之レヲ諒承、内約ス、既ニシテ九月二十七日、長宮附弟ノ事表向治定ス、

編修課

有栖川宮日記 ○高松宮家蔵

天保十一年四月二日、壬戌、雨、
一今戌剋過若宮御誕生、御腹千勢、
上総宮幟仁親王御子、御産家北新建御輿部（屋脱カ）之續別棟也、
宮々御方江惣代を以恐悦申上候、
八日、戊辰、晴、
一御新誕若宮可奉称長宮（タケ）被仰出、
右一統江申渡ス、
一若宮様御七夜如御嘉例御膳差上ル、
十一日、辛未、曇、昼後雨、
一知恩院宮御成午剋過御座之間江御通之上中務卿宮実枝宮上総宮御列座御對面之節、新誕長宮兼而被仰進候御門主御附弟之義御所望被成度旨被仰進、則目出度可被遂御内約御領掌被仰進、
九月廿七日、甲寅、晴、
一知恩院宮ゟ御使　武田式部卿
長宮御方御附弟御約定被成度旨先日関東江被仰立候處御願之通被仰出候旨今日於二條表御達有之候ニ付御吹聴被仰進候事、
達書之写如左
知恩院宮追々御年令ニ成被長候ニ付兼而御附弟之宮御取立被成度被存候処、此度有栖川宮末男長宮誕生ニ付唯今ゟ御附弟御約定被成置度、尤生長之上先例之通主上御養子、公方様御猶子被相願度旨書面遂一覧御内慮之趣関東江相達、則言上候處御勝手次第被成候様被仰出候旨可達段年寄共より申越候間此段相達候、
九月

〔知恩院日鑑〕○知恩院所蔵

天保十一年四月十二日、雨、

一御門室御附弟之儀有栖川宮中務卿御子長宮御方御内約被為在候、追而関東御伺之上表向御沙汰可被為在候旨被申達、

〔有栖川宮系譜〕

韶仁親王

王子（実ハ幟仁親王御子）

御母御息所

天保十一年四月二日御誕生、号長（タケ）宮

天保十四年三月十八日、御息所御養子、

天保十一年四月十七日

醍醐輝弘ニ和歌入門ヲ許可ス、

〔有栖川宮日記〕○高松宮家蔵

天保十一年四月十七日、丁丑、晴、

一醍醐大納言殿　使　河合伊勢守

御太刀　一腰
御馬　一疋
右今日和歌御入門ニ付進上之、
一醍醐大納言殿御参（輝弘卿、昼後御参、）
今日和歌御入門ニ付堅詠草持参被差上無程
於御小書院宮御方御對面、四種物ニ而御盃事
有之、御配膳御近習、其後御詠草御返し、於御廣
殿二之間御祝酒吸物蛤紙敷有ニ而御酒被出、
相濟御礼申上退出、但し誓状者御服中ニ付御
服解後被伺候様、

天保十一年五月二十八日
熊本藩主細川齊護ノ女勇ニ書道入門ヲ許可ス、

〔有栖川宮日記〕　○高松宮家蔵
天保十一年五月廿八日、丁巳、晴、
一細川越中守殿（齊護）ゟ　使者　塩山又左衛門
時候伺且別紙午扣之通御頼被申上度旨、
越中守娘勇（イサ）事今度筆道御門入仕度（被）奉存候、右
之段御領掌被成下候様宮様江御頼被申上候、
此段諸大夫中迄使者を以被申達候、
使者　塩山又右衛門
右及披露御領掌御返答、甲斐守出會御頼之趣
目出度御領掌被成候、尚来月朔日御手本可被

為送旨申出、

天保十一年八月十日

伏見宮貞敬親王王女潤尾宮（種子女王）・同東明宮（直子女王）ニ和歌入門ヲ許可ス、尋イデ十一月七日、圓満院宮覺諄親王（伏見宮貞敬親王王子）ニ同ジク入門ヲ許ス、

〔有栖川宮日記〕○高松宮家蔵

天保十一年八月十日、丁卯、晴、

一伏見宮ゟ　御使　後藤攝津守

　　ひたい　一はこツヽ

　　御たる代金弐百疋

潤尾宮御方・東明宮御方ゟ今度歌道御門入ニ付、為御祝儀被進之、尤御詠草御伺之處即刻御返し被進、御返答近江守申出候事、

十一月七日、癸巳、雨、午後晴、

一圓満院宮和歌為御入門午刻過御成、先御廣殿壹之間江御通り、御多葉粉盆・御茶差上ル、其後御口上木工頭承之、御誓状御詠草御伺、則及言上、其後於御小書院御對面御式被為在如左、

　　先御盃　　御吸物

　　御肴紙敷　御銚子

右被為濟候後御詠草御返シ、其後御多葉粉盆御茶御菓子等差上ル、于時上総宮御方御出座御對面御挨拶被為在、萬端相濟還御之事、

天保十一年十一月十九日

上皇（光格）御病篤キヲ以テ、仙洞ニ參入シ、御前ニ參進シテ御機嫌ヲ候ス、既ニシテ上皇崩御アラセラレシヲ以テ、翌二十日、先ヅ准后御殿（藤原祺子）ニ參リ、尋イデ禁裏（仁孝）竝ニ大宮御所（欣子内親王）ニ參入シテ天機竝ニ御機嫌ヲ奉伺シ、更ニ仙洞御所ニ參候ス、此ノ後、十二月二十日ノ御葬送ニ至ル迄、屢舊院ニ參候ス、

〔有栖川宮日記〕　○高松宮家蔵
天保十一年十一月十九日、乙巳、晴、
一四ッ時御出門ニ而中務卿宮御参院ニ而前同（○不豫御容躰ニ付御機嫌御伺）
樣御伺被仰上、（○中略）還御午刻、
一中務卿宮申半刻御参院事、（○伏略）御還御四ッ半時、
一還御之上院中御事之次第伺候廉如左、
上皇御不例之所今酉刻崩御、
二十日、戊午、晴、
一中務卿宮辰刻御出門ニ而仙洞御所崩御ニ付
御機嫌為御伺先准后御方江御成、夫ゟ御参内、
御参宮、（○奉伏略）還御巳刻、
一中務卿宮午刻御出門ニ而院中江為御詰御参、
（○奉伏略）還御酉刻過、
〔按〕中務卿宮参院ノコト尓後十二月二十日
御葬送ニ至ル迄有栖川宮日記本年十一月
廿二・廿四・廿六・廿八・三十各日、十二月一・三・五、
八・十五各日條ニ記事見ユ、今省略ス、

〔日次案〕　○東山御文庫蔵
天保十一年十一月十九日、乙巳、晴、頃日御不豫、典
藥少允有裕朝臣献御藥、然而有御増氣、及今夕頗
令重御、関白、入道准三宮、仁和寺宮、座主宮、知恩院
宮、大覺寺宮、勧修寺宮、妙法院宮、長吏宮、圓満院宮、
曼殊院宮、内大臣、左大將等被馳参、被窺御容體、各召
御前、左大臣、右大臣、兵部卿宮、中務卿宮、上野宮、上總
宮、彈正尹宮、前内大臣、久我前内大臣、一條大納言、
二條大納言、中納言中將等同上、（○中略）申終刻召新
中納言、橋本中納言、前源宰相、刑部卿、通岑等於御
賀宰問御對面、御惱逐時厚、醫術無效驗、終令及御
危篤給、酉剋崩御、

天保十一年十二月八日
禁裏仁孝ヨリ光格天皇御葬儀ノ四門額四枚ノ染
筆ヲ仰付ケラル、尋イデ十二日、四門額四枚ニ文
化度ノ額字寫宸龍四枚ヲ添ヘ、御凶事奉行裏松慶
光ニ附シテ之レヲ上ル、

編修課

〔有栖川宮日記〕○高松宮家蔵
天保十一年十一月廿二日、庚申、晴、
一禁中取次ゟ酉刻過来状、
御用之儀候間唯今非蔵人口江御参候様裏
松弁殿被命候、仍申入候、以上、
十一月廿二日
出雲東市正
有栖川宮様
諸大夫御中
右承知之旨及返書、

即刻非蔵人口江雅楽少允罷出候処、御凶事傳
奏葉室中納言殿奉行裏松弁殿右両方御面會
ニ而中務卿宮江上皇崩御ニ付四門額筆者被
仰下候旨被申上、歸殿言上、
右御請被仰上候旨再非蔵人口江罷出葉室
殿江申入候事、
十二月八日、甲子、晴、
一非蔵人口江　御使　木工頭
傳奏奉行依御招罷出候処御凶事傳奏葉室中
納言殿同奉行裏松辨殿御面會ニ而中務卿宮

江四門額御料紙金地四枚被上、外ニ餘紙弐枚
為御用意被渡、尤ゝ自然御入用ニ候ハヽ可被
仰下、先弐枚被渡候旨成基江被命、
四門額料紙寸法
長　壹尺六寸　是者立切候寸法之由、
幅　壹尺　其思召ニ而内輪ニ御
認候様内ゝ成基江向
御噂也、
右来ル十二日中御献上之事、
別段文化度振御尋ニ付御額龍字ニ而御寫

被添候旨申入候処、左候ハヽ此度ヽ一通リ
被添候様宜申上候様被命候也、帰殿及言上、
御承知ニ付再非蔵人口江罷出、御料紙御落
手御日限御承知之旨被告候処裏松殿奉リ
也、
今朝華室雑掌ゟ内ヽ申来ニ付御短冊文匣持
参候事、
十二日、戊辰、晴、
一非蔵人口江　御使　壹岐守
中務御宮ゟ

四門額　四枚　別ニ籠子〔室〕四枚
右御染筆被附則御凶事奉行裏松弁殿御面會
ニ而御渡申、則落手、

〔光格天皇崩御記〕
天保十一年十二月二十日
御葬送之式
（中略）
龕前堂作法
（中略）
山頭式
（中略）
葬場使　公績朝臣
山頭使　大江俊常

大宮使　忠能朝臣
御碑面　仁和寺宮
御荒垣御門額　中務御宮
右染筆被仰出、

天保十一年十二月二十日
光格天皇ノ御葬儀アリ、參院シテ御轜車ノ發御
ヲ奉送ス、

〔有栖川宮日記〕　○高松宮家蔵
天保十一年十二月二十日、丙子、晴、
一故院御葬送御出車酉刻、
附記、御順路　院參町堺町、同通三條寺町、五
條橋、伏見街道、泉涌寺、
一御葬送為御見立御參、
中務御宮御出門未半刻、（供奉略）還御亥刻前、
上総宮御出門同刻、（供奉略）還御亥刻前、
兩宮御衣躰
御冠　巻纓　御懸緒紙捻　御袍　御指貫

御檜扇
一御出車前酉刻頃、庭上江御供相廻候儀殿下御
供江御沙汰有之、御次第傳達ニ而各相廻候事、
関白殿　右府殿　兵部御宮　中務御宮
上野宮　上総宮　尹宮　仁和寺宮
座主宮　知恩院宮　大覺寺宮　勧修寺宮
妙法院宮　長吏宮　一乘院宮　圓満院宮
曼珠院宮　久我前内府殿　二條大納言殿（但、兵部御宮・前内府殿依御所労御不参、）
右御供、御沓諸大夫、御太刀近習壹人、御挑燈一
張近習壹人、南切戸口ヨリ入幔仕切有之所ヲ

歴弘御所東塀際ニ扣居、無程殿下御初弘御所
東之廊ヘ御降御壹方宛（但殿下者少シ御跡ヨリ御降、右府殿御初御）
先也、櫻木之脇ヘ西面北上御列立御車牽出ス、于
時御一統御蹲踞、御車東南之方江出御之節殿
下御初御凶事御門迄御送御蹲踞、其後御一統
御昇殿尋常御車寄ヘ御退出、

〔山科言成卿記〕

天保十一年十二月廿日、今日辰刻遺詔奏上、御左大將輔熙、弁資宗云々、（中略。）未半刻前被奉移御棺於御車云々、（中略。）酉半刻比御出車、先是御留守公卿殿上人五輩詰候御車側云々、廣御所坤簀子云々、殿下已下御見送、王公法親王等今向廣御所給、予等已下陪膳四輩從廣御所渡廊沓脱巽角、下殿被設置列立、北上西面、頃之以御棺前火移御前火、院司兩朝臣實德朝臣、有容朝臣取之、御留守公卿殿上人從同所下殿、列立同所、御簾儀了執事御下殿、殿下已下法親王各御下殿、

天保十二年三月三十日

神白宮内ニ和歌入門ヲ許可ス、

〔有栖川宮日記〕○高松宮家藏

天保十二年三月晦日〔三十日〕、甲申、曇、

一參上　神白宮内

和哥御門入ニ付參上、則御對面、中務卿宮於御小書院御盃被下、其後於寢殿代北二間御祝酒被下之、御献別記、奉

天保十二年四月二十日

近年家領ノ旱損相續キ、收納減少セルヲ以テ、客歳幕府ニ家領ノ一部ノ村替ヲ請願セシメシが、是ノ日、幕府ヨリ沙汰ニ及ビ難キ旨返答アリ、仍リテ七月二十一日、重ネテ請願セシム、

編修課

〔有栖川宮日記〕○高松宮家蔵

天保十一年十二月朔日、丁巳、晴、

一関東逗府粟津甲斐守ゟ過ル廿四日出之書翰成基江向到来、其旨趣者春来御願望有之候御領分村替之儀、幸石川主殿頭後室御老中御勝手掛り水野越前守殿姑之續柄ニ付、其手筋ゟ越前守殿江厚ク御頼入有之候処、水野家ゟ芸州家ゟ續柄ニも有之、有栖川宮江も不外成御續柄ニも存候得者、御世話も可被申上候間、早々其手筋江御願書被差出候様内意有之候間、京都ニ而御附江早々差出候様申来候付、即刻申談事之処、嶋岡右衛門大尉暮過ゟ小笠原安藝守用人大草孫三郎江面會ニ而厚ク相頼候処、早速安藝守江申入ニ相成候処、委細承知仕候由ニ而、明朝町奉行本多筑前守江参り篤ト申談事候上、所司代江も申入相成候丈ケ早々関東江進達ニ相成候様取斗可申旨御請申上、右者御附月番も違ひ候故、晦日夕被差出候手續キニ仕候旨孫三郎ゟ噂有之候事、

其御願書如左

有栖川宮御勝手向旧年御難渋ニ付、無御餘儀御意外之御願被仰立候次第御座候、一体御領分千石城州葛野郡太秦御安養寺村ニおゐて三百三拾五石餘者全御一圓之御家領ニ而、其外六百六拾四石餘者太秦村廣隆寺寺領ゟ入會ニ相成居、百姓共（朱書）委ク同寺領人別之百姓共致出作居候事ニ候、然ル所近来用水之水上田面多開候より連年川下及旱損、定め之御收納無御座、御物成納惣合漸平均五ツ壹歩程ニ相當、宮御膳米初御官服

又者御家来給物等或御作事杯臨時之御物
入も年毎ニ御差湊ニ候故、何分恥入候下御
次第御家来之輩江者頼扶持斗之少給ニ而
万端御省略漸御凌被為在候得共、素ゝ入と
元ゝニ立出る事とも斗候御収納年増御減多
く、定め之納者不滞様利解申聞候得共、近来
人気悪敷相成、聊之利解ニも田地上地之儀
申出実者取扱方ニも当惑之余り無余儀申
分ニ任せ候様ニ成行候事共粗有之候得共、
是迄者関東之御縁辺ニも御近ゝ被為在候得

者自右之御余光ニ而六ヶ敷人気も少ヶ成ニ
取繕来候処、当春浄観院様薨去以来自然ゟ
思込も薄未御日合無之てさへ左之気先相顕
候上者、年月相重り候ハヽ、如何成行可申哉
ゟ当惑無限御事ニ而候、此節御願之儀者深
御斟酌思召候得共、太秦村御高千石之内広
隆寺寺領地入会之所と責而五百石丈ヶ摂
河泉江州之内ニ而御場所替被成下、有栖川
宮永世御安慮ニ而御相続相成候様幾重ニ
もゝ御願思食候、既ニ寛保度閑院宮御領地五

歩之御収納ニ而御難渋之趣被仰立、於摂州
当時之御場所御引替被進候所右ニ而も五
歩半之御収納故猶又被仰立年ゝ金百五拾
両ツヽ永ゝ被進、両様ニ而当時七歩之御収
納ニ相成申候、其外桂宮近衛殿御領地も村
替被仰出候先例も有之、殊更前條閑院宮御
領地御引替被成進候御時節者関東江御由
緒無之以前之御事ニ御座候得共右之通此
節浄観院様御在世ニ者不被為在候得共当
春迄も被為入候御場合ともも御存被加御仁

慈を不被為蒙候而者実ニ御当惑、是迄者浄
観院様御在世中ゟ者申なから御内外之被
進物夫是を以御取続御一助ニも相成、御領
地之御不足補来候処、以来相止候而已なら
す自然ゟ人民之存込迄も薄相成候段御収
納方江抱〔拘〕り候事故、旦暮不安事ゝ歎思食候、
浄観院様薨去後未御間も不被為在御愁腸
不被為絶候作御中往之所も是又不一ト方御
苦方思召候より不得止事、前書御引替之儀
厚御願思召候、何卒浄観院様御縁之御事者誠

ニ厚御由緒之御事、又御菩提之御廉ニも御座
候得者、此度之御願出格以思召被仰出候様
幾重ニも願思召候、以上、
十一月　　　　有栖川宮御内
藤木近江守

〔有栖川宮日記〕○高松宮家蔵
天保十二年四月二十日、甲辰、陰晴、
一小笠原安藝守役宅江　　御使　鎌田内蔵
依招罷出候処、達書壹通受取歸
有栖川宮家領城州村方近年及旱損収納相
減候ニ付、村替御願之趣家司申立候書付各
被差出候付、江戸表江相達候処、右者容易難
相整筋ニ付、御願之趣難被及御沙汰候間、其
段右家司江可達旨年寄衆より申来候間、其
段彼家司江可被相達候、

四月
右之趣牧野備前守ヘ申越候間、此段相達候、
以上、
四月廿日
小笠原安藝守
田村伊勢守

〔有栖川宮日記〕○高松宮家蔵
天保十二年七月廿一日、癸酉、晴、
一田村伊勢守江　　御使　雅楽少允
御領分御場所替之儀少々関東ヘ申来候模
様柄も有之候故、別紙之通御願書被差出宜
進達之儀ニ而御頼被仰入、
先達而御願被成候通有栖川宮御勝手向旧来
御難渋ニ付、無御餘儀御意外之御願被為仰立
候処、右者不容易筋ニ而難被及御沙汰之段被
仰出候上者、思召被止度候得共、不被任御心御

儀者一躰御領分高千石城州葛野郡太秦郷安
養寺村ニ於て三百三拾五石餘者全御一圓
之御家領、其外六百六拾四石餘者太秦村廣隆
寺之寺領与入會ニ相成居、百姓者悉同寺領人
別之百姓共致出作居候事ニ而、然ル所近年用水
之水上ニ田面多開候より連年川下及旱損、定
め之御収納無御座、御物成納惣合漸平均五ツ
壹分程ニ相當り、宮御膳米ヲ始メ御官服又御
家頼給物等或者御作事抔臨時之御物入も年
毎ニ差湊候故、何分恥入候下御次第御家頼之

輩江者頗扶持計之御宛行ニ而万端御省略、漸
之御凌ニ被為在候所、素々入と元ニ相立出る
事を計ひ候御収納年増御減多候定め之納者
不滞候様利解申聞候得共、近来人気悪敷相成、
聊之利解ニも田面上ヶ地之儀申出、実者取扱
方ニも當惑之餘り無餘儀申分ニ任せ候様成
行候事共も粗有之候得共、是迄者関東之御緣
邊も御親敷被為在候得者自ラ御餘光ニ而頑
敷人気もヶ成取喚来候処、浄観院様薨去以後
纔ニ人心変動思込も薄是等之氣前相顕候上

者年月經ニ随ひ如何成行可申哉与御當惑無
限御事ニ而、候再應御願之儀者甚御斟酌思召
候得共太秦村御高千石之内廣隆寺之領地入
會之所を責而五百石丈ヶと攝河泉江州之内
ニ而御場所替被成下有栖川宮永世御安慮ニ
而御相續相成候様幾重ニも御願ニ思召候、既
寛保度閑院宮御領知五歩之御収納ニ而御難
澁之趣被仰立、於攝州當時之御場所御引替被
進候処右ニ而ハ五歩半之御収納故猶又被仰
立年々百五拾両宛永々被進両様ニ而當時七

歩之御収納相成申候、其外桂宮近衛殿御領知
も村替被仰出候先例も在之、殊更前條閑院宮
御領知御引替被成進候御時節者関東江御由
緒無之以前之御事ニ御座候得共右之通此節
浄観院様御不幸ニ而御早世与者乍申深御緣
之御場合をも思召被出厚御仁恵を不被為蒙
候而者実ニ御當惑、尤浄観院様御在世中者御
内外之被進物夫是を以御取續之御一助与相
成御領知之御不足補来候所、御助成相止而已
ならす自然与人民之存込迄も薄相成候段御

収納方ニ拘リ候事故且暮不安事ニ歎思召往々御取續之所是又不一形御苦労ノ不得止前書御引替之儀再々御願被成候、何卒浄觀院様御緣之事者誠ニ厚御由緒之御事、又御菩提之御廉も御座候得者此度之御願出格之思召を以被仰出候様幾重ニも御願被成候間、此段宜関東江御通達之儀賴思召候事、

丑七月　　　有栖川宮御内

粟津甲斐守

天保十二年十二月十八日

木村惣左衛門ニ書道入門ヲ許可ス、

編

修

課

〔有栖川宮日記〕　○高松宮家蔵

天保十二年十二月十八日、戊戌、雪、

一参上　　　木村惣左衛門

今般書道御門入御許容為御禮参上、於御小書院宮御方御對面、御盃被下之、其後於御廣殿ニノ間御祝酒吸物鉢肴ニ而被下之、木工頭右衛門尉面會挨拶、右萬端相濟御礼申上退出、

天保十二年十二月二十七日

将軍徳川家慶ヨリ所司代牧野忠雅備前守ヲ以テ第四王女精宮韶子女王ヲ養女ニ所望セラル、乃チ参内仁孝シテ勅許ヲ拝セル後、之レヲ領承ノ旨忠雅ニ返答ス、

編

修

課

〔有栖川宮日記〕○高松宮家蔵
天保十二年十二月廿七日、丁未、雨、
一牧野備前守役亭 江 御使 岩井数馬
依招罷出候處、備前守殿面會ニ而達書弐通被
相渡如左、

有栖川宮御息女精宮御事、公方様(德川家慶)御養女可
被仰出御内意ニ候、依之精宮御事先関東 江
下向被在之候様思召候、右之趣有栖川宮 江
可御達置旨年寄共より申来候事、
十二月

精宮御事下向之儀、諸事軽ク御近例充君東
明宮下向之趣ニ而萬端御手軽ニ御取扱之
思召ニ候、
此段茂家司 江 為心得可相達置候、
右帰殿及言上、直様牧野備前守役亭 江 御使圖
書頭常服麻上下、
前件之趣被聞召御満足ニ思召候、此御方ニ
者御承知之御事ニ被為在候得共、禁中御伺
之上猶又御承知之段可被仰進候、此段関東
江 宜御通達賴思召候事、

但シ備前守殿面會ニ而申述、
一宮御方御出門申剋御参内、(○中略)還御亥剋、右者
精宮御下向之義御伺也、於禁中議奏廣橋中納
言殿を以御伺之處、何之思召茂不被為在候由、
目出度被思召候旨御答被仰出、
一御方々様 江 恐悦一統申上候事、

天保十三年正月十二日
是ヨリ先、幕府ニ家領村替ノ事ヲ請願セシガ、是
ノ日、幕府、天保十二年ヨリ十箇年間、毎年金二百
兩宛ヲ進納スルヲ以テ、向後村替・助勢等ノ事ハ
聞届ケ難キ旨ヲ回答ス、

〔有栖川宮日記〕　○高松宮家蔵

天保十三年正月十二日、辛酉、雨、
一附武家田村伊勢守役亭　　坂部大蔵
依招罷出候處以切紙相達如左、
有栖川宮家領村替再應御願之儀ニ付右家
司差出候書付被差出候付江戸表江相達候
處、村替再應之御願ニ者候得共、不被及御沙
汰、格別之訳を以小堀主税預諸渡金之内を
以金弐百両宛去丑年（天保十二年）より拾ヶ年之間年々
被進候付、向後村替御願者勿論御助勢等之
儀被仰立候共決而難相整旨、右家司江可達
旨、各江申来候間、得其意可被相達候、
正月
右之趣牧野備前守より申越候ニ付此段相
達候、以上、
正月十二日　　小笠原安藝守
田村伊勢守
十三日、壬戌、雨、
一所司代牧野備前守江　御使　雅楽少允
手扣如左
御家領村替御再願ニ候得共不被及御沙汰
格別之訳を以小堀主税御預諸渡金之内を
以金弐百両宛去丑年ゟ十ヶ年之間可被進
旨不浅御満悦思召候、此段関東江御礼之儀
宜御通達被為頼入候、以上、
正月十三日　有栖川宮御使
前川雅楽少允

天保十三年二月七日
去月二十日、禁裏（仁孝）ヨリ将軍徳川家慶ノ五十ノ
賀ニ賜フベキ和歌ノ詠進ヲ仰付ケラル、仍リテ
是ノ日、之レヲ詠進ス、

〔有栖川宮日記〕　○高松宮家蔵

天保十三年正月廿日、己巳、晴、

一此段禁中（仁孝）御封中女房奉書富宮御方江御到来如左、

将くん家五十の賀に下され候和歌の御たいまいらせられ候まゝ御詠進おハしまし候様に申され候、このよし御中入まいらせ候かしく、（仁孝）

たれにてもの

御局へまいらせ候

右御請文御直筆ニ而被上、

二月七日、丙戌、晴陰、

一飛鳥井左兵衛督殿江　御使　坂部大蔵

両宮御方（仁孝）大樹公五十御年賀之和歌御詠進被附、則落手被致、

天保十三年三月二日

三寶院新門主定演ノ勧進ニ依リ、同門主准后高演ノ七十ノ賀ノ和歌ヲ詠ジテ遣シ、別ニ年賀ヲ祝シ、内々火鉢一箱ヲ贈ル、

編修課

〔有栖川宮日記〕　○高松宮家蔵

天保十三年二月十日、己丑、晴、

一三寶院新御門主（定演）　御使　山田宰相

折紙如左

花契多春

准后門主（高演）七十賀

来三月二日取重

出題　民部卿

右両宮御方江御詠出之儀御頼、尤禁中江御伺無之様被成度旨被仰進旨被仰答、

実枝宮御方江も御同様御頼之処御非
門ニよつて御断被仰入、
三月二日、辛亥、晴、
一三寶院御本坊江　御使　山田右兵衛
両宮御方江先日御頼被仰進候御年賀ニ付御
勧進和歌御詠出被進候事、
右之外
中務御宮へ　御火鉢　一箱
上総宮へ　御脇息　一箱
右御年賀為御祝御内々被進之、但シ御書ニ而被進、

天保十三年三月二十八日
参内、御小座敷ニ於テ天皇孝仁ヨリ和歌伊勢物語ノ御傳授ヲ受ケ、畢リテ一旦歸殿セル後、御禮ノ為、再ビ参内ス、

編修課

〔有栖川宮日記〕○高松宮家蔵
天保十三年三月廿二日、辛未、雨、
一来ル廿八日伊勢物語御傳授ニ付万端無御滞被為済候様、来ル廿四日ゟ三ケ日御祈禱執行被仰附候ニ付、夫々召寄御用人より申渡ス、ケ所如左、
上御霊社　下御霊社
小栗栖大和守　出雲路安藝守
北野天満宮　新住吉社
松采坊　岡野掃部
新玉津嶋社
森河右兵衛
右執行之上来廿七日御札献上候様嶋岡右衛門尉出會ニ而申達ス、且御初穂料金百疋宛被備之、則今日相渡ス、何れも御請申上候事、
一同上ニ付攝州住吉社、紀州玉津嶋社江御代参被立候ニ付右両社々務江御用人より案内状
今日差出ス、
廿八日、丁丑、晴、
一今日巳刻伊勢物語御傳授従禁裏御所被為請

候ニ付、昨夕より今日未刻迄御神事也、御門ニ
注連縄張之、御神事札掛之、
御目覚寅半刻、於清殿朝御膳被為召上、則御別
火ニ而御献方松浦内膳調進之、
一卯刻過於御庭
鎮守社　柿本社　天満宮　住吉
玉津嶋　上御霊　下御霊　願照明神
梅本社　其清殿等江御備、神酒、洗米、干魚、
御代拝　右衛門大尉狩衣
一禁中奏者所江　御使　左京権亮布直垂

御太刀　一腰
御馬　一疋　代銀五十両
昆布　一箱
干鯛　一箱
御樽　一荷
右今日伊勢物語御伝授ニ付、中務卿宮ゟ被献
之、猶後刻御参之節御披露頼思召候旨両局江
申入候処、
一中務卿宮御出門辰半刻御参内、（奉・供略）御参之節
御供之青士壹人御先江参り只今御参之旨非

蔵人江申入、於禁中車寄御扶持御出迎之堂上
久世前宰相殿外山三位殿、御誓状之箱御服紗
包之侭外山殿江図書頭ゟ直ニ相渡ス、但御出
門之節御誓状之箱右衛門大尉ゟ御腰輿江入
置、
未刻前還御、右御切紙之御箱外山殿ゟ図書頭
江被相渡、御腰輿ニ入之、御退出之節久世殿外
山殿簾下迄御見送り、還御御切紙之御箱御服紗
包之侭御腰輿ゟ出之、左京権亮持之、直ニ御先
立ニ而御小書院江上総宮御出迎ニ而御箱直

ニ上之、夫ゟ御先立ニ而直ニ御清殿江被為入、
夫ゟ直ニ御庭鎮守社江御拝被遊、夫より清殿
江被為成御拝、
但し御供図書頭内蔵大蔵等直ニ御清殿先
江御沓御円座等持廻し、
一於御座ノ間御衣冠之侭御祝詞被為請、実枝宮
御方上総宮御方精宮御方等無御滞被為済候
御歓被仰上、相済直ニ御小書院江出御、上総宮
御方御脇座、一統恐悦申上、其後御方々様江茂
申上ル、夫ゟ御昼御膳被召上、御神事被為解御

門之御神事札注連縄等取之、
一中務御宮御出門未半刻御傳授被為済候為御
禮御参、先女院御所、関白殿而御通御申置ニ、准后御方、
御参内、（奉・略・侯）還御亥半刻、
一於御座之間御一統様江今日御祝御膳差上ル、
御祝ニ赤飯　御吸物　紙敷肴
御膳壹汁五菜　御中酒　御吸物
三種御肴　御菓子等、
一今日御扶持御取持之堂上方江御祝御膳壹汁
五菜御参之節可出之候處御退出御手間取ニ

付禁中江相廻ス、
一御内一統江御祝酒土器肴ニ而被下之、
但し表ニ而ハ昼飯之節一菜鯛とうふ小被下之、
一御門弟并御下見堂上方参賀之節於御広殿二
之間御祝酒吸物蛤盛こはし御肴被出之、
一御傳授被為済候為御祝儀
干たい　一はこ
御目録斗
御内ゝ
御樽　一か
御肴　一折
実枝宮御方ゟ

干鯛　一箱
御内ゝ
御樽　一荷
御肴　一折
上総宮御方ゟ
ひたい　一はこツヽ
精宮御方
歓宮御方ゟ
四月十一日、己丑、曇、
一中務御宮御出門卯半刻伊勢物語御傳授被為
済候ニ付御社参御ヶ所如左、
上御靈　北野天満宮　新住吉社

新玉津嶋社　下御靈等　但御備金百疋ツヽ
（奉・略・侯）還御午刻前、

（歴世諸道伝授関係文書）〇高松宮家蔵

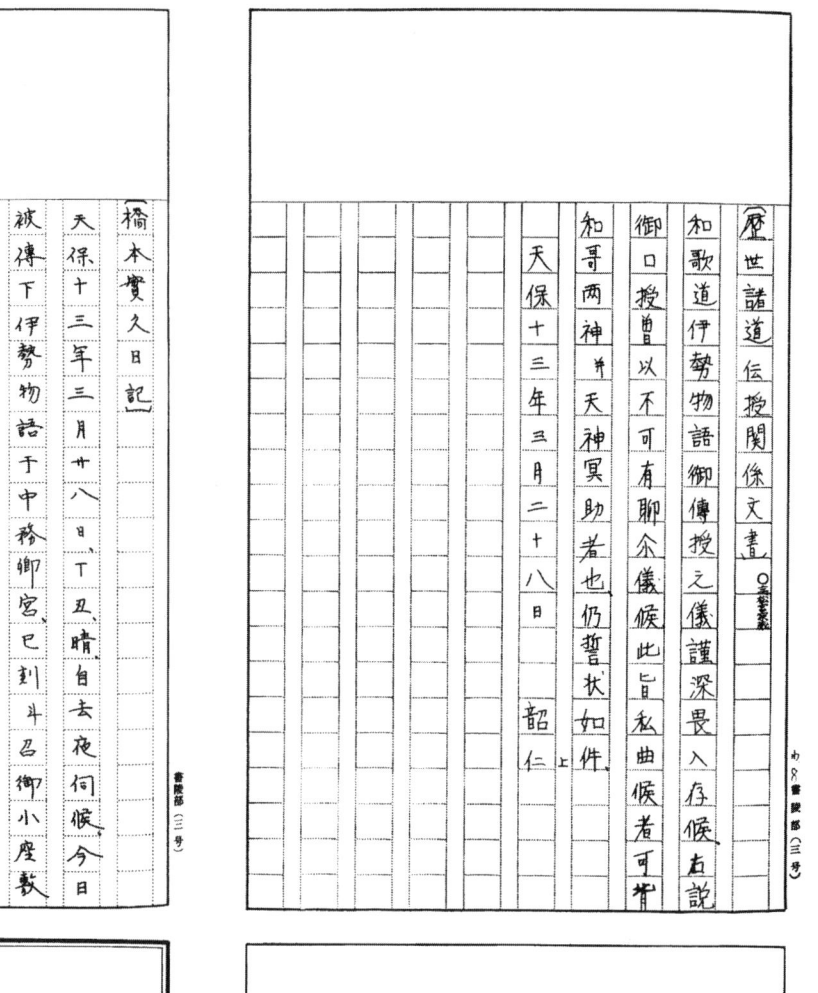

和歌道伊勢物語御傳授之儀謹深畏入存候、右説御口授曽以不可有聊尓儀候、此旨私曲候者可背和哥両神并天神冥助者也、仍誓状如件、

天保十三年三月二十八日　　韶仁上

（山科言成卿記）

天保十三年三月廿八日、今日従主上中務卿韶仁親王江伊勢物語被傳下候、（禁中御神事也、）御為件之御祝儀禁中江御肴鱧二尾一折近習一統組合献上、（〇中略）申刻比衣冠奴袴（麻上下袂、）参内、中務卿宮江伊勢物語御傳授恐悦、當御所東宮等附御帳、家公御名代予奉仕了、賜御祝酒云々、於番衆所拝領了退出、参上有栖川宮中務卿宮御傳授恐悦申置了、

（橋本實久日記）

天保十三年三月廿八日、丁丑、晴、自去夜伺候、今日被傳下伊勢物語于中務卿宮、巳刻斗召御小座敷有其儀、拝受了退出、其后召常御所賜一献了退出、

天保十三年五月二十五日
尾州藩主徳川齊荘ニ和歌入門ヲ許可ス、

〔有栖川宮日記〕　○高松宮家蔵

天保十三年五月廿五日、癸酉、晴、夜雨、

一近衛殿ゟ　御使　佐竹甲斐守

尾張大納言齊莊卿和歌御門入之儀御頼之處

早速御領掌御題被進候ニ付為御礼御目録之

通御進上之旨御頼越ニ付御傳進、

御太刀一腰　御馬一疋 判金壹枚

上

綏宮御方 江

白銀五枚

和歌掛り両人 江 白銀弐枚ツヽ

附記、右尾張殿ゟ御使者并之義差支之事共

有之、都而近衛殿 江 御頼ニ相成候ニ付、以

後初而御詠草御伺者取次之者相勤、其後

者佐竹甲斐守ゟ書通ニ而及御往来候旨

也、

天保十三年六月十一日

伯州倉吉大岳院ノ願出ニ依リ、同院ニ織仁親王

ノ位牌ヲ安置セシム、乃チ御紋附紫幕・提燈各二

張宛、翠簾一張ヲ寄附ス、

〔有栖川宮日記〕　○高松宮家蔵

天保十三年六月十一日、戊子、晴、

一昨日願相濟候為御礼巳刻参上、

伯州倉吉大岳院

表北弐間 江 通り其後於御小書院宮御方御對

面、御口祝被下、名披露御用人相濟表ニ而御祝

酒吸物紙敷肴、跡而干菓子被下之其後再御用

人面會許書渡ス、如左、

伯州久米郡倉吉大岳院

右今般文聚院宮御尊牌被為安置候、然上者

御菩提永世無怠慢御回願(マヽ)可有之候條依令
旨執達如件、
天保十三寅年六月
武藤左衛門 名判
嶋岡右衛門大尉 名判
中川壹岐守 名判
藤木近江守 名判
栗津甲斐守 名判
梅山和尚

右壹通
一御紋附紫御幕 弐張

一御提燈 弐張
一御翠簾 壹張
右今般文聚院宮御尊牌被為安置候依而御
寄附候條如件、
天保十三寅年六月
武藤左衛門 名判
嶋岡右衛門大尉 名判

大岳院
梅山和尚

天保十三年七月十八日
綾小路有長ニ諷誦願文書方ヲ傳授ス、

〔有栖川宮日記〕 ○高松宮家蔵
天保十三年七月十八日、甲子、晴、
一今日綾小路宰相有長卿江諷誦願文之儀御傳
授、巳刻綾小路宰相殿衣冠單檜扇御参、御廣殿南二ノ間江
御案内、青士、圖書頭出會口上被申述、今日御傳
授申長存候、只今参上之旨被申上、
但ゝ誓状者追而可被仰候与之御事、宜申上
呉便様御申、
則及言上、追付御對面可被成旨申出、
御小書院壹二ノ間四方簾亜簾、但床違棚其外

御懸物卓香炉設置、二ノ間西北之方巻簾一ノ間設文臺中央東西行、宮御方先御出座、着御御袍御單御指貫御檜扇、一ノ間南面御座、但御進之節御簾諸大夫役之、夫ノ綾小路殿江申入御進、御廣殿南縁座敷ニ而清手水設置青士之役一ノ間西南ノ壺簾カツキ入北面其間伺公之向御杉戸外ニ扣居、御傳奏被為済退出、宮御方ニ茂御退座、御簾諸大夫役之、夫ノ御小書院設替巻簾再御出座御横南面、綾小路殿御案内申再被進一ノ間ニ而御同座、御献先御盃、次四種物御近習、次御銚子圖書頭役之、御勧盃御返盃有之撤之、

御挨拶ニ而退出表二ノ間ニ而御礼被申上、上總宮御方江も御礼被申上退出、

右被為済候上御神拝鎮守社初御拝、

但シ例之通御備御酒洗米干魚等、

鎮守社、天満宮、人丸社、上下御靈社、住吉社、顧照

梅本社、玉津嶋社、其清殿江も、

一統惣参例之通御小書院江御出座、席々罷出恐悦申上候事、

一綾小路宰相殿ノ使　立川兵部

右宰相殿御傳奏済退出之上來ル

生鯛ニ尾一折

今日御傳奏無滞相済候為御礼進上之旨、

天保十三年八月二十五日

禁裏仁孝ヨリ近衛忠煕・久世通理・風早公元ノ勅點詠草ノ下見ヲ仰付ケラル、

〔有栖川宮日記〕 ○高松宮家蔵

天保十三年八月廿五日、辛丑、曇、

一桒中取次より来状

御用之儀候間唯今非蔵人口江御参候様飛鳥井殿被仰渡候、仍申入候以上、

八月廿五日　土山阿波守

中務卿宮様

諸大夫御中

右承知之旨返書遣ス、

即刻非蔵人口江伊勢守罷出候所、廣橋中納言殿御面會ニ而今日別紙之通自今勅點給ル、右ニ付以来和歌御下見之儀被仰出候旨被申上候也、

但シ御請之儀飛鳥井左兵衛督殿江面會ニ而申入候様、且其節別紙返却候様被命候也、

切紙如左

（近衛忠煕）
内大臣　権中納言

（久世通理）
前源宰相　（公允）風早三位

右帰殿言上、御承知御請之旨再非蔵人口、對馬守罷出左兵衛督殿、申入候也、

天保十三年九月十九日

飛鳥井雅光ノ勸進ニ依リ、其ノ父雅威ノ三十三回忌追悼ノ和歌ヲ詠ジテ遣ス、

〔有栖川宮日記〕 ○高松宮家蔵

天保十三年九月五日、庚戌、曇、

一飛鳥井前大納言殿（雅光）御参、出會雅楽少允、

中務卿宮江故前大納言雅威卿三十三回忌正忌去七月廿七日、来廿七日追慕和歌勸進ニ付御詠被相願度、於御領掌者御詠出之節来ル廿五日迄ニ拝領之儀被申願候也、

右言上之所御領掌、来ル廿五日迄ニ為持可被為送旨御返答被仰入、

十九日、甲子、晴、

一飛鳥井前大納言殿　〔御使〕同　鎌田内蔵

故大納言雅威卿三十三回忌ニ付御勧進和歌

御詠出之儀相願候ニ付御詠出之事、

天保十三年十月一日　大徳寺龍光院開祖江月宗玩ノ二百回忌ニ當ルヲ以テ、香奠金二百疋ヲ供ヘ、使ヲ遣シテ代香セシム、又別ニ内願ニ依リ、御紋附提燈二張翠簾三枚ヲ龍光院ニ寄附ス、

〔有栖川宮日記〕　○高松宮家蔵

天保十三年十月朔日、丙子、細雨、

一大徳寺龍光院開祖江月和尚弐百回忌ニ付

有栖川宮
上総宮　御代香　前川雅楽少允　狩衣、

実枝宮　為御代香　嶋岡右衛門大尉　同上、

供若党両人ツヽ、麻上下、鑓・長柄箱皆持

並籠壹荷ツヽ、素物四人ツヽ、

為副使罷出ル　三間此面　熨斗目麻上下、

御備如左、

有栖川宮御方ヘ　御香奠金弐百疋

実枝宮御方ヘ　同　金弐百疋

上総宮御方ヘ　同　金百疋

右之外依内願御寄附物

御紋附御提灯　弐張

御翠簾　緋縁十七添　三枚

右御備并御寄附物等去月廿六日御用人ヘ

以書面龍光院ニ為持遣、

天保十四年三月十日

日野西延栄ニ和歌入門ヲ許可ス、尋イデ六月十日、三條公睦ニ同ジク入門ヲ許ス、

編修課

〔有栖川宮日記〕○高松宮家蔵

天保十四年三月十日、癸丑、晴、

一日野西出雲権介殿御参、延栄

日野西四位殿御参、吹挙父朝臣、

今日和歌御門入、廣御殿南弐之間着座、詠草誓状被上、

宮御方御小書院ニ而御対面、御両人同時被進四種物御献御盃出雲権介江被遣、三献之上圖書頭罷出右御盃頂戴呑納、

但し宮御方出雲権介殿斗四種物御献差上、四位殿江肴無之、

書陵部（三号）

其後御詠草御直ニ御返シ、誓状御落手之旨御挨拶有之、退出表御廣殿ニ而御両人江御祝酒蛤吹物紙数有ニ而被出、相済御礼被申上退出、

立帰り御礼も被申上、

六月十日、壬午、曇、

一三條大納言殿　御参　吹挙

同三位中将殿〔公睦〕　〻

今日和歌為御入門御参、廣御殿南弐之間ニて休息、

詠草誓状壹通被差上、圖書頭申継、

書陵部（三号）

宮御方御小書院ニ而御対面、御両人同時被進四種物御式御盃三位中将殿被遣、三献之上御返盃有之、宮御方被加二献御納、

但シ宮御方三位中将殿斗四種物御献差上、大納言殿無之、

其後御詠草御直ニ御返し、誓状御落手之旨御挨拶有之、退出御廣殿ニて御両人、御祝酒蛤吹物紙数有ニ而被出、相済御礼被申上退出、

書陵部（三号）

天保十四年八月三日

妙法院宮敎仁親王ノ勸進ニ依リ、其ノ曽祖父典仁親王ノ五十回忌追悼ノ和歌ヲ詠進ス、

〔有栖川宮日記〕　○高松宮家蔵

天保十四年七月廿二日、癸亥、晴、

一座主宮（敎仁親王）　御使　山田筑後守

自在王院宮御年回ニ付御勸進和歌両宮御方江御頼之處御領掌之事、

但来月三日頃迄ニ御出詠之様御頼也、

八月三日、癸酉、晴、

一妙法院宮江　御使　鎌田隼人

両宮御方ゟ閑院自在王院宮五十回御忌ニ付和歌御勧進御詠進被附、則御落手、

天保十四年閏九月三日

是ヨリ先天皇（仁孝）ヨリ古今傳授アラセラルベキ旨仰出サレシガ、是ノ日、所労ノ為拝辭セルヲ以テ、御延引ノ旨仰出サル、

〔有栖川宮日記〕　○高松宮家蔵

天保十四年八月六日、丙子、晴、

一勅使議奏廣橋中納言殿（光成）御参、午刻、

今日議奏當役之内御使参上可有之旨昨日御達在之、右ニ付一統麻上下着相詰、禁中江遠見指出シ置注進在之候事、

右御参之節木工頭御近習両人、青士壹人御車寄敷莚江出迎、御廣殿一之間ヘ誘引着座、為御使参上御直ニ被申上度被申、則木工頭承リ退入、及言上、但其間ニ茶煙草盆出ス、無程於御小書院御

對面、木工頭誘引、着御、御衣冠二之間西北手江
御出迎、一之間ヘ御誘引、御着座、御口上被聞召、
古今御傳授之儀来閏九月下旬被傳候旨被
仰出、
右御請畏思召候、猶御参之上可被仰上旨御請
直ニ二之間江御送リ有之、
御復座中納言殿江之御挨拶、且御歓被申上、直
ニ退出、
御車寄敷莚江木工頭初御近習両人、青士壹人
送リ出候也、

九月十五日、乙卯、晴、
一勅使議奏飛鳥井左兵衛督殿(雅久)御参、巳刻、
右前以御達ニ付、禁中江遣見差出し置注進
之事、
右御参之節木工頭御近習両人、青士壹人御車
寄敷莚江出迎、御廣殿一之間江誘引、着座、為御
使参上、御直ニ被申上度旨御申、則及言上、無程
御面會可被成旨申出、直ニ御着服、御衣冠、指貫、
但し其間ニ茶多葉粉盆青士持出ル、無程御小
書院ニ而御對面、木工頭御案内誘引、二之間北

西手江御出迎、壹之間江御誘引、御着座、ニ而御
口上被聞召、左京権亮御勝手ニ着座、
古今御傳授之儀閏九月廿五日巳刻被傳候
旨被仰出、
右御請畏思召候、猶御参之上可被仰上旨御請、
直ニ二之間江御送リ有之、御復座左兵衛督殿
江之御挨拶、且御歓被申上、直ニ退出、御車寄敷
莚江木工頭御近習両人、青士壹人送リ出候也、
後九月三日、壬申、晴、
一禁中非蔵人口江　御使　圖書頭

當番議奏中江被仰入、但御面會ニ而可申述之處、
手扣持参ニ付以非蔵人申入、
来ル廿五日巳刻中務卿宮江古今御傳授被
仰出候處、依御所労無御據御断被仰上候宜
御沙汰頼思召候事、
閏九月三日　中務卿宮御使
栗津圖書頭
右議奏廣橋中納言殿御承知、暫相待候様与之
義六ツ時過御同卿御面會、
来ル廿五日巳刻古今集御傳授之義依御所

労御断之趣被聞召候、猶又右御傳授御延引之旨被仰出候趣御達被申上、

右帰殿及言上、再御請被仰上、

右以非蔵人廣橋殿江申入御承知之旨也、

〔禁裏執次所日記〕

天保十四年閏九月四日、癸酉、晴、

一、来廿五日巳刻有栖川中務卿宮江古今集御傳授、御延引被仰出候段議奏衆御達書面御附衆被為見、

天保十四年十月二十九日

天皇（仁孝）ノ仰ニ依リ、来月十九日ニ行ハセラルベキ光格天皇御忌御経供養ノ諷誦願文ヲ清書シテ献上ス、

編修課

〔有栖川宮日記〕　○高松宮家蔵

天保十四年十月廿八日、丁卯、晴、

一、非蔵人口江対馬守罷出候処、甘露寺殿御面会ニ而、来月十九日光格天皇御正忌ニ付、御経供養般舟院ニ而被行候、右ニ付諷誦願文被仰下候旨被申上、尤明日未刻ニ御献上之様被申上、帰殿及言上、御承知ニ付、再非蔵人口江罷出御請被仰上候旨申入、且御料紙者文匣ニ入持帰リ、尤明日甘露寺殿里亭江被附旨也、

廿九日、戊辰、晴、

一非藏人口江〔申刻〕　御使　壹岐守

奉行甘露寺弁殿江被仰入、昨日被仰出候諷誦
願文御清書御出来ニ付御献上、且御先例之通
ノ草御申下シ被成度旨申入出、待居候處、戌刻
過甘露寺殿御面會ニ而御清書者慥ニ落手仕
候、草者御先例之通御申下シニ相成候旨ニ而
則被相渡、帰殿及言上、

天保十四年十二月八日
橋本實久、禁裏〔孝仁〕ノ御使トシテ參邸シ、來年春夏ノ中、古今御傳授ノ儀アラセラルベキ旨ノ御内意ヲ傳フ、乃チ之レヲ奉承ス、

〔有栖川宮日記〕　○高松宮家蔵

天保十四年十二月八日、丙午、曇、
一勅使〔實久〕橋本中納言殿御參、午半刻、
右前以御達ニ付、禁中江遠見差出し置、注進
之事、
右御參之節、圖書頭・御近習兩人、青士壹人御車
寄敷莚江出迎、御廣殿南一之間ヘ誘引、着座、被
仰出之儀有之、參上御直ニ申上度旨御申、則及
言上、無程御面會可被成旨申出、直ニ御着服〔御衣所御指貫、〕
〔但し出ル、〕其間ニ茶・多葉粉盆・丈鉢等青士持
無程御小書院ニ而御對面、〔圖書頭御案内誘引、〕御二之間北
西手江御出迎、壹之間江御誘引、御着座ニ而御
口上被聞召、對馬守御勝手ニ着座、
古今御傳授之儀來年春夏之中被傳候旨御
内意被仰出、
右御請畏思召候、猶御參之上可被仰上旨御請、
直ニ二之間江御送有之、再同間上手江御寄御
自分江之御挨拶、且御歓被申上、直ニ退出、
御玄関敷莚江圖書頭・御近習兩人、青士壹人等
送出候事、

編修課

天保十五年正月十一日

千種有文ニ和歌入門ヲ許可ス、尋イデ十四日、大和國小路村堀内清治ニ同ジク入門ヲ許ス、

〔有栖川宮日記〕○高松宮家蔵

天保十五年正月十一日、戊寅、晴、折々雨、

一千種大夫殿（有文）

今日和歌御門入ニ付御参、成基出會詠草被相伺、則及言上、無程於御小書院御對面、御挨拶被為在、如例四種物御式御盃給大夫殿、盃成基罷出呑納、相濟御點之詠草御返シ拜領ニ而退出、於廣御殿二ノ間三種肴數有吸物給ニ而御祝酒給之、陪膳青士、取持近習、相濟御禮被申上退出之事、

十四日、辛巳、晴、

一参上　　和州山邊郡小路村　堀内清治

右今日歌道御門入也、

中務卿宮於御書院御對面、簾中之儀於震殿代一之間御盃被下之、且於表十六帖之間御祝御祝酒吸物紙數肴、御果子等給之、

天保十五年二月一日

東本願寺新門主光勝ノ勸進ニ依リ、同門主光朗ノ六十ノ賀ノ和歌ヲ詠ジテ遣ス、

〔有栖川宮日記〕○高松宮家蔵

天保十五年正月廿五日、壬辰、晴陰、

一東本願寺新御門主〈光勝〉〆　使　下間式部卿

御門主六匁〈光朗〉〔句〕年賀和歌勧進被催候、依之両宮様

御詠出之儀被相願候、於御御領掌者来月朔日

被取重度候事、

右御承知之旨被仰答、其節此度御勧進之和歌

御頼相成御人数書被差上候様被仰遣、

二月朔日、戊亥、晴、

一東本願寺御門主江　御使　柳松主馬

年賀ニ付御勧進之和歌両宮御方〆御詠出被

為贈、右ニ付

干鯛　一箱ツヽ

被為贈候事、

天保十五年二月十九日

是ヨリ先、先考織仁親王ノ二十五回忌ニ當ルヲ以テ、追悼ノ和歌ヲ諸家ニ勸進セシガ、是ノ日、大徳寺龍光院ニ於テ逮夜ノ法事ヲ修シテ聽聞シ、廟所ニ詣リ、靈前ニ於テ勸進ノ和歌ヲ詠誦ス、

〔有栖川宮日記〕○高松宮家蔵

天保十五年二月三日、庚子、雷雨、風烈、

一文聚院宮二十五回御忌御正當ニ付

和歌御勧進被催御詠出御頼之御人数如左、

右大臣尚忠公　勅點中務卿韶仁親王　勅點上総太守幟仁親王

勅點内大臣忠熈公　醍醐大納言輝弘卿　徳大寺大納言実堅卿

（以下略、）

十九日、丙辰、晴、

一文聚院宮二十五回御忌御逮夜、

御法會於龍光院被執行、

一中務卿宮御出門卯半刻御参詣（奉・供略）還御未刻、
御成之後御廟御参詣、其後御非時供之、畫後御
勧進之和歌御手向、且御法事御聴聞、和尚座元（案）
御對面有之、其後還御、
一御寺詰帳如左
（中略）
御備
中務卿宮
御香奠銀一枚
彩花　一瓶

御花　一筒
實枝宮御方
御香奠金二百疋
彩花　一瓶
御花　一筒
上總宮
御香奠金百疋
御花　一筒
（以下略）
廿日、丁巳、晴、

一文聚院宮二拾五回御忌、
一上総宮御出門辰刻龍光院（江）御参詣（奉・供略）還御
未刻、

天保十五年三月二十七日
皇太子統仁親王（孝明）元服ノ儀ヲ行ハセラレシヲ
以テ祝品ヲ獻ズ、尋イデ二十八日、元服詔書ニ加
署ス、又禁裏（仁孝）ヨリ元服ノ時ノ鬢頰ニ括ヲ拜領
セルヲ以テ、之レヲ小書院ノ棚ニ安置シテ拜禮
シ、熾仁親王・歡宮（熾仁親王）・線宮（熾子女王）及ビ諸大夫・侍・女
房等ヲシテ拜セシム、尋イデ准后御殿（藤原祺子）及ビ
禁裏竝ニ新清和院御所（欣子内親王）ニ参入シ、鬢頰拜
領ノ御禮ヲ言上ス、

〔有栖川宮日記〕 ○高松宮家蔵

天保十五年三月廿七日、甲午、晴、

一東宮御所於〈佐〉御元服、吉刻卯刻、
一上総宮御出門卯半刻御参賀、（○御供略）
先女院御所准后御方江被為成、夫ゟ御参内、（○中
略）還御酉刻、

一禁中奏者所江
御使　左京権亮布直垂
今日御元服ニ付為御祝儀御進献（○御進献物略）

廿八日、乙未、晴、
一皇太子御元服詔書有御加署之事、

一禁中
奉使　長井左兵衛
女房奉書如左、
（○女房奉書略）
右御鬢煩二括ニ包紙ニ帋ニて帯処有之、其上ヲ生絹にて包、紙ニ而抱詰有之乱莒ニ来ヽ桐之莒ニ入アリ、
右乱莒桐外莒共御返進、但長橋殿右奉書之外ニおいゝ方江添文有之、乱莒者御返上之趣申来候事、
右御理髪多分者伏見宮江御納之由閑院宮ゟ御例有之云々、
〔頭書〕
「光格天皇者閑院宮御納、今上者伏見宮御

納云々」
則昨年二月五日殿下ゟ内々御内意被為在其節御例御調等有之、
一御理髪御小書院御棚ニ置、莒之蓋ヲトリ臺ニ乗ヲク、
宮御方、若宮御方、歓宮御方、線宮御方御拝禮被為在、其後諸大夫、侍一同拝禮被仰付、引續キ讃岐、因幡、長濱等拝禮被仰付、其後御座如例儲之諸大夫始中奥近一同御祝詞被為受、
今日一同惣参麻上下着用之事、
一宮御方御出門未刻、（○御供略）先准后殿御成、次御参

内、御参院、還御未半刻、
右者御鬢つる御拝領御礼被仰上、

天保十五年五月二十五日
参内、天皇孝仁ヨリ古今御傳授ヲ受ケ、御盃ヲ賜ハ
ル、乃チ一旦歸殿セル後、更メテ御禮ノ爲參内シ、
更ニ新清和院竝ニ東宮統仁親王兩御所ニ參入ス、尚
是ノ日ヨリ總テ宿德ノ服ニ改衣ス、

〔有栖川宮日記〕　○高松宮家蔵
天保十五年四月二日、戊戌、雨、
一勅使議奏飛鳥井中納言殿（雅久）
右以前御達ニ付禁中ヘ遠見差出シ置注
進之事、尤御参午刻過、
右御参之節圖書頭御近習両人青士壹人御車
寄敷莚江出迎御廣殿一之間江誘引、着座為御
使参上御直ニ被申上度旨被申、則及言上、無程
御面會可被成旨申出、（但一茶多葉粉盆青士持出之、）御小書院
ニ而御對面、（着服衣冠指貫、圖書頭誘引、）二之間北面手ヘ御
出迎、一之間江御誘引、御着座ニ而御口上被聞
召、（御勝手ニ對馬守、御近習壹人着座、）
古今御傳授之儀来五月下旬被傳候旨被仰
出、
右御請畏思召候、猶御参之上可被仰上旨御請、
直ニ二之間江御送リ有之、御復座中納言殿ヘ
之御挨拶、且御歓被申上直ニ退出、（車寄退出之上再拝殿ニ）
（而御歓被申上候事、）御車寄敷莚江圖書頭初御次両人青
士壹人送リ出ル也、
一中務卿宮御出門午刻過御参内、（古今御傳授句被仰出候御請）

（御礼仰上、）被東宮御所江も女院御所ヘも御参御礼
被仰上、准后殿被為成御礼被仰入（御口上略）御還御未
刻過、
廿五日、辛酉、晴、八ツ頃ゟ雨、
一勅使三條大納言殿御参、午刻、
右者昨日御達ニ付禁中ヘ遠見差出シ置注
進之事、
右御参之節圖書頭御近習両人青士一人御車
寄敷莚江出迎、御廣殿一之間江誘引、着座為御
使参上御直ニ被申上度旨御申、則及言上、無程

御面會可被成旨申出、直ニ御着服、御衣冠指貫、
但シ其間ニ茶多葉粉盆青士持出ル、無程御小
書院ニ而御對面、圖書頭御案内二之間北西手
ヘ御出迎、壹之間ヘ御誘引、御着座ニ而御口上
被聞召、木工頭御近習両人御勝手ニ着座、
古今御傳授之儀来ル五月廿五日巳刻被傳
候旨被仰出、
右御請畏思召候、猶御参之上可被仰上旨御請、
直ニ二之間ヘ御送り有之、御復座大納言殿ヘ
之御挨拶且恐悦被申上、直ニ退出御車寄數莚

江前同様送り出ル也、
一中務卿宮御出門午半刻御参内、古今御傳授日時被仰出候御
請御礼、東宮御所女院御所准后殿江も御成、御
礼被仰上、奉略候還御未半刻、
五月十五日、辛巳、陰雨、
一来ル廿五日古今御傳授ニ付諸社江御祈祷被
仰付候ニ付過日ノ呼出し今日参上申渡し、并
御初穂金百疋ツヽ被備ニ付相渡ス、如左、
上御霊社　小栗栖大和守代　峯　右兵衛
下御霊社　出雲路安藝守

北野天満宮　松梁坊
新住吉社　高辻　岡野掃部
新玉津嶋社　森川
右一七日御祈祷被仰付金百疋ツヽ御備相渡
ス、
廿二日、戊子、雨、
一来ル廿五日古今御傳授ニ付　圖書頭
住吉玉津嶋両社江為御代参明廿三日登船ニ
而下向、依之
両社御備如先例白銀壹枚ツヽ、御臺堅紙、御下札有栖川宮

於役所成基江相渡ス、
廿三日、己丑、雨、
一酉刻御神事令為入給、候御酒之後、
御門四注縄、神事札等設立、自今夜被成于其清
殿、御寝者昇常之御座、御膳等于同所清掛之輩調進之、
清掛　對馬守
各麻上下着　田中舎人
御内火替一統沐湯麻上下着之、奥向有月事之
女房悉退出、於奥向清掛　讃岐
因幡

廿五日、辛卯、霽、
一　古今集御傳授御當日也、吉刻巳時、
右ニ付一昨夕ゟ明廿六日迄御神事御門ニ
注連張、御神事札被出候事、
御目覺寅刻過、於清殿朝御膳被召、御清掛リ田中舎人御陪膳
調也、御掛リ湯後被召替辰刻御出門也、
御内一統従早朝衣躰諸大夫共狩衣、其餘者
麻上下各々薄熨斗目着之例也、但ㇾ御玄関
詰御近習者長袴也、各寅刻出頭候事、
一　卯刻於御庭御備如左、

鎮守社　柿本社　天満宮　住吉社
玉津嶋　上御霊　下御霊　願照明神
梅本社　其清殿等也　御備神酒、洗米、干魚、
右御代拝　右衛門大尉俊徳狩衣
一　卯半刻禁中奏者所江　御使　左京権亮布直垂
御太刀　一腰　横目録
御馬代黄金三拾両　一疋　鷹紙弐枚重ネ小札中務御宮
以上
昆布五連　一折　竪目録
鮮鯛弐尾　一折　鷹紙弐枚重小札中務御宮
御樽　一荷
以上
一　御出門前於御小書院御板函起御出座之上御
口祝上ル、　木工頭成基
但ㇾ過日被仰付候諸社ゟ御祈祷相濟ニ而調
進之御札早朝御用人ゟ御前ニ披露、於其清殿
御出門前御頂戴之事、
一　中務御宮御出門正辰刻御参内、
着御　御衣冠紋雲鶴　御単白生絹
御差貫白紋雲立涌
御掛緒紙捻リ　御檜扇白
平緒御太刀古今作リ

從今日惣而宿德之御服ニ御改衣之事、
供奉青士三人、（中略）押兩人麻上下、右京権亮供
刀持侍壹人、沓持壹人、
其跡江
白木唐櫃　壹合　注連張持人白丁
右為守護嶋岡右衛門大尉ㇾ衣鎌田康吉布衣
参向之事、俊徳供侍壹人、皆持壹人、康吉ゟ供壹人参ル、
禁中於御車寄御腰輿之内ゟ御誓状入之御文
庫一、外ニ御文匣一取出ㇾ御扶持石井宰相殿
江向嶋岡右衛門大尉ゟ御渡申事、

唐櫃者御供侍中守護致シ居、御扶持之輩上
方ゟ御差図之上非蔵人江持参候事、
（中略）
還御未刻、（中略）
御小書院江上総宮御出迎ニ而御伝授之御品
ヽ夫ヽ江被納候後、御庭御鎮守社其外其清殿
御神拝之事、御供之左京権亮内蔵大蔵還御後
直ニ御庭ニ御沓を持相廻候事、
一於御座之間御衣冠之侭御着座ニ而御祝詞被
為請、実枝宮上総宮、歓宮線宮等ゟ御歓被仰上、其後

御参内、夫ゟ女院御所関白殿江御思召被仰入、
東宮御所江も、還御暮時、
一禁裏御所ゟ　御使　出鹿豊後守
女院御所ゟ　御使　清水因幡守
東宮御所ゟ　御使　渡辺隠岐守
右御使を以御拝領物如左、
禁裏御所ゟ　御絹　三疋
打鮑　弐把　御目録添、
御樽　一荷
女院御所ゟ東宮御所 鮮鯛弐尾 一折ツヽ　御目録無之、

御小書院江御出座、上総宮御勝座也、木工頭一
統罷出恐悦申上ル、其後御方ヽ様江も恐悦申
上ル、
一御一統様御祝御膳御献方ゟ調進候事、
御祝赤飯、御吸物蛤、紙敷有御膳壺汁ニ菜御
中酒御吸物御重肴御菓子等上ル、
右者御神（事）中故御方ヽ江御居間而差上候事、
一中務御宮吏ニ御出門中封、御衣躰御衣冠未御
神事中故紙捻リ御掛緒被用事、
（伏略・御）

但し准后御方ゟ者明廿六日御使被進候
旨昨日申来ル、
右中務卿宮江古今集御伝授ニ付為御祝義被
進候旨御内儀ゟ御使を以被仰進候事、
廿六日、壬辰、晴、
一今朝御神事被為解、御門之御神事札注連縄等
取之、
廿九日、乙未、陰、入夜雨、
一粟津図書頭ゟ封中ヲ以
過ル廿四日朝住吉社御代参、廿五日八ツ時

過玉津嶋社御代参各無滞勤仕、廿七日八ッ
時過大坂御屋鋪着之由并御傳授恐悦申上
并申来、且両社御札差上、
六月十五日、庚戌、晴、
一中務卿宮御出門卯半刻、古今御傳授被為濟候
ニ付御社参御ヶ所如左、
上御霊　北野天満宮　新住吉社　新玉津嶋社
下御霊等、（中略）
還御巳刻前、
且五社江御備金百疋宛何れも御札献上、

但し北野松梅坊ニて御小休、夫より新玉津嶋
社ニて御小休、押以下弁当支度之事、

〔禁裏執次所日記〕
天保十五年五月廿五日、辛卯、晴、
一今日有栖川中務卿宮江古今集御傳授也、
一御傳授無御滞被為濟候段、未刻過與より御申
出有之、恐悦、御附衆與江表使ヲ以被申上、
一右ニ付有栖川中務卿宮より献上如左、
御太刀　一腰　御馬代黄金　三枚
生鯛　一折　昆布　一折
御樽　一荷
右奏者番請取上ル、

一有栖川中務卿宮江　御使　虫鹿豊後守 狩衣着用
御絹　三疋　打鮑　一折　御樽　一荷
東宮様より　御使　渡邊隠岐守 着用同断
鮮鯛　一折
右御傳授濟為御祝儀被進、御口上諸大夫藤木
木工頭江申述候處、御参内中ニ付御請之儀者
更ニ御参ニ而御直ニ而御直ニ被仰上候段、同
人申聞、其段與江お阿かゝを以申上ル、

〔橋本實久日記〕
天保十五年五月廿五日、辛酉、晴、入夜雨、巳終刻參
内依番也、今日古今集中務卿宮御傳授巳刻斗召
御前、三條大納言誘引、未終刻被退御前、其後召常御所賜
二獻、予誘引之、其後畏申退出、西役今日恭賀附勾
當掌侍申上、同宮同上、賜祝酒、今夜宿仕、

天保十五年五月二十六日
昨年九月、鞠道ノ師飛鳥井雅光ニ紺色懸緒ノ使
用免許ヲ請ヒシガ、雅光、宿德ノ服ニ改衣ノ時、之
レヲ進呈スベキ旨回答ス、既ニシテ昨日改衣セ
ルヲ以テ、是ノ日、雅光、紺ノ懸緒ヲ進上ス、乃チ其
ノ會釋トシテ、雅光ニ白銀一枚ヲ贈ル、

編修課

〔有栖川宮日記〕〇高松宮家藏
天保十四年九月十日、庚戌、晴陰、入夜雨、
一飛鳥井左兵衞督殿御參　出會成基
時候御安否御伺追々御傳捧御近寄恐悦被申
上、別段過日木工頭ヲ以御内々被仰入置候御
掛緒之事段々勘考之上昨日殿下江も被及御
相談最早薄色トゝ申御色目ニも無之宿德之御
事御座候ハヽ紺之御掛緒御用ヒニ而御宜敷
弥御所望被為在候ハヽ可被差上旨御演舌ニ
付、勿論御所望之御心得ニ御座候旨御申入候
ハヽ直樣可被申付御噂ニ付、左候ハヽ明日ニ
ても更ニ御所望之御使可被差出旨申入候ハ
ヽケ樣御内談相濟候上者何日ニても不苦候
間御勝手御使被下候樣万事成基被話置候旨
ニ而直ニ御退出、其後委敷兩宮樣江申上置明
日御使被遣候ニ御治定、
十一日、辛亥、雨、
一飛鳥井前大納言殿江　御使　木工頭
中務卿宮
此度紺色之御懸緒御用被成度御所望被仰入、
則御返答御承知之旨、猶宿德之御改衣御當日

以使可被差上旨也、

〔有栖川宮日記〕○高松宮家蔵

天保十五年五月廿六日、壬辰、晴、

一飛鳥井前大納言殿（雅光）　使　市岡式部

先達而ゟ被申上置候御懸緒則今日被致進上候事、右御祝酒被下之、為御引金百疋被下之候事、

一飛鳥井前大納言殿江　御使　岩井數馬

白銀　壹枚

右者此度中務御宮御改衣ニ付紺御掛緒御所望被仰入候処、今朝如御所望御進上ニ付為御挨拶被為送候事、

天保十五年五月二十八日

潔齋ノ上、小書院一ノ間ニ於テ、古今集ノ傳書ノ書寫ヲ開始ス、

〔有栖川宮日記〕○高松宮家蔵

天保十五年五月廿八日、甲午、陰天、

一自今日古今集御傳書御書寫被為在候趣也、

御小書院一ノ間四方簾被仰付、

中務御宮御方御神事被遊候旨被仰付、

天保十五年六月四日

參内、仁孝古今御傳授後ノ當座和歌御會ニ出座ス、

〔有栖川宮日記〕　○高松宮家蔵

天保十五年六月四日、己亥、晴、

一中務卿宮御出門辰刻、御參内、古今御傳授後之御當座也、（奉・供略）還御戌刻、

一上総宮御出門巳半刻、御參内、（奉・供略）還御申半刻、

〔橋本實久日記〕

天保十五年六月四日、己亥、晴、巳刻參内、今日當座御會也、依御傳授也、予參仕之事兼日奉仰、午刻斗出御于小御所、有其儀、出座人々中務御宮、奥、内大臣、端、徳大寺大納言、同、日野前大納言、奥、三條大納言、同、飛鳥井前大納言、端、予、奥、左衛門督、端、奉行、新宰相中將、奥、光政朝臣、愛長朝臣、雅安朝臣、以上三人下段一列、東上北面、自餘遲參、惣御人數廿九人也、内八人不參、今日御題通題也、夏草深、寄鶴祝、御陪膳三條大納言、供御題、御覽了返賜、次中務御宮・内大臣等覽之、實城朝臣取御硯蓋覽之、了置中段中央、次徳大寺大納言以下次第進出見之、予進出見之、了持扇、三條大納言御硯御料紙供之、次臣下前置之等如例、

天保十五年八月五日

東洞院通三條下ル町敎諭所ニ安置スル大聖孔夫子ノ神位ヲ染筆シテ遣ス、

〔有栖川宮日記〕○高松宮家蔵

天保十五年八月五日、己亥、晴、

一東洞院通三條下ル町敎諭所ニ安置之大聖孔夫子神位御染筆之儀先達而ゟ願之処、今度宮御方御染筆、今日右取扱人之内御立入清水太郎作外ニ波多野德兵衞早川半兵衞右參上ニ而於御廣殿壹之間圖書頭出會、右靈牌御染筆渡之、外添書大奉書横折四ツ折認渡之、

先聖孔子　神位

右為御礼白銀五枚獻上之、

天保十五年八月二十六日

古今御傳受ノ祝賀ヲ兼ネテ當座歌會ヲ催シ、仁和寺宮濟仁親王・知恩院宮尊超親王及ビ堂上和歌門弟等ヲ招待ス、

〔有栖川宮日記〕○高松宮家蔵

天保十五年八月廿六日、庚申、快晴、

一古今集御傳授後御當座并右御祝被相兼和歌御由緒之御方ゝ御門弟方等御招請、巳刻前ゟ追ゝ御參集交名如左、

御書院一ノ間江御通り、

飛鳥井前大納言殿、　侍従殿者依歓楽不參、

飛鳥井中納言殿

御書院二ノ間江御通り、但し御下見之方ゝ也、

三條大納言殿　廣橋中納言殿

武者小路三位殿
御廣殿一弐ノ間江御通り、御門弟方々也、
久我中納言殿　持明院右兵衛督殿　石井宰相殿
中山宰相中将殿　倉橋二位殿　八條三位殿
徳大寺三位中将殿　千種三位殿　外山三位殿
三條三位中将殿　石井三位殿　西大路三位殿
日野西四位殿　東園中将殿　三條西前少将殿
武者小路少将殿　高松中将殿　庭田少将殿
中院少将殿　倉橋右馬頭殿　石井少納言殿
廣橋侍従殿　千種大夫殿　日野西出雲権介殿

一御出題飛鳥井前大納言雅光卿、兼日御認ニ而一封而御進上也、
寄松祝言　鷹紙也、此鷹紙此方ﾍ相廻ニ及不中、飛鳥井家之料紙ニ而御認也、御短冊者此方ﾍ相廻候事、
御座御催ニ付、右御題硯蓋ニ乘セ文鎮弐本添
中納言殿江御仕立御頼申、出来之後御小書院
江雅久卿御案内申、御座之次第御差圖承之、其
後御當座式被催候事、
（中略）
右奥端相分御着座、圖書頭　鷹衣　参進、御座前而平伏、進
ヲ御題持参、先中務卿宮、上総宮、仁和寺宮、知恩
院宮等江次第ニ入御覧、後元之所ニ居退出、近
習武藤右衛門狩衣着也、進出、御題ヲ公卿方江次第ニ座
前持参、早而中央ニ御題、硯蓋居置、尤正面ニ直ㇾ置也、退出、殿
上人進御題拝見、歸座、其後圖書頭木工頭参進
重硯上ル、奥義毅端成基、次料紙上ケ置、復座、次武藤左衛門、太田左兵衛
進、公卿殿上人奥端江重硯持参、早而復座、
其後御料紙奥端順ニ御傳ヘ下﨟之脇ニ止、近
習両人罷出引之、上ケ次第ニ御座撹ヲ見テ下
﨟ﾍ起座、
右御座済之上御短冊上ル、

中務御宮江　巻頭御短冊
上総宮仁和寺宮知恩院宮江者白紙也、硯蓋
乘セ上ル、
一両宮御方勅點御伺として御参内未刻過、（中略）
還御申半刻、
一今日御饗應次第如左、
一條大納言殿大奥於花鳥御間被進之、
御料理弐汁五菜 御中酒 御吸物 三種御重肴
御菓子 腰高まんぢう 五 羊かん 三 椿もち 五
御薄茶

後段　御吸物弐ツ
　　御肴　七種
　御夜食　一汁□（肴カ）三菜被進之、
右御挨拶御取持之思召ニて兩宮御方御室宮、
知恩院宮等御出席也、
　　御配膳　木工頭　對馬守　右衛門大尉
　　御通ひ　御近習
實枝宮御方ニも御出席ニ而御取持被為在候、
夫ゟ女中向ニも折支御配膳相成事、
大納言殿還御亥刻前、

一仁和寺宮・知恩院宮御饗應於御新造被進之、御
料理向惣而前同断、御陪膳等老女勤之、
一御書院壹間而飛鳥井殿御父子江御饗應、
　御料理弐汁五菜中酒吸物三種重肴
　御菓子薄茶等被出之、
　後段
　御吸物弐ツ　御肴七種水物とも
御酒饌等ニ　前後挨拶　諸大夫
兩宮御方御出座ニ而　配膳　非藏人也、
御挨拶被為在候事、

一御書院弐間而三條殿・廣橋殿・武者小路殿
　御饗應振飛鳥井殿ニ同し、
　　尤兩宮御方御出座而御挨拶被為在候事、
一南廣御殿壹弐ノ間御門弟方御一席、
　御饗應振前同様之事、
　　尤兩宮御方御出座御挨拶被為在候事、
　　　　配膳　非藏人北面　其外御路合之人
兼而御夜食一汁三菜用意御座候故御門弟
方七方斗御所望故差出候事、
各酒饌拜味之後亥刻前後迄ニ御退出之事、

一禁裏御所ゟ　　　御使　藤木采女
　　生鯛弐尾　一折
中務卿宮江今日和歌御當座ニ付祝ひまいら
せられ候て御拜領のよし、女房の奉文を以被
仰出、即刻御返事御礼被仰上、

天保十五年九月二十八日
前尾州藩主徳川齊朝ニ書道入門ヲ許可ス、

〔有栖川宮日記〕　○高松宮家蔵

天保十五年九月廿八日、壬辰、晴、
一近衛殿　　御使　佐竹主税頭
尾張前大納言（徳川齊朝）殿書道御入門之義御内〻御頼被仰進候処、何ニも御承知之事、維学心院殿ヨリ先御内〻御頼之趣也、
十二月廿九日、辛酉、晴、
一維学心院殿（近衛基前室維）　御使　大津半七
　宮様江
御太刀一腰　御馬一匹　黄金壹枚

上総宮様江
　白銀　五枚
右者尾張殿筆道御門入ニ付目録之通進献之事、右ニ付伺公之間ニ而御祝酒給吸物三種重肴ニ而被下之、相済御返答近習出ル、

天保十五年十月十七日
愛宕通祐ニ和歌入門ヲ許可ス、

〔有栖川宮日記〕○高松宮家蔵
天保十五年十月十七日、庚戌晴、
一愛宕三位通祐卿為歌道御門入午下剋御参、吹挙中院大納言殿、則廣御殿二之間江通ス、茶多葉粉盆出ス、圖書頭出會詠草誓狀等被差出、中務卿宮於御小書院御對面、四種物御式御盃被遣、三獻之上御返盃有之、宮御方被加二獻御納、其後詠草御返シ、誓狀御落手之旨并進獻物御挨拶被仰、終而退入於二之間吸物蛤紙敷肴にて御祝酒被下、相濟萬端御礼被申上退出、今日出會之輩青士方迄麻上下着用、

弘化元年十二月二十五日
六十ノ年賀及ビ誕辰ノ餅搗等ノ祝儀ヲ催シ、仁和寺宮済仁親王・知恩院宮尊超親王・大覚寺宮慈性親王ヲ之レニ招請シ、家中一統ニ酒肴ヲ遣ス、尚是ヨリ先、熾仁親王、摂家・宮門跡・堂上諸家ニ父親王ノ六十ノ年賀和歌ヲ勧進ス、

編修課

〔有栖川宮日記〕○高松宮家蔵
天保十五年十一月朔日、甲子、晴、
一中務卿宮六十御年賀ニ付和歌御勧進被相催御詠出御頼御人数如左、
上總宮　仁和寺宮　輪王寺宮
知恩院宮　大覺寺宮　圓満院宮
内府殿　醍醐大納言殿　徳大寺大納言殿
〔○以下三十五名略〕
一御詠出御頼御方々如左、
御短冊小鷹紙包柳宮来白紅水引結

御上書　上総宮御染筆

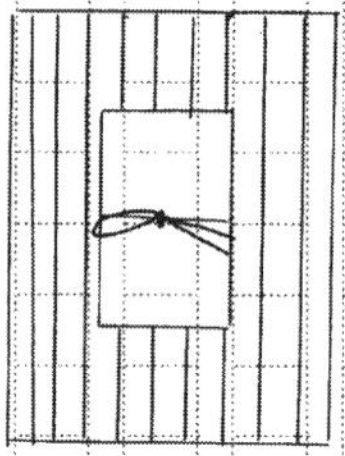

諸家江之小札如左

中務御宮六十年賀
松久友
出題　前大納言雅光卿

御口上書

當月下旬中務御宮六十御年賀ニ付和歌御勧進被催候、依之御詠出之儀御頼被仰進候、於御領掌者来ル廿一日被取重度候、此段御頼被仰進候、且御點之儀者不被成御顧為御念被仰進候、

十一月　上総宮御使

御口上書

當月下旬中務御宮六十御年賀ニ付和歌御勧進被催候、依之御詠出之儀御頼被仰進候、於御領掌者来ル廿一日被取重度候、此段御頼被仰進候事、

十一月　上総宮御使

右御攝家方、法親王方御門跡方江者
御使　左京権亮
平飛鳥井家等江者
対馬守

堂上方并本願寺其外江者
御使御近習、今明日之内勤之、

十二月十三日、乙巳、曇、申刻頃ゟ雨、

一中務御宮耳順御賀宴ニ付賀餅被進候ヶ所如左、

賀餅　一重ツヽ

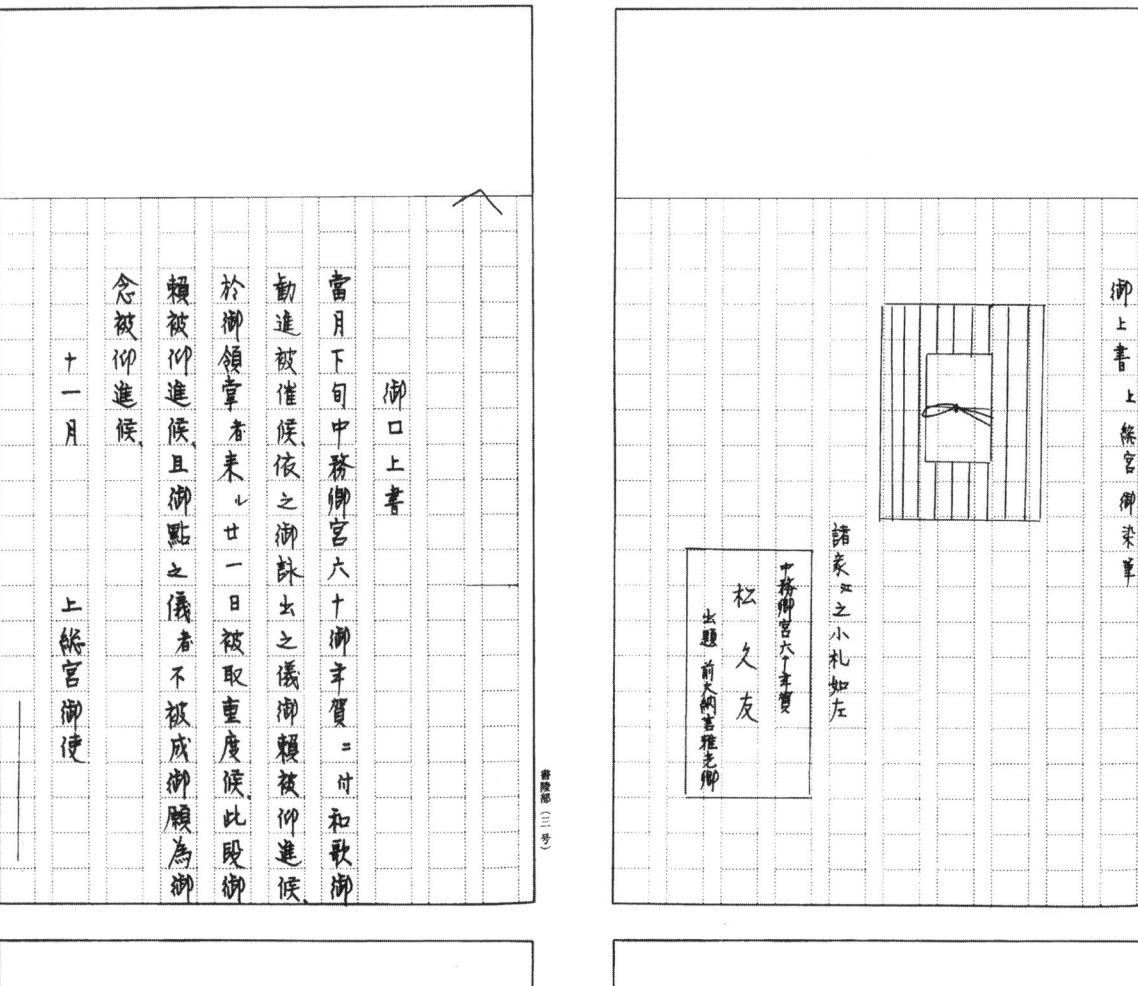

近衛殿　仁和寺宮　大覚寺宮
妙法院宮　青蓮院宮　圓満院宮
一條大納言殿　知恩院宮　中宮寺宮
三宝院准后殿　瑜伽定院殿　専修寺宮

右　　　　御使　坂部大蔵
　　　　　　　　岩井数馬

廿五日、丁巳、雨、

一中務卿宮六十御賀御祝并御誕辰餅搗等御祝
被為在、

一御祝ニ付御成如左
仁和寺宮　知恩院宮御遅参　大覚寺宮

右於水鳥間御対面、餅搗ニ付御祝善哉餅御吸
物紙敷肴等被進、済而二汁五菜御膳御中酒御吸物御重肴、御茶御菓子後段御吸物御硯蓋御鉢肴御
吸物御重肴御鉢肴御吸物御重物御酢漬物御
水物梅水仙ツクリ花等被進、相済還御丑刻、

一宮御方　実枝宮御方　上総宮御方
歓宮御方　線宮御方

先餅搗御祝善哉餅御祝酒御吸物紙敷肴等上
之、済而今日御祝二汁五菜御中酒御吸物御重肴御茶
御菓子後段御吸物御硯蓋御鉢肴御吸物御鉢
肴御重肴御鉢肴御吸物御浸シ物御水物椿ツクリ花等上之、

外ニ
生作リ鯛松打枝
同　　御息所御方被進、
海老　若宮御方江被進、
御臺物梅水仙造リ花御精進　御連枝方江被進、

一御年賀御祝ニ付於御前御酒被下、
甲斐守　近江守　美濃守　伊勢守
対馬守　右衛門大尉　中山佐渡介
奥女中一同御裏御殿女中一統、
右一同江吸物鉢肴二種小鉢肴并御すへり等
被下之、
於表御次御用人始青士方マテ同様被下之、

右御宴自酉刻至丑刻各極沈酔而退散、

為恐悦参上之輩吸物塚盛肴にて御祝酒被下
之、

御連枝方御共方江吸物三種重肴ニテ御祝酒
被下之、

御内中番惣仕丁江御祝酒被下之、

一御年賀ニ付御拝領如左
禁中　　御使　鈴木右将曹
　　　　　　　元橋主鈴

宮御方
御小机　一脚　御封中添
〔朱〕「使番ニ為御引金百疋ツヽ被下」
上総宮御方
真綿　一臺　御封中添
東宮御所
御使　井上左矢衛大志
〔朱〕「御引太物同上」
宮御方
真綿　一臺　御封中添
鮮鯛　一折
右御請使　對馬守
禁中

宮御方
御使　岡本左近
鈴木左将曹
青龍入御肴　御封中添
實枝宮御方
〔朱〕「為御引金百疋ツヽ被下之」
鮮鯛　一折
東宮御所
御使　元橋主鈴
井上左矢衛大志
實枝宮御方
鮮鯛　一折　御封中添

上総宮御方
〔朱〕「御引同上」
鮮鯛　一折　御封中添
右御請使　伊勢守
女院御所
御使　堀内外記
宮御方
御文有蘿入　一臺　御封中添
御卓香爐　一箱
〔朱〕「御引同上」
実枝宮御方
上総宮御方
鮮鯛　一折

弘化二年正月十六日
武者小路公香ニ和歌入門ヲ許可ス、

〔有栖川宮日記〕　○高松宮家蔵

弘化二年正月十六日、戊寅、陰、

一武者小路美濃權介殿公香朝臣少將殿同伴、巳剋爲誹道御門入被參、廣御殿二之間ヽ通ス、詠草誓狀等被上、図書頭申繼中務御宮於御小書院御對面、二方同壹二被進、御式四種物御盃給之、權介殿盃被傳于図書頭納盃之後御詠草御返退入、進獻物御挨拶有之、於廣御殿二之間御祝酒二方江給之、三種肴數肴給吸物、其後萬端御礼申上退出、今日陪膳青士近壹同麻上下着之、

弘化二年二月二十六日

天皇(仁孝)ヨリ和歌灌頂後一事御傳授アラセラルベキ旨仰出サレシヲ以テ、參内シテ拜謁ノ上、御禮ヲ言上ス、然ルニ歸邸セル後、卒然トシテ中風症ヲ發シ、終ニ薨ズ、年六十二、秘シテ喪ヲ發セズ、翌二十七日、使ヲ禁裏ニ遣シ、所勞ノ故ヲ以テ、御傳授ノ儀ヲ拜辭ス、

〔有栖川宮日記〕　○高松宮家蔵

弘化二年二月廿六日、丁巳、晴、

一勅使橋本中納言殿(實久)御參、巳剋、右御參之節圖書頭近習兩人青士壹人御車寄下座莚出迎、廣御殿一之間ヽ誘引、爲御使參上御直ニ被申上度旨被申述、是ノ前茶たはこ盆出、則及言上、無程御對面可被成旨申出直ニ御改服、御衣冠、於御小書院御對面、圖書頭御案内二ノ間北面ヽ御出迎、一ノ間ヽ御誘引、御口上被聞召、

和歌灌頂後御傳授來ル晦日巳剋被傳候旨
被仰出、
右御請畏思召候、尚御参之上可被仰上旨御請、
直ニ二ノ間ヘ御送り有之、御復座之後中納言
殿ゟ自分恐悦被申上、直ニ退出之事、
一宮御方御出門午剋、一事御傳授御請御礼とし
て御参内、（奉略供）還御未剋過、
一宮御方今日御退出後於御座間御卒倒、卒中風
之御様子也、早速醫師被召呼候事、
右ニ付参上之醫師（朱書）「何レも即剋参上候様青士使を以申遣ス」

福井典薬少允（朱書）「即剋」　高階美濃守
山本安房守「即剋」　中山佐渡介
高階清介「即剋」　鎌田廉吉
秋吉雲桂　同　大年
一、仁和寺宮　御本坊

大覺寺宮　同　御使　松浦内膳
宮御方御急病之旨被仰進、即刻被為成候様
被仰入候所御承知之旨也、
一知恩院宮、　御使　坂部大藏
同上被仰進候所御留守中ニ付御成先江可
申上旨坊官申候事、
一同御三方入夜各御成之事、
一子刻比医師ゟ御様躰書内ゝ差上、如左、
中務卿宮様御様躰早春已来餘寒ニ被為中
御疝氣御發動、時ゝ御腹痛御腹浮等被為在

候得共各別之御事ゝ不被為在候ニ付、當帰
温中湯調進仕候、其後御微熱御胸痛被遊候
ニ付紫胡枳桔湯調進仕候、夜分御熱睡難被
遊候、御膳等御平日ゟ者被為減候得共御氣
先等被為変候御事ゝ不被為在候、御藥加味
温膽湯調進仕候、十七日平今廿六日御参内
被遊候處、御退出後卒然与御顛倒被遊、御膝
頭御損傷甚敷、御痰涎壅盛被遊、御昏腫［睡］被遊
卒中風之御症被為發候与奉診候ニ付、三生
飲加竹瀝調進、烏犀円御兼用ニて少ゝ者御

開之御様子ニも被為在候得共、御手足御微冷
被遊御虚候、奉恐入候、以上、
　二月廿六日
　福井典薬少允　高階美濃守
　山本安房守　中山佐渡介
　高階清介　鎌田廉吉
　秋吉雲助　同　大年
廿七日、戊午、晴、
早朝
一禁中非蔵人口へ　〔御使〕〃　左京権亮
手扣如左

来ル三十日巳刻中務卿宮、和歌灌頂後御
傳授被仰出候處、依御所労無御據御断被仰
上候、宜御沙汰頼思召候事、
　二月廿七日　中務卿宮御使
　粟津左京権亮〔清致〕
當番議奏江被仰入候處、三條大納言殿被承、

〔橋本實久日記〕
弘化二年二月廿五日、丙辰、雨、午刻晴、巳終刻参内、
依番也、直宿仕、明廿六日巳刻中務卿宮江和歌御
傳授之事被仰下、御使可参向奉仰了、
廿六日、丁巳、晴、自去夜伺候、午初刻予、飛鳥井中納
言等召御前、来三十日巳刻中務卿宮江和歌灌頂
後一事可有御傳授旨彼宮行向可傳仰、両人奉仰
直退去、予彼宮参向、〔依残留也、〕彼宮面謁傳仰旨、畏御請
被申上、予直歸参内、小時予召御前、中務卿宮畏御
請旨申上、其後御雑談、小時退御前、直退出、〔午時終刻也、〕

廿七日、戊午、晴、中務卿宮自去夕違例以外云々、仍
参彼宮伺容躰、昨日御傳授被仰下、為被畏申予歸
参之後彼宮参内給、退出後即中風云々、至今者甚
不被勝之者也、誠ニ驚所也、以粟津図書頭申入、直
歸家、今夜中務卿宮被敍一品了、

〔山科言成卿記〕
弘化二年二月廿八日、有栖川一品宮御違例御危篤云々、予書道爲門弟之間告給、依之参上奉窺御違例御容體了、眞實八廿大日事了云々、（略○中）一品宮薨去之旨從息宮御家司被告了、
回文到來、從來廿九日晩到三十日未刻御神事候御相番中且小番未被相勤ゝ
（略○中）
順達了、件神事後聞、有栖川一品宮江一事御傳授云々、然而依御違例危篤御延引云々、傳聞廿六日

御禮御参御退出直發病及御危篤云々、即中云々、悪説匠也、雖不可謂御自害之沙汰不可説也、

弘化二年二月二十七日
一品宣下ヲ蒙ル、乃チ幟仁親王、父親王ノ枕頭ニ候シテ宣下ノ旨ヲ言上シ、且ツ特ニ禁裏ヨリ下付セラレシ仰詞ヲ讀上グ、

編修課

〔有栖川宮日記〕○高松宮家蔵
弘化二年二月廿六日、丁巳、晴、
一関白殿江　御使　圖書頭
宮御方御違例不輕御様躰ニ付一品宣下之儀御願被成度、御時宜万端可然御取扱被進候様試而御頼被仰進候處、何茂御承知、尚明日御時宜御取繕之上御返荅可被仰進与之御事也、
一関白殿江　御使　雅樂少允
中務卿宮御方御所労益不被成御勝、既ニ御大切ニ被及候間、御加品之儀何卒早々相濟候様

御取繕之儀偏ニ宜御頼被仰入候旨高橋兵庫
頭江面會申入候事、
右申入候所何分深更之儀明早天御取斗ニ
被及候旨也、但御所向被仰置相濟候上明朝
兵庫頭江差出之旨也、
［廿七日］一同［關白殿］御同所へ　同［御使］　高橋兵庫頭
昨夜御内談且御内願被為在候一品宣下之儀
御時宜御取繕之処早速可被為在宣下御沙汰
之旨依而被仰進候由也、
附記、一品之儀於伏見宮者女房奉書ヲ以御
願ニ被為在候得共、有栖川宮ニ者殿下ヘ被
仰上而已ニて相濟候旨坊城前大納言殿被
申候旨兵庫頭噂有之候事、
右ニ付此度者女房奉書御差出之儀無之事、
廿七日、戊午、晴、
一非藏人口ヘ　御使　伊勢守
仍招参上之處則坊城頭弁殿出會、口上ヲ以被
申上如左、
中務御宮一品宣下被仰出候处、別而仰詞壹
通被差上、
料紙中奉書四ツ折上包ミの紙
可被一品宣下事、非一世親王者、其例遥
近雖不容易、被及六旬有餘、且病氣危篤
之間以格別之叡慮被宣下、不可為後例、
帰殿及言上、再非藏人口ヘ罷出御請之儀頭弁
殿ヘ面會ニて申入、
［頭書本］此儀御病床江上総宮御参、一品宣下之旨
被仰上、仰詞御讀上、御平伏御退座、
一御加品之事一統ヘ申渡、且已来被補一品宮候
旨達之、
一 一品宣下ニ付御進献如左、
禁中江　御使　雅楽少允 布衣着
御太刀　一腰 大鷹横目六
御馬 代銀拾両 壹疋
昆布　一箱 大鷹竪目六
干鯛　一箱
鯣　一箱
御樽　一荷
女房奉書添如左、
（女房奉書略）

東宮御所、
御太刀　一腰　大鷹目六
御馬 代銀拾両　一疋
昆布　一箱
干鯛　一箱
御樽　一荷
女房奉書添同上、
一今夜内記位記持参之事、
一申剋所司奉仕於寝殿以下装束、其儀身舎南庇

并各懸渡御簾、北庇敷畳一帖為女房座、中門渡
廊敷畳為内記候所、侍所同設座為喚使座、
入夜本殿奉仕御燈、中門廊及侍所設掌燈、
位記御覧之儀
剋限内記持参位記
着中門廊座
家司出逢
次内記授位記入筥於家司
次家司参寝殿簾下附女房覧之
次御覧畢返給空筥

女房取筥授家司
次家司以空筥返与内記
次内記退出
内記参上早晩不定
内記
為政朝臣
召使　宗岡行誠
使部
家司　修理権大夫雅恭朝臣

二品詔仁親王
右可一品
中務、雖非一世、齢過六旬、疾病忽篤、眷顧愈淳、
宜授階級、式表天親、可依前件、主者施行、
弘化二年二月廿七日
二品行中務卿詔仁親王宣
正四位下行中務大輔臣卜部朝臣行学奉
正四位下行中務少輔臣丹波朝臣頼易行
正二位行権大納言兼右近衛大将臣家厚
（中・略）

従二位行権中納言臣忠能等言、制書如右請
奉、
制、附外施行、謹言、
弘化二年二月廿七日
制可、
月日辰時　正四位上行大外記兼掃部頭助教中原朝臣師徳
左中弁愛長
関白太政大臣従一位朝臣
従一位行左大臣朝臣
従一位行右大臣朝臣

従一位行内大臣兼東宮傅朝臣
式部卿闕
正三位行式部大輔為定
参議従三位行左大弁兼春宮亮光政
告一品詔仁親王奉、
制書如右、符到奉行、
従四位下行式部少輔兼備前守義脩
大録常人
少録
少録

弘化二年二月廿七日
縹紙綾褾紫裏赤木軸雑綺帯
一　一品宣下位記持参ニ付、寝殿以下鋪設之事、御
違例中御混雑、且日数も無之早ゝ之御事ニ候
間万端御略儀にて被為済候様被成度旨、内ゝ
坊城頭弁殿江及内談候処、尤御早ゝ之儀故御
略儀にて可然ト被存候旨也、併壹應殿下江不
伺候テハ表向指図ハ不被申上候得共、内ゝ御
問合セ之儀故先右様にて可然由御答也、
但位記持参之大内記江も右之趣申入置相

含ゝ被居候様可致旨被申答、
同様之節申次家司先例殿上人奉仕之処、此度
者御略儀之事故御家諸大夫にて宜候乎、是又
及問合セ候処先例殿上にて相済候者此度も
其通ニテ宜候由、尤諸大夫申次にて大内記若
乎少内記ニ與奪ニテ少内記持参ニも相成候
者御不都合ニも可被為在乎ニ被存候旨、是又
内ゝ被申答、
一戌刻植松修理権大夫殿御参、束帯、
広御殿一之間江通置、茶多葉粉盆御菓子等出之、

内記参上、及深更候故酒肴湯漬等被出、申次所役相濟候後、御祝酒（蛤吸物ツカ盛）給之、萬端御礼申上退出、寅刻、

且明日勅使以下参上ニ付、申次之儀御頼之処、御請被申上、

一、桒原大内記殿御参、寅刻、

召使青木中務少録、使部壹人引卒、廣御殿二之間江誘引、茶多葉粉盆出ス、召使使部者使者之間江通置、

其後設之間案内申次出會、御式相濟、於二之間

御祝酒（蛤吸物ツカ盛）給之、

召使々部者於使者之間給之、

其後退出、

禄物

大内記　白銀壹枚（明日以御使被為贈）

召使　金百足　今夜被下

使部　青銅壹〆久　同上

（略。図）

伺公之間鋪設如右、（總平常之タヽミ也、依而別ニ不設座、）

但常燈代平常之燭臺用之、

修理權大夫殿位記ヲ請取女房ニ被渡躰ニテ

内々廣御殿御床之上ニ被置、臺文匣等設置、

總而鋪設御肴略之由大内記、申入候処兼

而頭弁殿ヨリ内意コレアリ相含ミ被居候

由也、

〔山科言成卿記〕

弘化二年二月廿七日、有栖川中書王一品宣下云々、

俄宣下云々、定可有子細、

○上・下段史料（左右とも）の印影は朱の枠線で表示されている。

〔韶仁親王一品宣下位記〕〇書陵部所蔵

〔包紙〕

「弘化二年二月廿七日

韶仁親王一品位記」

（〇紙面ニ天皇御璽三顆ヲ捺ス）

二品韶仁親王

右可一品

中務、雖非一世、齢過六旬、疾病忽篤、眷顧愈深、宜授

階級、式表天親、可依前件、主者施行、

弘化二年二月廿七日

二品行中務卿韶仁親王　宣

正四位下行中務大輔臣卜部朝臣行學　奉

正四位下行中務少輔臣丹波朝臣頼易　行

正二位行権大納言兼右近衛大将臣　家厚

正二位行権大納言　輝弘

（〇十六名略）

従二位行権中納言臣忠能等言、

制書如右、請奉、

制附外施行、謹言、

弘化二年二月廿七日

制可、

月日辰時正五位下行大外記兼掃部頭助教中原朝臣師徳

左中弁　愛長

関白太政大臣従一位朝臣

従一位行左大臣朝臣

従一位行右大臣朝臣

従一位行内大臣兼東宮傅朝臣

式部卿闕

正三位行式部大輔為定

参議従三位行左大弁兼春宮亮光政

告一品韶仁親王奉、

制書如右、符到奉行、

従四位下行式部少輔兼備前守義脩　大録常久、

少録

少録

弘化二年二月廿七日

〔韶仁親王一品宣下仰詞〕○高松宮家藏

（包紙）
「弘化二年二月廿日　韶仁親王一品宣下仰詞
上卿權大納言
職事俊克朝臣」

可被一品宣下事、非一世親王者、其例邂逅、雖不容易、被及六旬有餘、且病氣危篤之間、以格別之叡慮被宣下、不可為後例、

弘化二年二月二十八日

禁裏（孝仁）及ビ東宮（統仁親王）、新清和院（欣子内親王）兩御所ヨリ、夫々存問ノ御使ヲ賜ハル、既ニシテ酉刻薨去ノ旨披露ス、乃チ禁裏ニ於テハ是ノ日ヨリ三箇日ノ廢朝ヲ仰出サル、

〔有栖川宮日記〕○高松宮家藏

弘化二年二月廿八日、己未晴、
一徳大寺大納言殿（表丸）江御使　宮崎頼母
御容躰書被指出如左、

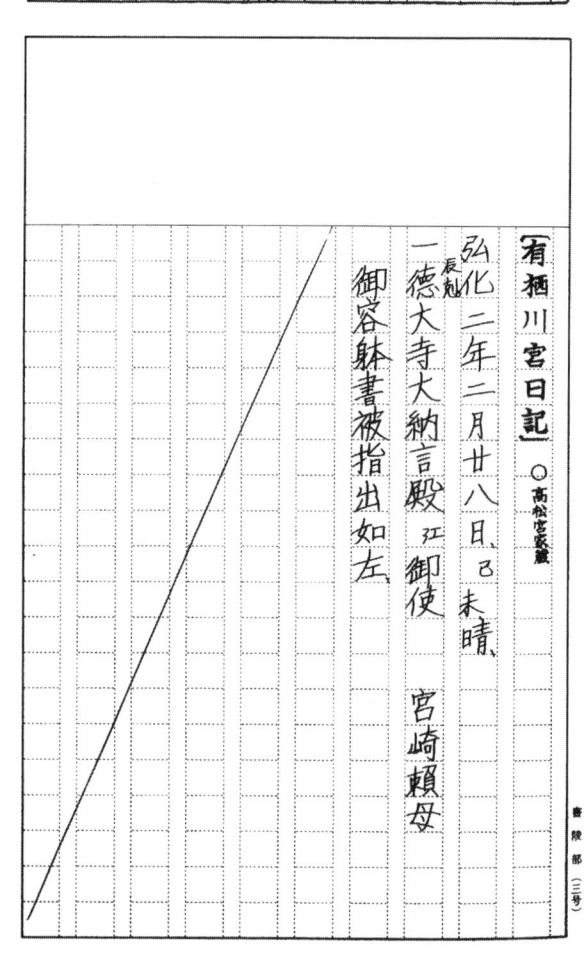

（○容躰書略ス）
小奉書四ッ折
一品宮御違例不被成御勝候ニ付、醫師共ヨリ別紙御容躰書指出候、依而御届被仰入候、以上、
二月廿七日　有栖川宮御内
粟津甲斐守
徳大寺大納言様御内
物加波周防守殿
滋賀右馬大允殿

日野前大納言様御内
山中右近将曹殿
辻　丹下殿
巳半刻
弐度目御容躰書指出ス如左、
一品宮様御容躰前書申上候後、追々御虚脱
被為加、御痰涎壅塞御開難被遊、御手足御微
冷被遊候ニ付、又剤参附湯餌進仕候へ共、御
効験無之、御太切御様躰奉診候、以上、
二月廿八日　　医師連名
同上

添書初度同上、小奉書四ツ折、
酉刻三度目御容躰書指出ス如左、
一品宮様御容躰前書申上候後、御虚脱弥増
一同奉恐入候、以上、
二月廿八日　　医師連名同上
添書如左、
一品宮御違例不被成御勝候ニ付、医師共ゟ
別紙御容躰書指出候、其後今酉刻被成薨去
候、依而御届被仰入候、以上、
二月廿八日

有――　御内
栗――
苑名同上
未刻弐度目御容躰書指出候後
一勅使西四辻少将殿御参、
図書頭近習両人御車寄敷莚江出迎、広御殿二
ノ間江誘引、茶田葉粉盆出之、其後家司植松修
理権大夫殿於御書院一ノ間出会、御口上被承
之、一品宮御違例不被遊御勝候ニ付、御見舞被
仰入候旨也、権大夫殿退入、奥向江申入、再御返
答被申出、其後退出、権大夫殿使者ノ間迄被贈

図書頭執次所敷莚江送リ出ル、権大夫殿衣躰
衣冠、
一東宮使万里小路大夫殿御参、
次第同上、
一女院使四辻中将殿御参、
次第同上、
右者先例若宮御方御対面之処、此度者殿下
ゟ内々御心添有之候ニ付、以家司御応答在
之候事、
一一品宮御違例之所御養生不被為叶、今日酉刻

薨去之事、
御鎮守顧照明神・梅本明神・其清殿注連縄張之、
御清懸リ之輩奉仕、
表御門〆切リ、疏離シ除之、脇門明置、疏離シ除
之、御玄関障子〆切、毛纏草リ所設之御門内ゟ
鳥留之事、
御内一統麻上下着用、
御領分鳴物停止、御代官ゟ達之、
御内一統往来編笠着用之、月代鬚不致候事、
各〻自宅門口穢札懸置候事、

未勤御家来迄同様之事、
一今日申剋内々御枕直シ之事、
御終焉之間より水鳥之一ノ間江御移之事、
尋常御疊壹枚中央南北之行ニ鋪之、御尊體北
枕ニ奉安置候事、
上総宮御方　大覚寺宮御方　実枝宮御方
歓宮御方　線宮御方
御焼香被為在候事、

〔野宮定功日記〕
弘化二年二月廿七日、戊午、明廿八日御樂始御延
引之由、四辻前大納言触之、傳聞、中務卿宮〈韶仁親王〉薨去之故云々、未露顕也、和歌灌頂後一（マヽ）字御傳
授来三十日可授賜被仰下、昨日橋本黄門為御使
参向傳仰之、其後為御請令参内給、有御對面、未半
刻許被退出、其後忽薨去、即中風云々、如夢事也、
廿八日、己未、一品宮薨去奏聞、従今晩到卅日三箇
日廢朝之由触来、一品宮非病死、於文庫中自害云々、
其子細不憚聞世上所語区々也、

〔野宮定祥日記〕
弘化二年二月廿八日、己未、天晴、入夜中務卿宮今
日酉刻薨去之間、自今日三ヶ日廢朝之旨触来、傳
聞、此宮薨去實自殺云々、子細者故入道宮灌頂後
御傳授書巻紛失、仍自先頃發肝終及如此云々、心
中雖可察不及如此無他術者歟、

〔橋本實麗日記〕
弘化二年二月廿九日、庚申、陰晴、入夜雨、一品宮韶仁親王、（一昨日一品宣下云々、）昨日薨去、依之従昨日三ヶ日廢朝之旨被觸了、

書陵部（三号）

〔有栖川宮系譜〕
光格天皇御猶子
韶（ツナ）仁親王
（〇中略）
同月廿八日、（弘化二年二月）薨、六十二歳、

書陵部（三号）　271/240

弘化二年二月二十九日
追號ヲ大功德院ト定メラル、

編修課

〔有栖川宮日記〕〇高松宮家蔵
弘化二年二月廿九日、庚申、晴、
一龍光院ゟ御法号勘進之事、
〔朱〕大功徳院　真如實院
観法性院　普明光院
右朱点之分御治定之事、

書陵部（三号）

弘化二年二月三十日

入棺ノ儀ヲ行フ、

〔有栖川宮日記〕○高松宮家蔵

弘化二年二月晦日〔三十日〕、辛酉、雨、

一御入棺戌剋、

此儀御厚疊表引へきニ致し敷之、其上白羽二重御蒲團弐帖、尤最初御棺中白晒袷大風呂鋪凡壹丈四方斗敷設置、右にて御惣たいを包ム、但し其前御入棺乎而御上ニ御小直衣著御之如く延之置、御烏帽子御首かみ〉

の邊ニ置之、次ニ御指袴、次ニ御末廣納之、次御木太刀御杖等納、又御枕御夜着御小袖壹具等并ニ御座所邊ニ有之候御調度向其外御書付類書子御經類等夫々被納之、

御刻限依御便利已刻頃被催、

上総宮御方　大覺寺宮御方

圖書頭　玄蕃頭　治部権少輔

左京権亮　伊勢守　對馬守

雅樂少允　右衛門大尉

右

御尊骸奉舁之御棺ニ納之、

次ニ

實枝宮御方　讃岐　因幡　長濱

御進ミ　御附随参ル、

右前段御納メ物被納之、老女向隨而夫々御納物納之候事、

仁和寺宮　知恩院宮

右者御入棺之節御傍ニ被為立御誦經等被為在候事、

右相濟御刻限迄假覆被成置候也、

御刻限戌刻　御拝禮之式被催
先
上総宮御方　實枝宮御方
仁和寺宮御方　知恩院宮御方
大覚寺宮御方　歓宮御方
線宮御方
圓照寺宮御方御代拝　太真
中宮寺宮御方御代拝　同人勤之
次ニ諸大夫侍八人
御用人
安藤大監　武藤左衛門
嶋津造酒　太田左兵衛　宮崎縫殿

松浦内膳　山名民部　神子嶋式部
田中舎人　鎌田隼人　坂部大蔵
鎌田廉吉　秋吉雲桂　秋吉大弐
岩井数馬　柳松主馬　雲桂次 安達大進
右両人宛罷出ニノ間御敷居際ニ而拝禮、
次ニ讃岐　千里　因幡　長濱　石見
玉橋　太真
とし　きく　なと　ささき　まつ
ちを　いそ　かほる　（以下略）
右相濟御棺蓋覆之、

但しチキリトメ、其上チヤン流之候
事、但し職方之者執扱候事、
次ニ上総宮御方御始御焼香被遊候事、
但し御方々如前記、
次ニ表奥一統御焼香拝禮申上候事、
右名前如前記、
右拝禮御焼香之儀了
［朱書］「實枝宮御方御髪端二寸許被為切被納于
御棺中」
一御棺蓋裏書

有栖川一品中務卿韶仁親王
天明四年甲辰十二月十九日誕生、
弘化二年乙巳二月二十七日薨六十二、
號大功徳院、
右者寸松庵洞嶺座元参上書之、
一今日御入棺相濟候ニ付以後籠僧両人宛竜光
院より参上、晝夜交代ニて相詰候事、

弘化二年三月十日

葬送ノ儀アリ、大徳寺龍光院内有栖川宮墓地ニ葬ル、

編修課

〔有栖川宮日記〕○高松宮家蔵

弘化二年三月十日、辛未、曇、

一今夜戌刻御葬送、御出棺酉刻、依之早朝ゟ諸支
被催之、

一御出棺之儀（但仮之御次第也、）
先朝ゟ従便宜御暇乞御拝礼御焼香之儀被
催、

先上総宮御方

実枝宮御方

大覚寺宮御方

次諸大夫侍御用人近習中奥未勤迄不残

但一列両度ニ罷出（諜）図書頭始中奥迄一列
木工頭始中奥迄一列

（乗）上首之人斗御焼香

次老女若年寄恕女中、

一巳下刻御棺新廊下江奉出、近習中奥役之、依便
利職方之者麻上下着従之、

宮々御方并諸大夫侍等守護之、

新廊下簾中ニ御棺奉置東西之行、

御前ニ御香爐置、諸大夫壱人、近習両人ツヽ守護、

一未刻諸大夫侍喪服着之、其後着御之儀被催、

御喪服着御之次第、

（中略）

一未下刻新廊下前西ノ方黄屋根仮屋設置、

御車代御轅居置、右御轅ニ奉移、右者大工力者
手傳之者懸リ奉移、

御棺（御上ノ方御轅之後／御足ノ方御轅之前）

御轅前ニ御香炉置御香焼之、守護車副之近習
烏帽子白上下着用両人ツヽ相詰、

其前此儀仮屋中央ニ榻四脚直之置、御轅居
置、右江力者手傳之者作廻奉移之候事、

御轅後方新廊下上ニ御机御香炉設置、御出棺
前御焼香之設トス、
刻限〔（ママ）申刻許〕前依御時宜宮ゝ御方御焼香被為遊候事、
一御葬送ニ付御名代并御見送御使未刻ゟ追ゝ
参集休所間取如左（間取略）
一御葬送ニ付御名代并御見送使都而従者下部
迄支度料鳥目五拾銅ツヽ被遣之、則小頭より
向ゝ供之内頭立候もの江為相渡請書取之、
（略。中）
従者合千弐百九十九人　銭〆六十五貫四百文

右之通従者共江被下之、
一御出棺之儀
一番拍子木申刻、　供奉相揃、
二番拍子木申半刻、　供奉并御名代御見送使各扣場所江列立、
三番拍子木酉刻、
此時終焉之御枕火紙燭ニ移シ、図書頭新
廊下ゟ持出、而炬火之松明ニ移シ、亦其火
ヲ御先火廿燈ニ移ス、
此時輿丁六十人、力者廿人御轅之下ニ候、
直ニ御出棺、（注）（御出棺之節御本列通行之節御門ゝにて假門設之番人両人

尤今出川門同様」）
于時宮御方大覚寺宮御方（御ワラ番被召）御杖新廊下仮橋
ゟ御降、
御供之諸大夫坊官松明持供奉
近習両人ツヽ奉従、　此御方近習壹人、
御太刀持、
御門迄御見送但端重門也、
廣御殿階ゟ御昇直ニ御玄関ニ而御乗輿、
大覚寺宮御方御同様、御手燭ニ候、壹岐守大和守
先是御供之輩相揃御玄関前ニ候、

御道筋
今出川御門　石橋町　烏丸　柳図子
室町　風呂屋図子　安楽小路　妙覚寺
図子　天神図子　野道
大徳寺勅使門ゟ被為入、御休所養徳院被
為成、于時宮崎縫殿御待請、
一實枝宮御方新廊下於簾中御見送、
歓宮御方、線宮御方御同様、
御出棺之後
實枝宮御方於御小書院椽御乗輿、

同所西之切戸外ニ御供相揃候
切戸内ニ中山佐渡介伺公、
御道筋同上大徳寺龍光院江被為成
一御輦大徳寺江被為入候節前以注進有之、
宮御方大覺寺宮御方於養徳院門前御待請、御
歩行ニ而御供被遊、
（御列書略）
右両宮御方龍光院唐門迄御供被遊、夫ゟ龍光
院南圖子墓地江被為入客殿西之階ゟ被為上
小書院江御通り暫御休足、其後客殿西北之間

ニ南面ニ御着座、御供諸大夫両人、近習両人ツヽ、御後ニ候、
一御出棺酉刻、御道筋、
表御門ヲ北江今出川御門ゟ今出川通室町
ヲ北江上立賣ヲ西江報恩寺町寺之内ヲ西
江大宮通ヲ北江大徳寺江被為入、
[朱]「此御道筋陰陽寮江勘文兼日被仰付調進」
（御列立略）
御列寺之内大宮東江入於妙蓮寺門前御輦榻
ニ奉休暫時ニ而御列ヲ進メ、御道筋通大徳寺
四脚門江被為入亥刻前、夫ゟ養徳院於門前御

侍請、
宮御方大覺寺宮御方御歩行ニ而御供被遊、右
御列立前記ニ有之、
龍光院役者四脚門迄御出迎、則御棄内六門之
後ニ隨甲門内ニ僧侶拾弐三口出迎導經ヲ誦
ス、
御先火二十隊之雜色此門外ニ而落ス、西側
溝之辺ニ列居、
唐門前ニ而御輦之棒壹尺五寸ツヽ前後ニ
而切之、御輦下之泥壷取之、夫ゟ唐門ヲ經て

客殿中央廣椽之上ニ御輦安置、
足場敷板設置
（図略）
其後
引導法語
同諷經　楞嚴神咒
御闍維出頭僧衆
拜林軒 眞峰和尚　黄梅院 大綱和尚
大猻菴 顯道和尚　大光院 誽巗座元
高桐院 龍巗座元　芳春院 德巗座元

寂照軒
圭叟座元　平位弐拾員
龍光院出頭
玄峰座元　保叔座元
洞嶺座元　平位拾三員
大功徳院宮尊儀掩土拈語　宗眼
（法語略）
右御華式御法事中
宮御方々大覺寺宮御方客殿西北之間南面ニ御
着座、
實枝宮御方簾中ニ被為成、

客殿西椽座敷東面ニ御名代并炬火之諸大夫
焼香者等着座、
實枝宮御方御名代　伊勢守
輪王寺宮御名代　正教坊前大僧正
專修寺御門主御名代　芳川右兵衛権大尉
圖書頭　木工頭
玄蕃頭　治部権少輔
左京権亮　對馬守
雅楽少允　右衛門大尉
但シ持火舎者車副近習等者ワラ沓之儘沓

脱既ニ蹲居、
右御華式畢御焼香之次才
和尚座元御焼香、相濟役者進出着座之諸
大夫江依氣色御前江進御焼香之儀申上、
宮御方々大覺寺宮御方御焼香御拜禮、
次實枝宮御方御名代、輪王寺宮御名代、專修寺
御門主御名代、
次圖書頭初右衛門大尉迄御焼香拜礼、
但シ實枝宮御方簾中ニ而御焼香被遊、女房
向ハ簾中ニ而御焼香之儀在之、

次宮御方大覺寺宮御方（供奉諸大夫弐人ツヽ　各松明近習弐人ツヽ）
客殿西之階ヲ下御、御杖御ワラ沓
（中略。）
天鵝絨門内ニ而御轅之屋形ヲ徹シコロニテ
門内江奉入其後御廟所迄奉舁、
宮御方々大覺寺宮御方御廟所北ノ方ニ御着座、
（御仮屋出来　尤御床机設之、）御供諸大夫近習御側ニ候ス、御
前ニ而松明ヲ焼ク、御廟所ニ大篝焼之、三ケ所、
次御棺ヲ力者万力ニ挺ニカケ静ニ奉下、御椁
者先ニ御石椁之中ニ入レ置、則御棺ヲ御椁中

ニ奉納四方共灰ヲ以詰之、御槨之蓋大工源七
締之、御石槨之蓋四枚万力ニ而下之、則手傳方
石工等下ニ而右御石槨之蓋ヲシメ、石合セメ
油石灰子リ土ニ而詰之、右蓋之上ニ銅板弐
枚ニ而挟ミ油石灰ヲ以詰針金ニ而カラム、
〔朱書〕致一品宮女房千里今朝髪端二寸許切之差
上、但因御実枝宮御方御側江差上候処此時
納于御石槨之中了」
右出来之上及言上、
宮御方御廟正面ニ被為成钁ヲ以土ヲ三通被
遊御掩、右相済丑半刻過於小書院御休息、其後

書陵部（三二号）

手傳黒鍬惣掛り御跡之土掩之、右平而其上ニ
白砂敷之、従寺門御廟所ニ
御塔婆一基安置、
空風火水池〔地〕　大功徳院一品中務卿宮尊儀
其上ニ仮家ヲ建、白布之幕四方ニ張之、御前ヲ紋紐ヲ以囲メ置、
御前机　一脚
御水向茶碗　弐ツ　敷輪アリ
御花筒　弐ツ
御香爐
御水手桶　壹ツ　酌添

書陵部（三二号）

其前ニ御仮家ヲ建為御拝所、御拝敷薄縁小紋敷之、
御廟所諷経大悲神咒、
着座　木工頭
一寅刻頃於客殿
安牌諷経、
光明真言
随求陀羅尼
大悲神咒
着座　木工頭
御代香勤之、
一御廟所御華相済
宮御方・大覚寺宮御方実枝宮御方御焼香御水

書陵部（三二号）

向被為在、夫ゟ図書頭初一統参合居候者并女
中向拝礼献香之事、
一宮御方大覚寺宮御方実枝宮御方於小書院巳
刻頃御夜食差上ル、一汁五菜、
御銅板如左、
一品中務卿韶仁親王
弘化二年歳次乙巳二月廿七日
薨六十二、號大功徳院、
御銅板寸法
長サ八寸五分
横大寸五分
錺師善兵衛調進」

書陵部（三二号）

文字数三十一字金滅金

一仁和寺宮巳半刻
知恩院宮巳刻御成、
大覚寺宮卯半刻
右御葬送ニ付御成、御昼御膳一汁五菜御夜
食一汁本三菜被進之、
但ﾉ仁門様知門様清大仕立ニ而被差上
候事
御夜食御献立如左、
（献立略）

一仁和寺宮、知恩院宮御出棺之節於新廊下御見
送、其後北御物見江被為成御葬送御列御覧、万
端被為済御休息之上還御、
一仁和寺宮、知恩院宮／今日御棺前江内ゝ御備
并表奥一統江御寿被下如左、
御棺前江御備
白銀　弐枚ツヽ
（以下略）
一御葬送并御初月忌御法事料

銀五拾枚前日図書頭／武藤左衛門江渡置、則
今日龍光院役者江相渡、請取差出ス如左、
覚
一白銀五拾枚者　為
大功徳院宮尊儀御葬送并初願忌御法事料
右依令院納如件、
弘化二年乙巳三月
龍光院役者
敬首座㊞
詮首座㊞
嶋岡右衛門尉殿
武藤左衛門殿

［陵墓要覧］
（霊元天皇）
皇曽孫韶（つなひと）仁親王墓（有）
京都府京都市北区紫野大徳寺町
大徳寺竜光院内有栖川宮墓地

弘化二年六月八日
大徳寺龍光院ニ於テ韶仁親王ノ百箇日忌法事
並ニ立塔供養アリ、

編修課

〔有栖川宮日記〕○高松宮家蔵

弘化二年六月八日、戊戌、晴、
一大功徳院宮今日御百ケ日御相當、於龍光院御
法事御執行并御立塔供養在之、
一於御廟所御立塔供養、辰刻、
楞嚴神咒
右
着座木工頭勤之、
一御百ケ日御法事、巳刻、

書陵部（三号）

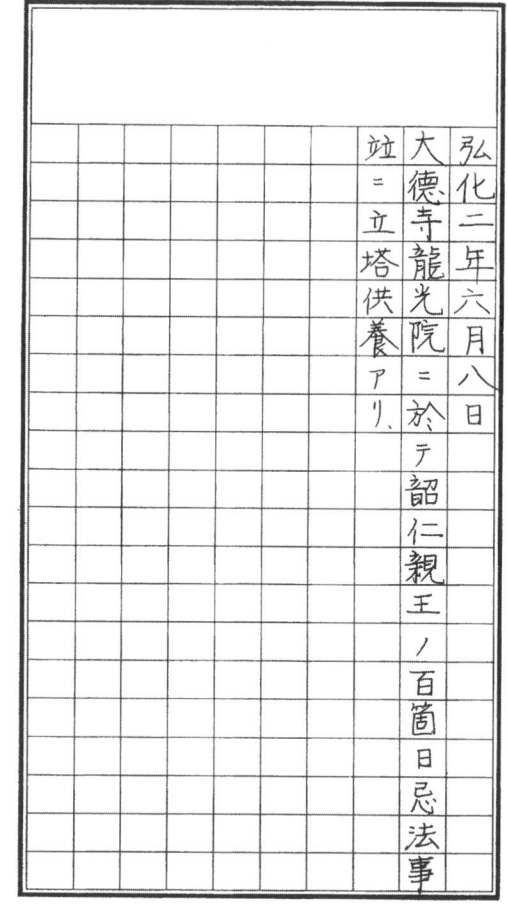

有栖川宮実録　六七

韶仁親王実録　八

有栖川宮實錄　六七

韶仁親王實錄　八

有栖川宮實錄　六七

韶仁親王實錄

妃　宣子女王　一

韶仁親王實錄

妃　宣子女王

祥宮　伏見宮日記

嘉宮　閑院宮日記

實枝宮　閑院宮日記　有栖川宮日記

妙勝定院　有栖川宮日記

妙勝定院宮永譽慈圓融意白蓮　石塔銘

閑院宮美仁親王ノ第五王女、母ハ參議堀河康實ノ女、藤原依子ナリ、寛政十二年十二月十日誕生ス、

〔閑院宮系譜〕○禁裏執次詰所本

美仁親王

女子　母丈君
天明二年三月廿六日生、号裕宮、

女子　母同
寛政三年七月九日生、号鎮宮、

女子　母同
寛政三年十月二日生、号苞宮、

孝仁親王　母同
当今御猶子
寛政四年四月廿八日生、号寿宮、

女子　母同
寛政五年八月九日生、号敬宮、

男子　母同
寛政九年五月十一日生、号[illegible]宮、

男子　母同
寛政十年十一月廿九日生、号富宮、

女子　母同
有栖川韶仁親王御息所
寛政十二年十二月十日生、号祥宮、

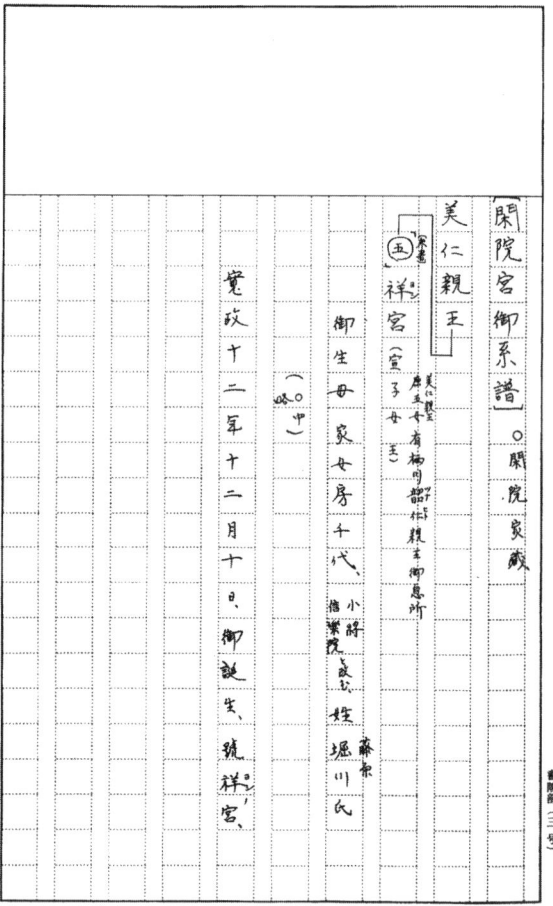

〔閑院宮御系譜〕○閑院家蔵

美仁親王

㊄「家書」祥宮（宣子女王）美仁親王庶五女　有栖川韶仁親王御息所
御生母家女房千代、小将　信楽院と改む　姓藤原堀川氏
寛政十二年十二月十日、御誕生、號祥宮、
（○中略）

寛政十二年十二月十六日
七夜ノ儀ヲ行ヒ、祥宮ト稱セラル、

編修課

〔妙法院日次記繰出〕

寛政十二年十二月十六日

一閑院（美仁親王）様姫宮御七夜御祝儀之事、

〔有栖川宮系譜〕

韶仁親王

（中略）

御息所宜子女王、光格天皇御猶子、弾正尹美仁
親王女、
寛政十二年十二月十日御誕生、初祥宮、

享和二年十一月四日

髪置ノ儀ヲ行フ、

〔閑院宮日記抜抄〕　○閑院家蔵

享和二年十一月四日、

一祥宮様御髪置、

一御献昆布炮烹、雑餚、ひと木、

一御内御祝御膳、

一御所様若宮様江小戴一蓋宛被進也、為御返従
両御所様鯣一折宛被進也、

一金百疋延紙三束少将（生母敬子）殿江、

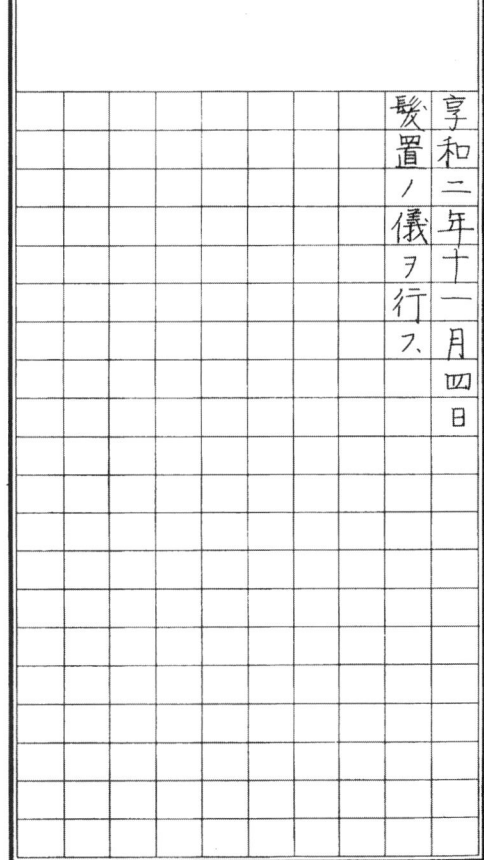

一鯣一折少将殿ゟ被上之、

享和三年二月四日
色直ノ儀ヲ行フ、

〔閑院宮日記拔抄〕〇閑院家藏
享和三年二月四日
一祥宮様御色直し、御献烹雑・豆腐献、一ツ物、
一御内御祝御膳、
一御所様より祥宮様へ御吳服一重、御肴一折、
一御所様へ祥宮様より赤飯一蓋、御肴一折被進之、
寿宮へ一蓋、寿宮より御肴一折、
一金二百疋少將殿江、
一御所様・祥宮様江表奥より御肴一折宛献上也、目録ニ而、

享和三年十一月十六日
深曽木ノ儀ヲ行フ、鬢親ハ父美仁親王ナリ、

〔閑院宮日記拔抄〕〇閑院家藏
享和三年十一月十六日
一祥宮様御深曽木、御式於御書院左之通、御いか
物六合、御献烹雑・鰭一ツ物、
一御鬢親御所様御内儀ニテ之御沙汰也、
一御献陪膳少將殿、御手長豊後、依之少將殿江延
紙拾束代日録、金百疋、豊後江延紙五束代南鐐
一片、被下也、
一赤飯壱蓋宛被進候ヶ所、〔略〕〇下
一下御霊清荒神江御代参表御次より、

一御次第左之通、
刻限巳刻親王御座ニ着給ふ、
次姫宮御座ニ出給ふ、御手ニひとぎ、松、橘もた
せ給ふ、
次御調度御座の前ニ置、次こばん中央、
次うちみたれ右、次たうひ石ニ、青石ニッ入、左、
次ゆすりつき右、次上﨟青石をこばんの上ニ
をく、
次姫宮こばんの上に立給ふ、次親王御鬢を理
め給ふ、

次姫宮こばんよ下り辰巳ノ方よ左り江簾中
に入給ふ、
次御調度てつす、まへのことく、
次姫宮簾中ニ而御鬢を結はしめ給ふ、
次姫宮簾外の御座ニ着給ふ、
先いかの物をすゝむ、
次一こん御さかつき（ばうざう）てうし　　次二こん御さかつき（ひれ）てうし
次三こん御さかつき（こい）てうし
右御次第御内儀之御沙汰也、

文化元年三月十三日
下御霊社ニ初メテ参詣ス、

閑院宮日記抜抄　○閑院家蔵
文化元年三月十三日
一祥宮様下御霊江今日御初而御社参、午過御出門、

文化四年十一月十三日

紐直ノ儀ヲ行フ、

〔閑院宮日記〕

文化四年十一月十三日、

一祥宮様御紐直、

一御上々御祝御膳、

一御献昆布、蚫、熨、雑、鰭、御酌上臈、

一御所様ゟ祥宮様江御はかま一腰、御帯二筋、御肴一折被進之、

一若宮様ゟ祥宮様江御帯一筋、御肴一折被進之、

一祥宮様ゟ御所様江赤飯一蓋、御肴一折、若宮様江赤飯一蓋被進之、

文化五年十月二十八日

久世通根ヨリ習字ノ手本ヲ上レルヲ以テ、内々酒肴ヲ贈リテ之レヲ謝ス、

〔閑院宮日記抜抄〕○閑院宮家蔵

文化五年十月廿八日

一久世（通根）前大納言殿へ御肴一折、諸白一樽五、御内々被遣也、

右者祥宮様御手習御手本被上候ニ付被遣候也、老女ゟ、

文化六年六月二十七日

左大臣二條治孝ノ仲介ニ依リ、左近衛権中将九條尚忠ト縁組ヲ内約ス、尚、尚忠ハ治孝ノ末男ニシテ九條輔嗣ノ嗣ト為レルナリ、

編修課

〔閑院宮日記抜抄〕○閑院宮家蔵

文化六年六月廿七日

一 祥宮様九條様(尚忠)江御縁組御内約、此儀去ル三月十五日二條様江御内々為御使民部少輔参殿、河野大炊頭出會、右御縁組御取組被成度御世話被成進候様御頼被仰入、其後彼是御時宜有之、且重々御時宜合等も有之、先月下旬弥御整可為在御模様ニ相成、九條様諸大夫信濃小路宮内権少輔江掛合等有、今日従彼御方御所望御使被遣若(ママ)相定、尤段々御次第も有之候得共略之、

一 九(九條家)御使信濃小路宮内権少輔参上、民部少輔出會、御口演承也、祥宮様御事、御縁組御所望思召候御領掌被進上候御大慶被成旨也、則言上、於御小書院御對面、御口祝膳之、次ニ御直答、畢而於孔雀間御祝酒膳之吸物給肴三種紙敷、

一 九(九條家)江為御使民部少輔伺公、宮内権少輔出會、被仰進候者先刻御使を以祥宮御方御縁組之義被仰進御大慶ニ思召候、御直答ニ者被仰候得共目出度御領掌之段被仰進、無程御對面、御口祝給之、御直答畢而於休所諸大夫一列并御用人面會有之、次ニ御祝酒給之退出、

一 二條両御所様江御吹聴被仰入、且左府様江者別段發端ゟ御世話被成進厚御満足ニ思召候段、訳而御挨拶被仰進、木工権頭勤之、

書陵部（三一号）

〔伏見宮日記〕　○史料編纂所蔵

文化六年六月二十七日

一閑院宮御使田中木工権頭ヲ以テ宮御女祥宮

御方九條殿ヘ御縁組御内約被成御治定候旨

御吹聴被仰進候也、

〔九條家系譜〕

輔嗣　正二位権大納言兼左大将

實二條左大臣治孝二男、

尚忠、　從一位前關白准三后

實二條左大臣治孝末男

文化六年八月二十八日

角鹿松楨参邸シテ讀書ニ候ス、仍リテ祝儀トシ

テ金百疋及ビ祝酒ヲ贈遣ス、

編修課

〔閑院宮日記〕

文化六年八月二十八日

一角鹿松楨今日姫宮様御讀書奉申上候ニ付、御

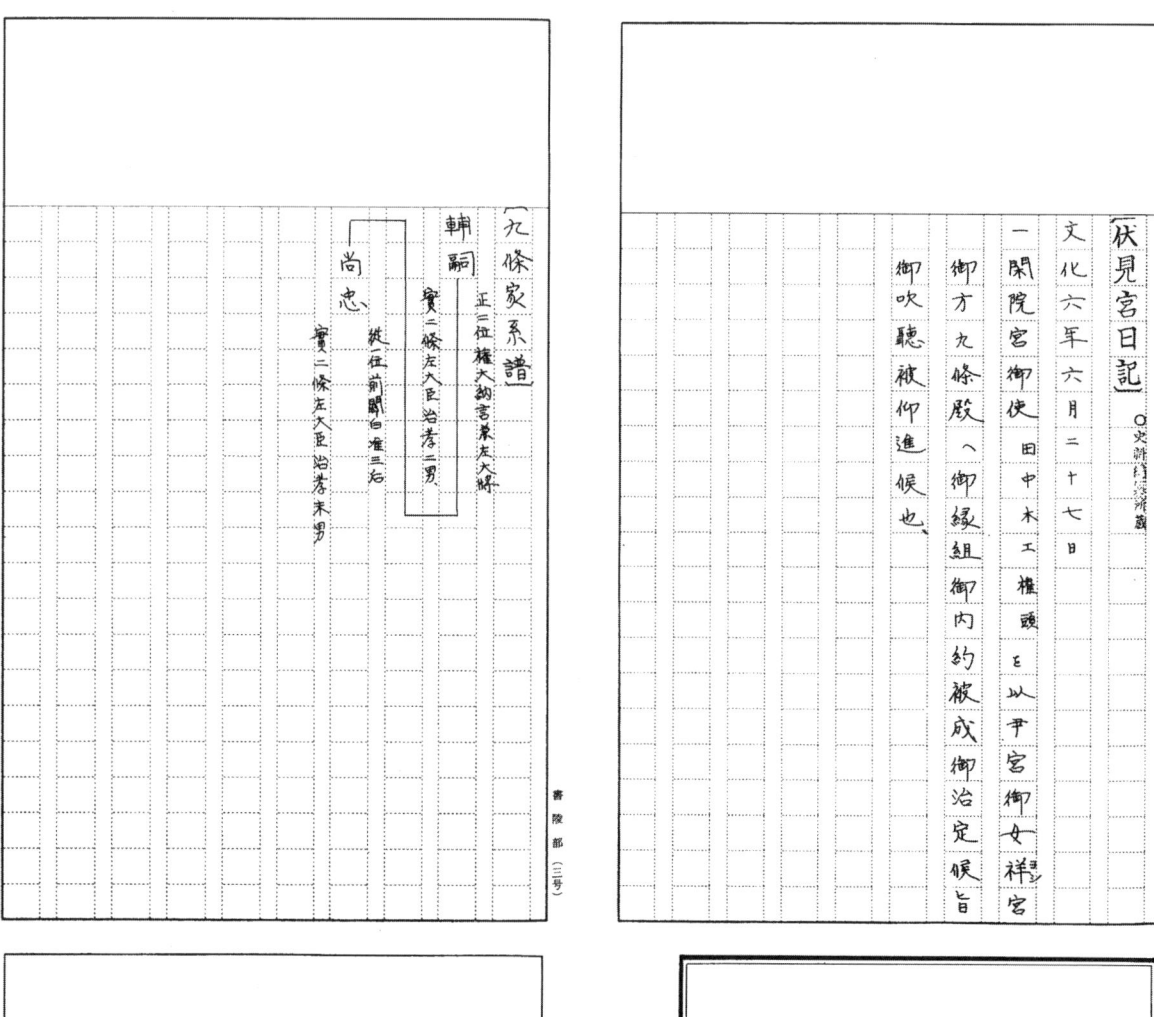

祝酒・御祝金百疋被下之候事、

文化六年十一月十二日

先日来発熱アリシガ、是ノ日、疱瘡ト診断セラル、既ニシテ治癒セルヲ以テ、二十二日、酒湯ノ祝儀ヲ行フ、

〔閑院宮日記抜抄〕　○閑院宮家蔵

文化六年十一月十二日
一祥宮様去ル八日頃ゟ御発熱被為在候処、御疱瘡之御様子ニ而上田玄周此間中相伺、今日御治定之旨申上、
一上田玄周、三谷文順、角鹿尚貞江参宿被仰付、
一井口宗貞江伺被仰付、
廿一日
一参宿上田玄周今晩ニ而医師宿御免、
廿二日
一祥宮様御酒湯御祝儀御内一統麻上下着、
一下御霊社江御代参、御初穂金百疋、表御次ゟ勤之、
一御上々御祝御膳一汁五菜、一統江御祝酒被下也、
一祥宮様江御所様若〔若御所様〕、姫君ゟ生肴一折ツヽ被進、

文化九年十一月五日

鉄漿始ノ儀ヲ行フ、筆親ハ徳川（田安）斉匡ノ室貞子女王（美仁親王王女）ナリ、

〔閑院宮日記抜抄〕　○閑院家蔵

文化九年十一月五日

一祥宮様御鉄漿始、御内一統常服麻上下、

一御献昆布鮑、

一御上々御祝御膳、御中酒後御酒なし、

一御所様若姫君様致宮様へ赤飯一蓋ッヽ被進也、

一少将殿江金百疋、赤飯一蓋、紫雲院殿へ赤飯一蓋被下也、

一御所様若姫君様致宮様ゟ御肴一折ッヽ、但目

録被進也、

一御鉄漿始（マヽ）ニ付左之方様、左之方々へ御鉄漿被進之候御様被仰入、

鷹、左大将様、伏、近、広橋大納言、芝山三位、石井少納言、

一御筆親田安御簾中、右ニ付左之通被進也、

御簾中ゟ　　御嘉年筆　　一はこ

　　　　　　ちりめん　　三巻

　　　　　　御さかな　　一種

御所様へ　　御肴　　　　一種

右衛門督殿ゟ　　御肴　　一種

祥宮様へ右衛門督殿ゟ　　御肴代二百疋　一種、

〔伏見宮日記〕　○史料編纂所蔵

文化九年十一月五日

一閑院宮より御使、（○略中）今日此御方姫宮祥（ヨシ）宮御方御鉄漿初ニ付候間、御鉄漿御貰被成度旨被仰進候間、則申上候処、御頼之通目出度御鉄漿被進之候、

文化十一年六月四日

祥宮ノ名字ヲ嘉(ヨシ)宮ト改ム、

〔閑院宮日記拔抄〕○閑院家藏

文化十一年六月四日

一祥宮樣御名字嘉(ヨシ)之字被改候事、

〔閑院宮系譜〕○禁裏執次詰所本

美(ハル)仁親王

女子　母同上

有栖川韶仁親王御息所

（○中略）

文化十一年六月四日、改名嘉(ヨシ)宮、

文化十一年十二月十七日

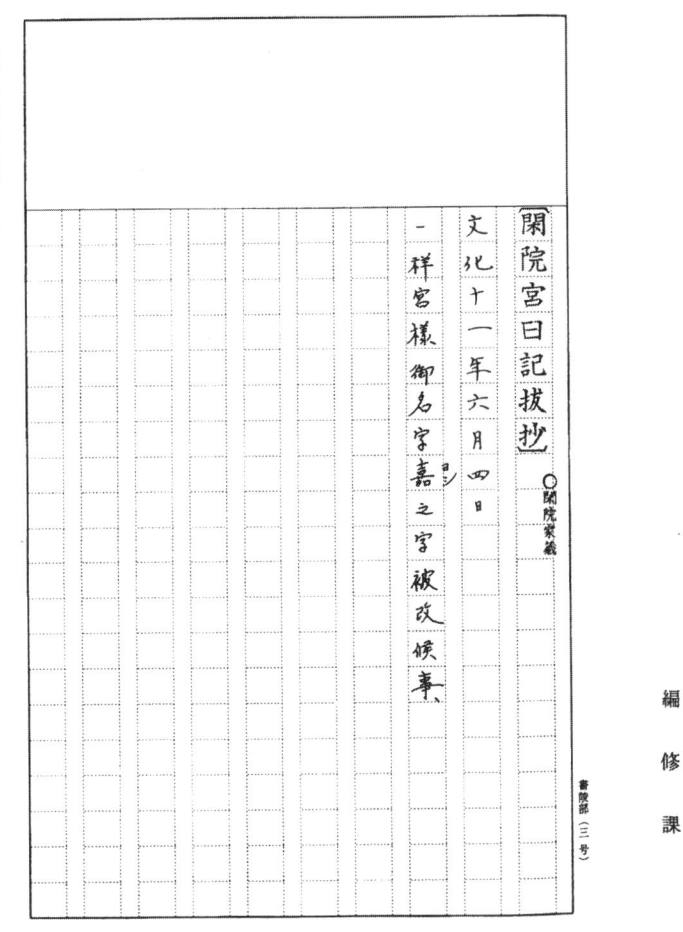

先年二條治孝ノ仲介ニ依リ、九條尚忠ト緣組ヲ内約セシガ、是ノ日、尚忠ヨリ破談ノ旨申入アリ、乃チ翌十八日、之レヲ承諾ス、近來治孝尚忠父子ノ間、餘儀無キ事情アルヲ以テナリ、

〔閑院宮日記拔抄〕　○閑院家蔵

文化十一年十二月十七日
一甘露寺大納言殿御参、丹波介御面會申候處、嘉宮様九條家御縁邊之儀ニ付先頃より彼是被仰進候所、二條様(治孝)九條様(尚忠)御父子之御間御時宜等有之、甚御残念思召候得共御破談之儀甘露寺殿を以被仰進候也、右御返答委細御口上之趣御承知被成候、於此御方茂甚御残念思召候、御返答之儀者猶此御方より被仰進候旨御返答也、

十八日
一甘露寺大納言殿江昨日之御返答左之御口演書を以被仰入、御使丹波介勤之、
　御口演
嘉宮御方九條家御縁談先年より御内約御治定被為有候處、近来前左府様御父子御間々(ニ)無據御時宜合有之候ニ付、此度御破談之儀被仰進御承知被成候、此儀者發端より餘程年数茂相立候儀ニ而年来御大慶御安心茂被成識ニ其後於此御方者何之御子細茂無之候處、今更御案外之御次第ニ相成候、被對姫宮御方候而茂甚御気毒思召、宮御方姫宮御方ニ茂甚以御残念御當惑至極ニ思召候、乍併右御父子之御間無據御時宜合被為有候趣ニ而者此上従此御方被仰入方茂無之、甚以乍御迷惑右被仰進候通御破談之儀御承知被成候、此段九條家江可然御通達之儀頼思召候事、
　　閑院宮御使
　　　山本丹波介

〔按〕本條ニ就キテハ文化六年六月二十七日條ヲ參看スベシ。

文化十二年六月十六日

月見ノ祝儀ヲ行フ、

〔閑院宮日記抜抄〕　○閑院家蔵

文化十二年六月十六日

一嘉宮様御月見ニ付表一統麻上下着用、

一御月見御祝左之通、

御献

大饅頭三ツ輪居小角萩御着打

御盃

昆布炮

文化十三年二月二十三日

圓臺院職仁親王女董子（女王、近衛經熙室）ノ仲介ニ依リ、有栖川宮韶仁親王ト縁組ヲ内約ス、尋イデ五月十五日、其ノ披露ヲ行フ、

〔熾仁親王日記〕　○高松宮家蔵

文化十三年二月廿三日

一閑院一品宮息女嘉（よし）宮中書王へ縁組内約、両宮使者相方相済、極内〻也、

五月十一日

一閑院嘉宮中書王へ内約治定、

右ニ付関東より助勢可有之局返書到来ニ

附表方諸家へ為知且又家中壱統祝詞申述、

十五日

一閑院嘉宮中書王内約治定表向使、

〔閑院宮日記抜抄〕　○閑院家蔵

文化十三年二月廿三日

一入道一品宮江為御使忠辰罷出、諸大夫藤木近江守面会、御口上先頃圓臺院宮ゟ被仰進候御縁辺之儀、一昨々日御内約可被為在旨御書付ヲ以圓臺院宮江被仰進候趣委細御承知被遊、甚以御大慶幾久敷目出度御満足思召候旨ニ而御祝詞等被仰進、中務卿宮江御同様、若御所ゟ両宮江御同様被仰進、御返答御相応、御祝酒被下、

一圓臺院宮江御使藤木掃部前書之趣御口上、且彼是御世話被成進御満足思召候旨等被仰進、若御所ゟ御同様御返答御相応、上﨟出会也、御祝酒被下、

一入道一品宮御使藤木近江守一昨日嘉宮御方御縁辺之儀圓臺院宮江御内約可被為在候旨被仰進、御方ニおゐても甚御大慶御満足思召候由御祝詞被仰進、中務卿宮ニも御同様若御所江も右之趣被仰進、且又先刻御使等之御挨拶被仰進、御返答御相応、於梱ノ間御祝酒被下之、

一圓臺院宮御使瀧亘前書之趣ニテ御内約之御歓被仰進、御返答御相応、諸大夫出会、溜ノ間ニテ御祝酒被下也、

〔閑院宮日記抜抄〕　○閑院家蔵

文化十三年五月十五日

一嘉宮様有（有栖川宮）中務卿宮江御縁組御内約ニ付今日左之御方々様江御風聴被仰入、御使、

一条関白、近衛左府、圓臺院宮彼是御世話被進候御挨拶旁申進、聖護院宮、書中、鷹司、書中、伏見宮、書中、圓臺院宮御使近習、八条、櫛笥、芝山、園池、書中、

一右ニ付有宮（有栖川宮）江諸大夫侍惣代御用人御近習中奥惣代恐悦申上ル、彼御方ゟも御同様振合也、

文化十三年十二月五日
吉辰ニ依リ、韶仁親王ト結納ノ儀ヲ行フ、

〔有栖川宮日記〕○高松宮家蔵
文化十三年二月廿三日、癸酉、曇、折々雪、
一閑院一品宮姫宮嘉宮御方、中務卿宮御方ト御縁組御内約御治定之旨表奥一統江申渡ス、

〔閑院宮日記抜抄〕○閑院家蔵
文化十三年八月廿五日
一有栖川宮使前川相宰少監〔マヽ〕、嘉宮御方御縁約被為在候ニ付、来霜月中旬之内御結納可被進御治定御案内被仰進、尚日限之義者追而被仰進候旨御口演、則御承知之段御答、

〔閑院宮日記抜抄〕○閑院家蔵
文化十三年閏八月二十日、
一有〔有栖川宮〕中務卿宮江嘉宮御方御縁組ニ付来霜月御結納被進之候條御治定被為在、仍今日御日柄も能候間右御舟〔示カ〕談始として御使国徳被仰付入道宮并中務卿宮江両御所与被仰入、御答御相應也、彼御方与も近日可被仰入候條畏罷帰及言上候事、
廿五日、
一有〔有栖川宮〕宮御使藤木近江守来、霜月中務卿宮与嘉宮

御方江御結納被進候ニ付今日御掛合始とし
て御使被進之旨也、御答御相應、外ニ雑事御掛
合有之仮録委記、
一木村隼人正、山本丹波介國徳江右御用掛被仰
付候事、

〔閑院宮日記抜抄〕　○閑院家蔵

文化十三年十一月廿九日、
一入夜有栖川宮（御殿ヵ）使藤木近江守兼而御内々被仰
進置候来月五日御結納之儀、少々御指支被為
在候ニ付、尚追而日限被仰進、来ル五日者御延
引之段被仰進候也、右者東宮御所御違例被為
在候ニ付御遠慮ニ思召候旨也、
御答被仰進候者御口上之趣御承知、乍然来月
五日迄者余程日数之事故、其内ニ者東宮御所
ニも追々御全快可被為在、且又日限御治定被
仰進候義者来月四日ニ被仰進、翌五日御結納
御使被進候而も兼而内々御承知之御事故此
御方ニ者御指支不被為在候段被仰進、併兎角
其御所様思召ニ被任候様被仰進候也、
一亦々彼御方ゟ先刻御答被仰進候趣委細御承
知被為在候旨、左候得者来月四日日限御治定
御後被進、翌五日御結納御使被進候之旨被仰
進、尚御承知之旨御返答也、

十二月四日、
一有栖川宮御使藤木近江守明五日吉辰ニ付姫
宮様江御結納被進度旨被仰進、尤御使参殿桐
ノ間江取次誘引ス、隼人正出會御口上承ル、畢
而於同所御祝酒被下也、鯖吸もの、重肴三種、御
用人取合、次御答隼人正、
一御使退殿後隼人正を以御答御挨拶等被仰進、
尤御祝酒吸もの被下候事、

五日、
一今日吉辰ニ付御結納被進、御内諸大夫、御用人、
長袴、一統半上下着（ママ）下之事、
一副使参殿使者之間江誘引、取次出會、御進物午

扣引合請取上桐ノ間江飾置、副使溜ノ間江誘
引御料理一汁五菜中酒三種、畢而御酒、御引金
百疋被下也。後段吸物二ツ、肴三種したしもの
筭也、
御進物左之通
姫宮様江
御こふく　二
御袴　一領
こんふ　一はこ
するめ　一はこ

御たる　二荷
御所様江
御太刀　一腰
鰑　一箱
御馬　一匹
若御所様江
御太刀　一腰
御馬　一匹
姫君江
するめ　一はこ

御たる代二百疋　一荷
右従中務卿宮様
姫宮様江
縮めん　二疋
するめ　一はこ
御たる　一荷
御所様江
御太刀　一腰
御馬　一匹
若御所様江

鰑　一箱
姫君江
御祝詞斗
右従入道一品宮様
一御使栗〔粟〕津図書頭布直垂参殿、使者間仮座、夫ゟ
取次誘引ニ而桐ノ間着座、隼人正出會、御口上
承ル、
一御小書院下段南縁座敷江御進物飾附ル、
次而御所様上ノ御間御横座ニ御板茵被設
御對面、御次第書之通、
一御使於桐間御祝酒吸物蛤取肴からすミ御料

理一汁五菜、中酒、吸物、重肴二種、口取、濃茶、後菓
子、薄茶、後段吸物三ツ、肴五種、水もの、此外両三
種肴被下也、御献方ニ参レ、畢テ御目六金二百
疋被下、
御次第
先両宮御横座
次、御使御前江罷出、取次名披露
次、両宮御献昆布蚫、御使江も同断給之、献被
居候所江進ム
次、一品宮御盃、常陸宮江被進、御返盃、御盃御

使江給之、御肴常陸宮ゟ給之、初メ之所江復
座
次、御献、諸大夫撤之、御使献、御近習撤之
次、一品宮御直答、常陸宮御直答復座
次、諸大夫取合相進、給録、狩衣一領、廣蓋之儘
頂戴、復座一拝、退入、此時頂戴之御盃御近習
撤之
次、一品宮御座中央ニ被改、自分御對面、名披
露、御口祝被下也、退入
次、於休所御祝酒、御料理二汁五菜中酒被下

也、御目録金二百疋被下也、
一御内御贈答左之通、
御所様江　姫宮様ゟ　一種　一荷
若御所様江　〃　〃
姫君様江　〃　〃
御答礼上ニ同し、
一有栖川宮様江御使木村隼人正相勤、布直垂、御
祝酒并御引金二百疋被下也、御對面御次第後
ニ記入、御進物左之通、
入道一品宮様へ、姫宮様ゟ

おなか五ゆひ、するめ一はこ、御たる一荷、
御所様ゟ
御太刀一腰、御馬一匹
（下略）
一圓臺院宮様江今日御結納無御滞被為済候旨
御吹聴被仰進、表御次、

〔有栖川宮日記〕○高松宮家蔵

文化十三年十二月五日、己卯、晴、

一依吉辰御結納被進、吉刻辰、

一閑院宮江辰刻前参向御使　図書頭（海松色布直垂小サ刀夏扇）

（○以下略）

御進物如左

嘉宮様江

御呉ふく　二領（表紅梅紫雲鶴模様裏紅　表緑裏羽二重）

御はかま　一領　精好橡色

こんふ　一はこ

するめ　一はこ

御たる　二荷

以上

右竪目録大鷹弐枚重

一品宮様江

御太刀　一腰

鯣　一箱

御馬　一匹代銀十両

以上

常陸宮様江

御太刀　一腰

御馬　一匹代銀十両

以上

松君様江

するめ　一はこ

御たる　一荷代金弐百ひき

以上

右中務卿宮御方ゟ

御目録大鷹壱枚ツヽ、

嘉宮様江

ちりめん　二まき

するめ　一はこ

御たる　一荷

以上

竪目録大鷹弐枚重

一品宮様江

御太刀　一腰

御馬　一匹代銀十両

以上

常陸宮様へ

鯣　一箱

目録大鷹壱枚ツヽ、

松君様江
御祝詞斗
右入道一品宮御方ゟ
但し嘉宮様江被進箱物者持参其餘
箱物者入魂
右御進物御玄関下座莚江飾置
使者間江通り御結納御使之由取次藤木掃部
江申入、無程依案内［ママ］江通、火鉢・茶・多葉粉盆等出、青士
方配膳諸大夫木村隼人正直垂着出會御口上
申述、

今日依吉辰御結納御目録之通被進之御祝詞
被仰進候段申述、并一品宮様・常陸宮様・松君様
江御同様ニ付御祝詞御目録之通被進之、入道
一品宮御方ゟも御祝詞御目録之通御方〻様
江被進候段申述、御目録太刀目録等引渡ス、「御（頭書）
方〻様江姫宮方・若宮方ゟ御祝詞被仰進、」隼人
正退入、再被出御口上之趣申上候旨、猶追付御
對面御直答可被遊旨且御對面之場所内見習
礼等兼而相願ニ付案内有之、尤其節次第書中
奉書折紙壹通被相渡、

御對面之次第
先両宮御揃御横座、
次御使御前江罷出取次名披露、
次両宮御献昆布蚫、御使江も同断給之、献被居
候所江進ム、
次一品宮御盃、常陸宮江被進、御返盃御盃御使
江給之、御肴常陸宮ゟ給之、初〆之所江復座、
次御献諸大夫撤之、御使献御近習撤之、
次一品宮御直答、
常陸宮御直答、

次諸大夫取合相進給録狩衣一領廣蓋之儘頂
戴復座、一拝退入、此時頂戴之御盃御近習撤
之、
次一品宮御座中央ニ被改、自分御對面、名披露
御口祝被下之退入、
次於休所御祝酒御料理二汁五菜中酒被下之、
御目録金弐百疋被下之、
右内見相済無程御對面、於御小書院案内誘引
藤木掃部、
右御次第書之通也、但し御盃頂戴之節、義殿座

ヲ少し進ミ脇江動座ニ而頂戴、尤御長柄御加
等有之、
御直答両宮様ゟ御同様、且自分江御対面等有
之、相済初之休息所江退出、此時松君様江之御
答山本丹波介演説、「頭書」恒宮方若宮方江之御返答
隼人正演説、
次御祝酒吸物蛤汁数肴からすみ給之、
次御料理二汁五菜中酒吸物鯛鰭重肴三種蒸
菓子口取金糖　濃茶菓子饅頭昆布見肥　薄茶等給之、
挨拶浅井宮内権少輔、平田出羽守、木村大進、田

中雅楽交々罷出、
後剋御祝酒吸物三ツ肴九種給之、此節小謡等
有之、
其後御目録金弐百疋被下之、
一閑院宮ゟ　御使　木林隼人正
申剋前　布直垂着
副使　青木式三郎
麻上下のしめ着
本使南御広殿二ノ間江通、茶たはこ盆火鉢等出之、御口上
出羽守承ル、今日嘉宮御方江御結納被進

幾久敷恭思召候、猶又御祝被成御目録之通御
方々様江被進之候旨、
入道一品宮様江
嘉宮様ゟ
おなか　五ゆひ
するめ　一はこ
御樽　一か
入道一品宮様江
一品宮様ゟ
御太刀　一腰

御馬　一匹　代銀十両
入道一品宮様江
常陸宮様ゟ
鯣　一箱
入道一品宮様江
松君様ゟ
御歓御口上斗
中務卿宮様江
一品宮様ゟ
御太刀　一腰

賜　　　一箱
御馬　宮様より　一匹代銀十両
中務卿様江
常陸宮様より
御太刀　一腰
御馬　一匹代銀十両
中務卿宮様江
松君様より
するめ　一はこ
御たる　一か代金弐百疋

次御使御前江罷出誘引取次名披露御用人、
次御盃御使江賜之御肴御前江追賜之初〻之
所江復座、
次御直答、
次於休所御祝酒被下之御目録金弐百疋被下
之、
右内見相済無程於御書院御對面、誘引取次長
谷内記、名披露用人松浦監物、着座出羽守図書頭、近江守太
宰少監御盃近習前川右兵衛、御肴近習坂部左近、
御銚子近習小納戸外記、

秀宮様嘉寧宮様登美宮様八穂宮様精宮様菊
宮様江一品宮様御初御方〻様ゟ御祝詞被仰
進、
右御口上承り退入、再罷出追付御對面御直答
可被遊旨申述、但し此節御對面次才書壹通中
奉書四折相渡候、
尤御直答之処少〻依御瘧気難被仰御直答
有之候趣ニ取斗之義内〻申入置、
御對面之次才
先宮御方御出座

御後御屏風御板茵斗、
御小直衣御指袴　御使御書院三ノ間三帖目
ニ追平伏名披露御盃二帖目江追頂戴、御肴頂
戴、復座加献数頂戴一揖退入、
御廣殿二ノ間ニ而御祝酒吸物鯛鰭重肴三種
外ニ別段吸物壹硯ふた鉢肴三種被下之、
衣時刻御料理壹汁五菜被下之配膳中番麻上
下着、
諸大夫初交〻取持今挨拶金弐百疋被下之、諸
大夫渡之、相済御禮申上退出戌刻過、

副使青木式三郎於伺公間休息、茶たはこ盆火鉢等出、配
膳、御祝酒吸物重肴三種外ニ鉢肴弐種吸物壹
被出、依時剋夜食一汁五菜被下之、
金百疋被下之、
御進物宰領壹人持人四人阜人正従者侍弐人
下部弐人式三郎供若党壹人下部壹人
右刀指之向江鳥目三百文ツヽ、下部江同弐百
文ツヽ、被下之、且従者之向江者依時剋夜食認、
被下之於中ノ口被下之、
附記、

右隼人正江御對面之後入道一品宮ゟ之御
返答、姫宮方若宮方ゟ之御返答出羽守申出
ル、

文政元年六月七日
上皇格光ノ御猶子ト為スベキ旨仰出サル、乃チ八
月十六日、之レヲ披露ス、

編修課

〔閑院宮日記〕
文政元年六月七日
一仙洞御所外様口江招ニ付隼人正罷出候處、武
傳奏衆山科前大納言殿、廣橋前大納言殿御出
會、左之覺書ヲ以被申上、罷歸言上之上御請使
同人勤之、
薄奉書四ツ折
一品宮御息女嘉宮仙洞思食有之御猶子
被仰出候事、
一暫時罷扣候様申出、無程院傳奏衆平松前大納

言殿日野中納言殿御出會ニ而左之覺書ヲ以
被申上、右御請同樣也、
一品宮御息女嘉宮依思食仙洞御猶子被仰
出候事、
八月十六日
一嘉宮御猶子御弘、
一御献上物如左、御使諸大夫布直垂着用勤之、副
使青士麻上下、
禁裏樣 江
右從嘉宮（マヽ）

右從一品宮（マヽ）
仙洞御所 江
中宮御所 江
右從同上、（マヽ）
一禁裏御所御使取次土山參河守參殿、桐ノ間 江
取次案内御口上諸大夫承之、御拜領物如左御
目六有之、女房奉書添、
羽二重　二疋
昆布　一箱
干鯛　一箱

御樽　一荷
右畢而於御小書院常陸宮御目見被仰付御口
祝被下之、取次名披露、休所 江 復座、左之通被下
之、御用人長上下着用ニ而萬取合致候事、
一仙洞御所御使取次渡邊陸奥守參殿、御拜領物
如左、其餘右同斷、
縮緬 紅白　五卷
昆布　一箱
干鯛　一箱
御樽　一荷

一中宮御所御使取次寺澤河內介參殿、御拜領物
如左、其餘右同斷、
綸子 紅白　二卷
昆布　一箱
干鯛　一箱
御樽　一荷

〔有栖川宮日記〕○高松宮家蔵

文政元年六月七日、癸酉、晴陰、

一閑院宮ゟ　　御使田中相模守

嘉宮御方仙洞御所御猶子被仰出候、此段御

吹聴被仰入候事、

一入道一品宮様へも、

一閑院宮江　　御使大和介

嘉宮御方仙洞御所御猶子被仰出候御歓、且

御吹聴之御挨拶も被仰入、

常陸宮様・嘉宮様江茂、

入道一品宮御方ゟも、

〔有栖川宮日記〕○高松宮家蔵

文政元年八月十六日、壬午、晴、

一閑院宮江　　御使近江守　狩衣着

姫宮・嘉宮御方院御猶子御弘メ付為御祝儀

干たい　一はこ

御たる代弐百ひき

一一品宮御方江、

干鯛　一箱

右中務卿宮御方ゟ被進之、且

入道一品宮御方ゟ嘉宮御方へ

干たい　一はこ

被進之、一品宮御方へハ御祝詞、

両御方ゟ常陸宮御方へハ御祝詞、松君御方

へも右同断御祝詞被仰下候

一閑院宮江奥向へ老女奉文ニ而

嘉宮御方今日御猶子御弘メ被催候ニ付

御肴一折｜鯛一尾　鰈一　いか十

右両宮様ゟ御内々為御祝義被進之、

彼御方ゟ右為御返禮御肴一折三種、老女奉

文ニ而被進之、両宮様へ、

文政元年九月十日
上皇光格御猶子ノ故ヲ以テ、當冬ヨリ年々仙洞御藏米ノ内現米三百石宛ヲ賜フベキ旨仰出サル、乃チ二十三日、參院、御猶子竝ニ御藏米拜領ノ御禮ヲ言上ス、

編修課

〔山科忠言卿傳奏記〕
文政元年二月七日、乙亥、嘉宮御猶子御内慮被仰進無滯被仰出候儀候者、嘉宮何方ニても御嫁娶之節より圓臺院殿御振合、院御藏米之内より現米三百石宛年々被遣度、至其節御達有之、相整候樣被遊度御沙汰之由、關白殿内々被命候、此儀戌豫被及御示談置候旨承知、則關東江相達置候事、

〔閑院宮日記拔抄〕　○閑院家藏
文政元年九月十日
一非藏人口江傳奏衆御招ニ付、元賢罷出候處、則兩卿御面會、嘉宮院御猶子之訳ヲ以、年々院御藏米之内現米三百石宛、當冬より被進候旨御達被申上、歸殿言上、又候非藏人口江罷出、右御達之趣深畏思召候、尤一品宮御參ヲ以御請御禮可被仰上之処、兼而御所労ニ付、尚常陸宮ヲ以御請可被仰上旨御兩卿江被仰達候也、

〔閑院宮日記〕
文政元年九月廿三日
一嘉宮御方此度御猶子御弘被爲濟候御禮、並院中御藏米之内現米三百石年々御拜領被仰出候御禮等御兼帶被爲有、今日御參院ニ付被獻被進被下如左、
（○中略）
一嘉宮御方午半刻御參院、還御戌刻、

〔有栖川宮日記〕○高松宮家蔵

文政元年九月十日、乙巳、晴陰、

一閑院宮ゟ　御使倉光主鈴

嘉宮御事仙洞御所御猶子濟ニ付年々三百

石ツヽ被進候旨被仰出候ニ付御風聽被仰

進、

〔洞中日次案〕

文政元年九月十日、乙巳、晴陰不定微雨、常陸宮參

入被窺御氣色、嘉宮自此御所年々賜祿之事被畏申、

文政元年十月十五日

去ル六日、美仁親王薨去セルヲ以テ、素服ヲ著シ、

是ノ日、葬送ニ當リ、棺前ニ燒香ス、

編修課

〔閑院宮日記拔抄〕○閑院家蔵

文政元年十月六日

（美仁親王）

一亥半刻薨去、

十日、

一御追号御治定、左之通聖護院宮御勸進也、

華光王院宮

一嘉宮御方、松君御方、少將方、（中略）○滿佐御乳等素

服着之事、

【閑院宮日記】
文政元年十月十五日
一大書院上中段見通シ斗掛簾[尤巻]東庇御輀車居置、申刻比御居間[江]諸大夫已下相廻リ上段ヨリ御棺御輀車[江]奉移、其後東庇垂簾、夫ヨリ宮御方嘉宮御方・松君御方・聖護院宮御方・靈鑑寺宮御方、次ニ少将方始御焼香相濟、次ニ諸大夫侍御焼香相濟、御出棺迄大書院へ籠僧相詰候事、余者繪圖ニ委シ、
一御出棺酉刻過、其已前宮内権少輔御枕火ヲ取為御前火、
一宮御方御出棺之時四脚門内迄御見送被為遊、夫ゟ直様閑道[清和院][江]御寺門[江]被為成、供奉諸大夫狩衣、近習四人布衣、青侍五人熨斗目半袴着、御長柄御沓白張也、

文政三年正月二十三日
上皇[光格]ヨリ更メテ實枝[ミエ]宮ノ稱ヲ賜ハル、

編修課

【閑院宮日記】
文政三年正月廿三日
一院御所ゟ嘉宮御方御名字左之通御拝領被為在候事、是者兼而御内儀向[江]御願置被為在候事也、
實枝[ミエ]
一右ニ付有栖川宮[江]御拝領被為在候段被仰入御名字書付被進之、御使取次勤之、
一左之御方々[江]御知セ申入、書中ニ而明日遣ス、
鷹司殿
近衛殿
伏見殿
櫛笥殿

八條殿　芝山殿　園池殿　石井殿
久世殿　平松殿　廣橋殿

〔有栖川宮日記〕○高松宮家蔵

文政三年正月廿三日、庚辰、

一閑院宮　　　御使伊藤一學

嘉宮御方江仙洞御所ゟ實（ミ）枝（エ）子御名被進候ニ付御吹聴被仰進、

廿四日、辛巳、晴、

一嘉宮御方御名実（ミ）枝（エ）子院御所ゟ被改進候旨昨夜閑院宮ゟ被仰進候ニ付川原御殿江為御知被仰上、　　御使甲斐守、

〔閑院宮系譜〕○禁裏執次詰所本

美（ハル）仁（ヒト）親王
　女子　有栖川韶仁親王御息所　母同

（○中略）

（文政）同三年正月廿四日、從仙洞被改進實（ミ）枝（エ）宮、

文政三年正月二十五日

内々有栖川宮邸ニ入輿、裏御殿ニ於テ韶仁親王ト婚儀ヲ擧ゲ、色直ノ後、八穂宮（幟仁親王）・精宮（慈性親王）・菊宮（紹公親王）ニ對面ス、翌二十六日、初メテ表御殿ニ入リ、登美宮（織仁親王女）・吉子女王ニ對面ス、

〔有栖川宮日記〕○高松宮家蔵
文化十四年六月十六日、戊子、晴、
一閑院宮より　御使浅井宮内権少輔
出会近江守
嘉宮御方御入輿之儀御所向之御慶事も被為済候ヘ者何卒当年中ニも御引取被成進間敷哉、段々一品宮（美仁親王）御方御老年ニ被為及、且者嘉宮御方御年頃ニも被為成候得者御早ク御引取被成進候ハヽ、格別御安心御大慶ニ思召候、併入道一品宮（織仁親王）様御別殿被遊候上ニ而御引取被成進候旨、尤兼而御承知被成候ヘとも、一品宮御方御老年之御事故兎角御引取御早ク被成進候様被遊度、深頼思召候、如何様之御狭少ニ而も於嘉宮聊御構不被為在候、猶御頃合之儀御内定被進候ハヽ、仙洞御所江も御願之儀被為在候御事故此段御頼被仰進候旨也、
右御答猶御勘考之上是より可被仰進旨申入、
廿三日、乙未、晴陰、
一閑院宮江　御使近江守
過ル十六日被仰進候御返答被仰進、
嘉宮御方御入輿之義当年中ニも御引取被進候様被遊度、委細御頼被仰進候趣御承知被成候、然ル処入道一品宮御別居後御引取之御積ニ御座候間、来寅年冬御引取可被成ニ付、右御頃合之義被仰進候旨申述、

〔有栖川宮日記〕○高松宮家蔵
文政二年十二月十五日、癸卯、晴、
一閑院宮江　御使甲斐守
嘉宮御方御入輿之儀明春正月下旬・二月上旬之内ニ御治定被成度旨被仰進、
一閑院宮　出会甲斐守　御使深井宮内権少輔
嘉宮御方御入輿之義明春正月下旬・二月上旬之内ニ御治定被遊度旨被仰進、先以御満足思召候、猶院御所思召御内々、御伺之上御返答可被為在旨被仰進、

〔有栖川宮日記〕○高松宮家蔵

文政三年正月十日、丁卯、
一閑院宮ゟ　御使木村隼人正
嘉宮御方御内〻御引越之義来ル廿五日ニ被
成度旨此間以御使被仰進被置候処、右日限御
承知之旨御答被仰進、尤河原御殿江伺御使来、
一来ル廿五日閑院嘉宮御内〻御引取之義被仰
出、御用人御近習等江申達ス、青士并仲番等江
者御用人申達、各勝手ニ御前江出恐悦申上ル、
河原御殿江も勝手ニ罷出恐悦申上ル、未勤御
家来江も席〻ゟ廻状ニ而申遣ス、

〔有栖川宮日記〕

文政三年正月廿五日、壬午、
一閑院実枝宮御方今日御内〻御入輿并即日御
婚禮、
一実枝宮御方未刻御内〻御入輿、御裏御殿御輿
寄江、
但シ表御門内迄青士中谷隼太罷出御輿寄
迄御案内、
御出迎
木工頭　甲斐守　太宰少監　大和介
右京少進
其外御用人壹人、御近習両人、尤御輿舁込入候
節御簾巻上ケ御近習、
御輿舁上青士六人
藤本東馬　宮崎健次良
高橋周吾　井上喜間太
松岡多門　西澤左卿
一御休息之上常盤木并表方女房向江実枝宮御
右女房〻御案内ニ而御休所江御入
方於御對面所御目見被仰付、
一実枝宮御方江未刻過御續ひ御膳差上ル如左
一汁三菜、
（○献立略）
一実枝宮御方御入輿已前閑院宮侍山本丹波介

為御先詰参上、御裏御殿御輿寄次之間江通置
今日御入輿ニ付被進之御品并一統江被下物
等持参、太宰少監・右京進等出會、右被進物請取
輿向江廻し置、但し御使ハ実枝宮附老女左衛
門相勤ル、且被下物ハ請取、夫々江相達ス、如左、
一御小なをし　二かう
一こん布　一はこ
一するめ　一はこ
一御たる　一荷
以上

右宮御方江
一羽ふたへ　三ひき
するめ　一はこ
御たる　一荷
右一品宮御方江
（○以下被進物被下物略）
一申刻過御婚礼御式御催、其已前御献方北御廊
下東ノ方御新座敷迄御献之具持出し置、右御
間ニ御盥立居設置、御献之節北御廊下中程迄
御献方操出し役送之女中江相渡ス、

御献方
多賀帯刀
山本大炊
右無地腰無（ママ）尉斗目嘉珎長上下着用
御献之節御間設如左、
一御裏御殿南一之間四方簾、尤北御床之上江茂
簾懸之木横ニ渡シ置、但シ御床ニ御懸物掛置
垂簾ニ致ス、同二之間四方簾、但シ東南之方ニ
而一間巻簾、又南之方西ニ而一間巻簾、西之方（北ノ方西ニ而一間巻簾）
不残巻簾、尤南之方西巻簾之處御縁座敷ニ屛

風設仕切置、又北之方西巻簾之処御寝所南之
方ニ屛風片シ設仕切置、右御廊下半御献操出
し之御場所ニ役所〻両人着座、
粟津図書頭　前川太宰少監
右無腰（ママ）尉斗目嘉珎長上下着用
御裏御殿御献之間繪圖左ニ記ス、
（○図略）
宮御方着御
御小直衣　御単　御指貫
實枝宮御方

御掛衣　濃紅梅　濃袴
御髪スベラカシ
右圖南之通南北ヨリ被為出着御座給、
陪膳　上﨟今小路方鷹司殿ヨリ御請合
但し壹人ニ而姫宮陪膳茂被兼
着用織緞
宮御方手長　老女宮内卿
実枝宮手長　御裏附老女左衛門　着用織筋
役送　御側いつ　着用カイトり地白
御裏附菅浦　間赤下ヶ髪かもじ懸ル

右陪膳座一之間敷居際手長座二間中程役送座三間右御献之具役送ヨリ手長江渡手長ヨリ上﨟江渡ス、
宮御方江上候はいつヨリ宮内卿江渡宮内卿ヨリ今小路殿江渡ス、
姫宮御方江上候は菅浦ヨリ左衛門江渡同人ヨリ今小路殿江渡、
一御献如左重雑三献也、
初献
先重雑　鯛小串　板亘　蚫かりゝ　根大こん　餅　小芋高盛

次御盃　土器弐枚
次御銚子片口銀器　加へなし
撤而二献
先鯖　海老　芋大根　鯖　土豆腐高盛
次御盃同上
次御銚子同上
撤而三献
先鯉　鯉
次御盃同上
御銚子同上

以上
御献次第如左
刻限聟宮姫宮自簾中着御座給、南聟宮、北姫宮、設御酒、
次供初献重雑聟宮御前、
陪膳上﨟　手長老女　役送中﨟
次姫宮御前同之、
陪膳　手長　役送等同上
次陪膳進御酒盞於聟宮、
次陪膳持参御銚子
聟宮令受御酒給并澆濁居御臺給、

次陪膳持参姫宮御前進御盞於姫宮
次陪膳持参御銚子
姫宮令受御酒給不棄澆濁賜陪膳々々居
御臺撤之、
次供二献鰭、賀宮御前、
次姫宮御前同之、
次陪膳進御酒盞於姫宮
次陪膳持参御銚子
姫宮令受御酒給棄澆濁居御臺給、
次陪膳持参賀宮御前進御盞於賀宮

次陪膳持参御銚子
賀宮令受御酒給不棄澆濁賜陪膳々々居
御臺撤之、
次供三献鯉、賀宮御前、
次姫宮御前同之、
次陪膳進御酒盞於賀宮
次陪膳持参御銚子
賀宮令受御酒給棄澆濁居御臺給、
次陪膳持参姫宮御前姫宮令受御酒給棄澆
濁賜陪膳々々戴御盞於御銚子着本座陪

膳被御銚子於平長上﨟受御酒畢
進撤御臺、
右次第ニ撤之、平而両宮南北ニ分レ為入給被
御休息之間ニ御間設替ヘ、一之間北ノ方御床
之所簾撤之、同間艮之方御袋戸棚之所も簾一
間撤之、且一之間西北方第二間南方東第も巻
簾ニ相成、
一右御式被為済候後御色直し、
宮御方　御小直衣　御指袴
実枝宮御方　御地赤カイトリ　濃袴

此時（御引移被召）八穗宮御方、精宮御方、菊宮御方等御対面、
引續両宮御方並八穗宮御方初御三方御着座
ニ而御祝御祝酒御吸物紙敷御肴等差上ル如
左、
（〇御祝御膳略）
一宮御方、実枝宮御方江
御呉服（縞珠）　一重
すゝめ　一はこ
御樽　一荷
右被進、御使老女宮内卿相勤ヘ、
御引金百疋被下、

廿六日、癸未、晴、

一閑院宮　御使平田西市正（熨斗目半上下）

昨日御内々御引取即日御婚礼等無御滞被為済候ニ付為御歓御目録之通被進、尤手紙持参

如左、

覚

中務卿宮様江　三種二荷

実枝宮様江　同上

入道一品宮様江　二種一荷

登美宮様江　一種一荷

八穂宮様江　同上

精宮様
菊宮様江　一荷ツヽ
他宮様

右従常陸宮御方

（○中略）

但し御目録斗被進物不残入魂ニ尤兼而懸合置候也、

一実枝宮御方初而御表江被為入、尤登美宮御方御對面、

一右両姫宮江於御表被進如左、

（○御祝御膳略）

一実枝宮御方於御裏御殿御目見被仰付候輩

木工頭　伊勢守　図書頭　太宰少監

大和介　右京少進

尤御口祝ハ不被下一統ニ罷出ル、老女左衛門取合

右御目見之人数姓名書附已前ニ差上置、

一河原御殿ゟ御歓御使老女清瀧参上被進物如左、

宮御方江　御文匣之内綾一反

鯣一箱添

実枝宮御方江　緋縮緬一反

生肴一折添

右両宮御方江　真綿弐把

鯣一箱宛

登美宮御方ゟ被進

〔閑院宮日記抜抄〕　○閑院家蔵

文政元年九月廿七日

一有栖川宮御使、当冬嘉宮御入輿之義被仰進置候処、関東江御願中未御返答も無之、御地面者近衛殿川原御殿下ノ方ニ可被進候旨御達之由ニ候得共、前書之御願御返答無之候ニ付来冬目出度御入輿之義当冬之処者御延引之段被仰達候也、御相応之御返答也、

〔閑院宮日記抜抄〕　○閑院家蔵

文政二年十二月十五日

一有宮〔有栖川宮〕御使粟津甲斐守参殿、桐ノ間江相通シ、茶烟草盆出シ、国徳出会候処、来春正月下旬二月上旬之頃嘉宮御方御引取被成度由被仰進、御答御口上之趣不残御満足被思食之由申也、

〔閑院宮日記〕

文政三年正月廿五日

一実枝宮御方今日有栖川宮江御内容御引移ニ付、御内一統服紗麻上下着用、

一午前御入輿、後於錠口一統恐悦申上候、御祝酒被下之、

一入夜有栖川宮御使近習、只今御式無御滞被為済、御大慶被成候旨御風聴、御返答御相応、

一有栖川宮江御使近習、御規式無御滞被為済旨被為聞、幾久敷目出度於此御所茂御大慶被成

候旨御歓旁被仰入候段被仰進候也、

廿六日

一有栖川宮江御使元賢、熨斗目半袴、昨日御祝儀無御滞被為済、幾久敷目出度、猶此御方茂御大慶被成候旨、就右目録之通被進之候段御口演申述、左之通御祝酒被下之、吸物　蛤　三種　重肴、御返答前川大宰少監、御引金百疋被下之、

文政三年正月二十七日
内々里開ニ依リ、韶仁親王ト倶ニ閑院宮邸ニ赴

編修課

〔有栖川宮日記〕○高松宮家蔵
文政三年正月廿七日、甲申、
一実枝宮御方御出門午刻前御里御殿江御成（○御供略）還
御戌半刻、
附記、御内々御里開也、
一宮御方御出門未刻前御同所江御成（○御供并略）還
御懸中宮御所江御参、夫ゟ河原御殿江御成、還
御亥刻過、尤還御之節ハ御包輿也、

書陵部（三号）

〔閑院宮日記拔抄〕○閑院家蔵
文政三年正月廿七日
一中務御宮御方・實枝宮御方御成、於御小書院御
對面、先御雜煮・御吸物 蛤・紙敷御肴・御酒相濟、御
居間江御案内之上御吸物 式・御肴五種しいたし
物御膳式汁五菜被進之、御供女中吸物 蛤・三種
重肴・一汁五菜被下也、
一御供諸（諸大夫）始（番頭）近迄於御小書院御目見御口祝被下
也、
一今日御成ニ付被進物御使島田右京進相務、御

書陵部（三号）

引金百疋被下、且御祝酒被下処供奉ゟ兼勤ニ
付別段無其儀、
常陸宮様江 御太刀一腰、御馬代銀十両一疋、
（松君）松江 するめ一はこ、こんふ一はこ、
（○略○中）
以上、中務御宮より、
常陸宮江 こんふ一はこ、するめ一はこ、御樽
代金二百ひき
松江 こんふ一はこ、するめ一はこ
（○略○中）

書陵部（三号）

右實枝宮占、

文政三年二月十六日
織仁親王ノ病篤キヲ以テ内々入輿後初メテ夷川御殿（川原御殿トモ云フ）ニ赴キ、枕頭ニ候シテ容態ヲ伺ヒ、又参殿セル親王ノ王子女仁和寺宮濟仁・梶井宮承眞・知恩院宮尊超各親王及ビ圓照寺宮文乘等ニ初メテ對面ス、

〔有栖川宮日記〕○高松宮家藏

文政三年二月十六日、壬寅、雨曇、

一一品宮様御容躰兎角御勝レ不被遊、乍然昨夜者能御睡眠被遊候由、然ル処辰刻過以之外御勝レ不被遊、

一右御勝レ不被遊候ニ付、俄ニ実枝宮御方、八穂宮御方河原御殿江可被為成旨武藤雅楽申来リ、依之右両宮御方御合輿ニ而早々被為成御出門午刻、（○御供略）尤実枝宮御方ニ者御内々御入輿後初而被為成候事故、御袴御用意并御供方服紗麻上下着用ニ而右両宮御方ゟ御肴一折ツヽ被進御用意也、

但し初而之御成故寺町御通リ掛ケニ烏渡下御霊江御社参、御輿之儘神前ニ而御拝、

御初穂鳥目十疋ツヽ被備之、夫ゟ直クニ

河原御殿江御成、則一品宮様御座御病所江被為成御對面御伺被遊、但シ

仁和寺宮　梶井宮　知恩院宮　圓照寺宮

圓臺院宮等ニも

実枝宮御方ニ者初而御對面也、

右半相済、未半刻頃還御、

文政三年二月二十二日、去ル十九日、織仁親王有栖川御殿ニ於テ薨去シ、是ノ日、入棺ノ儀ヲ行フ、仍リテ御暇乞ノ為、八穂宮〔幟仁親王〕・精宮〔慈性親王〕・菊宮〔公紹親王〕ト倶ニ同御殿ニ赴ク、

〔有栖川宮日記〕○高松宮家蔵

文政三年二月十九日、乙巳、雨、

一戌半刻頃河原御殿ゟ参ル　坂部左近

一品宮様到而不被遊御勝候ニ付、右之趣實枝宮御方・八穂宮御方初等江被仰進、右之義御用人・御近習・奥向等江申入置、

御裏様ゟ　老女　左衛門

八穂宮様初ゟ　若年寄八重嶋

河原御殿江御伺之御使ニ参ル、

内実者戌刻過薨去也、

廿二日、戊申、晴、

一今夜御入棺ニ付為御暇乞河原御殿江御成、御出門午半刻、實枝宮・八穂宮・精宮・菊宮等御包輿式挺、〔○御供略〕還御未半刻、

文政三年三月六日

昨五日、大徳寺龍光院ニ於テ織仁親王ノ葬儀アリ、乃チ是ノ日、龍光院ニ參詣ス、尋イデ十九日、初月忌ニ當ルヲ以テ、登美宮（織仁親王女吉子女王、）ト倶ニ附法事ヲ修セシム、

〔有栖川宮日記〕　○高松宮家藏

文政三年二月廿二日、戊申、晴、

一龍光院役者招寄、來月五日酉刻御葬送御出棺之由申渡、

三月五日、辛酉、天晴、

一東川御殿御出棺酉刻、（○以下葬儀ノ次第ヲ略ス、）御葬式濟

而僧侶退キ、直ニ宮御方、仁和寺宮、知恩院宮御

燒香御拜禮、

六日、壬戌、晴、

一龍光院江御備物如左、

宮御方ゟ

金剛經御写載　三卷

御香奠銀壹枚

實枝宮御方ゟ

葩　三十片

御香奠金貳百匹

一實枝宮御方、登美宮御方等御成、

〔有栖川宮日記〕　○高松宮家藏

文政三年三月十九日、乙亥、雨、

一御初月忌ニ付御法事、

楞嚴神呪卯半刻

実枝宮

登美宮　御附法事

施餓鬼巳刻

諷誦楞嚴神呪、半齋大悲神呪

覺

一白銀五枚　右為文聚院尊儀御初月忌御附法

事科從實枝宮御方
登美宮御方

右攸令沈納如件、

文政三年庚辰三月十九日

龍光院役者
敎首座印
享首座印

田中舍人殿

松浦靱負殿

文政三年七月一日

和歌稽古ノ爲閑院宮孝仁親王ニ入門ス、

編修課

〔閑院宮日記拔抄〕〇閑院家藏

文政三年六月廿八日、

一實枝宮御使豊嶋越前守參殿、此度和歌御門入之儀御願御許容、來朔日午剋後御詠草、題者寄道祝、

七月朔日、

一實枝宮御使嶋岡右京少進、今日和歌御門入ニ付干鯛一箱、昆布一箱、御樽代金二百疋并御伺始御詠草等被進也、於御小書院御對面、名披露、御口祝被下也、畢而於使者ノ間御祝酒被下也、

諸大夫ヲ以御返答、御詠草御返シ被進候也、

〔有栖川宮日記〕○高松宮家蔵

文政三年七月朔日、乙卯、晴、

一閑院宮江　御使　右京進　麻上下

賀枝宮御方和哥御入門之義此間御使を以御
頼被進候処御承知ニ付今日為御祝義
こんふ　一はこ　御目録中鷹紙
ひたい　一はく
御たる　一か　代金弐百ひき
右被進之、且御詠草御伺、尤取次江面會ニ而御
口状申述ル、猶又中務卿宮ゟも宜御頼被成候

趣申述ル、式部卿宮御目見御口祝被下、濟而於
使者間御祝酒吸物紙敷肴ニ而被下、御返答木
村隼人正、御詠草直ニ御返し被進、

文政三年七月十日
従前、久世通根ノ書道門弟ナリシガ、更メテ韶仁
親王ノ門ニ入ラントシ、是ノ日、小書院ニ於テ入
門ノ式ヲ行フ。

編修課

〔有栖川宮日記〕○高松宮家蔵

文政三年七月八日、壬戌、晴、

一久世三位殿（通理）江　御使　越前守

則三位殿へ面會ニ而申述、

賀枝宮御方是迄故前大納言通根卿書道御門弟
被為在、尚又其後當三位殿江御清書等被為見
候処、此度賀枝宮御方段々御懇願ニ而當宮御
方へ書道御入門被遊度旨候得共、此義者故前
大納言殿已来御懇意中事御断被仰入候得共、
何分達而御願被成度旨ニ而則閑院宮江御相

読ニ而先日従閑院宮久世殿へ右御断被仰入候処、早速御承知之旨御請被申上候由、則閑院宮ゟ被仰進於当宮御方も御承知ニ者被為在候得共、尚又兼而御懇意中之事ゆへ為御念右之次第訳ニ而被仰入候段委細申述候所、誠御念之被為入候御事被恐入候、聊子細ヶ間敷義無御座是迄迚も故大納言殿ニも右御清書之儀拝見被仰付候事ニ而（引續当主従殿拝見被仰付、）決而御門弟ヶ間敷義者無御座候、何分御請之儀者可然取繕申上呉様との事、則帰殿之上言上、

十日、甲子、晴曇、

一実枝宮御方今日書道御門入、於御小書院御対座、四種物ニ而御盃事被為在、女房向御配膳也、

実枝宮御方ゟ

こんふ　一はこ

ひたい　一はこ

御樽代金　弐百疋

右為御祝儀被進之、都而女房向ニ而御往来也、

今日御門入ニ付、後刻御祝酒被進、

文政三年十一月三日

是ヨリ先、閑院宮孝仁親王、其ノ父美仁親王ノ三回忌（正當十月六日、）法事ヲ来ル六日執行セントシ、追悼ノ和歌ヲ勧進ス、仍リテ是ノ日之レヲ詠進ス、尋イデ五日、廬山寺ニ詣リ、三回忌逮夜ノ附法事ヲ修セシメ、六日、亦参詣ス、

編修課

〔有栖川宮日記〕○高松宮家蔵

文政三年十月廿四日、丁未、晴、

一閑院宮御使　平田出羽守

華光王院宮三回御忌当月六日之処、御延引、来月六日御執行ニ付、御追悼之和歌御勧進被成度候、依之御詠出之儀御頼被仰進候、於御領掌者来月三日中被取重度候旨、

御題　御短尺柳筥乗　弐つ
出題冷泉前大納言為章卿

右宮様實枝宮様等へ御頼之処、両宮様とも御承知被成進候事、

十一月三日、丙辰、晴、
一閑院宮江　　　　御使安藤玄蕃
　華光王院宮三回御忌ニ付御勧進之詠歌御詠
　進、実枝宮御方ゟも御詠進、

〔有栖川宮日記〕　○高松宮家蔵
文政三年十一月五日、戊午、晴、
一閑院華光王院宮御三回忌ニ付十月之所御延在ニ而今〻明日御法事有之由、
　実枝宮御方辰半剋御出門ニ而廬山寺江御参
　詣、（○御供略）還御掛閑院宮江御成、今晩彼御殿へ御
　逗留也、
　実枝宮ゟ御備如左
　　御香奠金　　弐百疋
　御廟江御花一筒

御附法事被仰付料銀壹枚被納之、
　差定
　華光王院尊儀
　三回御忌御附御法事所
　　法華三昧
　導師　　廬山寺長老
　伽陀　　教智房
　回向　　金光院西堂
　諷経　　真善房
具在前

文政三庚辰年十一月　　　廬山寺

〔閑院宮日記抜抄〕　○閑院宮家蔵
文政三年十一月五日、
一三回御忌御法事御延引、今明日御執行被為在
候、
一御法事料白銀十枚、外ニ白銀貳枚、當日着座并
奉行之衆、右供廻り等非時料被下、
一辰御参詣、巳過（還御）
六日、
一辰過御参詣、午妃午刻後御参詣、
一御寺門江御成御参詣御代香并御備献備等左
之通、
但シ御成ノ分、實枝宮、靈宮（靈鑑寺宮）、
二條様御代香　北小路越後守
（下略）

文政四年四月二十三日
仙洞（光格）ヨリ表向入輿ノ儀ヲ行フベキ旨仰出サ
レシヲ以テ、去ル十八日、一旦閑院宮邸ニ帰リ、是
ノ日、同邸ヨリ仙洞御所ニ参入、上皇ノ御猶子ト
シテ有栖川宮邸ニ入輿、韶仁親王ト婚儀ヲ挙グ、
尋イデ二十五日、其ノ披露ヲ行フ、去年正月、上皇
ノ御内諾ヲ得テ内々入輿セシガ、程ナク織仁親
王薨ゼシヲ以テ、其ノ忌明ヲ待チテ此ノ事アル
ナリ、

編修課

〔有栖川宮日記〕　○高松宮家蔵
文政四年四月十日、己丑、晴、
一閑院宮、関白殿、圓臺院宮等へ御使　肥後守
来廿三日巳刻實枝宮御方従仙洞御所御入輿
日時被仰出候御吹聴（ママ）被仰上、
一即刻御出門　未半刻、先御院参、夫ゟ大宮御所、禁
裏御所等へ御参、来廿三日巳刻實枝宮御方御
入輿被仰出候ニ付御請御礼被仰上、還御申半
刻、
十八日、戊戌、曇、

一、實枝宮様今日ゟ閑院宮へ被為成、尤廿三日御
入輿ニ付今日ゟ直ニ彼宮ニ御逗留、御出門未
半刻、
廿三日、癸卯、快晴、
一、御息所實枝宮今日従仙洞御入輿、御婚禮、實枝
姫宮者閑院一品故弾正尹美仁親王御女、始嘉
姫宮ト称、文化十三子年御縁約有之、十二月五
日御結納被進之、仙洞御所御猶子、仙洞御料之
内年々現米三百石宛被附之、文政三辰年正月
廿三日従仙洞實枝宮ト御名被進、同年正月六

日改一品宮御遠例中之正月中ニ御内々實枝
宮御内々御引取可被為在旨被令（ママ）、則仙洞御内
慮閑院宮ヨリ被伺、依之正月廿五日従閑院宮
内々御引取、即日御婚姻内々被催、追而表向御
入輿御婚禮儀可被催筈之處、則當春来御服解
之後可被催之御内慮也、弥四月廿三日御入輿
日時勘文従仙洞被進之、依之御内実去ル十八
日ゟ實枝宮閑院宮江被為成、今日巳刻前閑院
宮ヨリ實枝宮御参院、御内義向江被為入、即日
従仙洞御所表向此御所江御入輿、未刻過ニ實

枝宮御猶子最初ゟ御用御世話懸り侍従廣橋
一位胤定卿依之此度御入輿之一会者勿論都
而雑事ニ至迄万端胤定卿被経御内談候事、
一、御世話卿廣橋一位殿於洞中時刻ニ至リ實枝
宮御方御出門之義奥向へ被申上候後直ニ御
先へ伺公御待請御使江御出迎被申上候積り、
但、御道筋仙洞御所御門前通ヨ北へ、日之御
門通り北へ、四ツ脚御門へ御入輿、右御道筋を
御先へ廣橋一位殿被参、則日之御門行當り此
御殿南御築地際ニ而右御行粧御待請被申上、

六門先拂等参候、少前へ四ツ脚門ゟ被参、此時
平岡長門守四ツ脚御門内迄出ル、
一、御内粟津圖書頭・藤木近江守・豊嶋越前守・山本
肥後守・豊嶋大和介・嶋岡右京少進各四脚御門
内南面中程ニ皆ニ而列座、廣橋一位殿被参候
節各致一礼、直ニ圖書頭案内ニ而先ニ立幔之
内江被参、近江守以下右之後幔之内江入、并平
岡長門守ニも幔之内江入、右廣橋一位殿ニ者
東之方高塀際ニ西面ニ被居、諸大夫・侍各右階
下之東西面ニ列座、平岡長門守幔入口ニ居無

程御入輿列奉行参ル、御轅御通之節各平伏、

（○入輿略）

右未刻御入輿式、供奉之北面六人、先駈之殿上人極﨟迄六人、并扈従之公卿三方各四脚御門ゟ直ニ塀重門江被出御車寄ゟ被上、但し扈従者四脚門外ニ被止、

先駈之諸大夫等御内玄関ゟ上ル、其余之群行

一右御入輿御轅被降出候後直ニ御書院御様座敷通りを山水之間御廊下朔日之間ゟ御廊下御表御殿江被降入、

一宮様寳枝宮様御婚禮両刻、御式後御祝御膳如左、

（○御祝御膳略）

一御婚禮御式献　御下行表向銀五枚之処銀四枚被下候、

宮御方江調進

御息所　御厨子所領

高橋釆女正

御前物御臺三本色目

先供御折敷

干鯖　保夜

第一壁割合御飯　醢酢　御箸二双　御匙一支　居耳土器

干鯵　蒲鉾　海月

鰲　平焼

第二干鳥　御飯　御熱汁蚫　御冷汁鯉

腊　零餘子焼

松子　粉餅白

第三　榧子

干棗　粉餅赤

次　御酒盞　居中盤

次　御銚子　片口

右両宮御方江調進、二具共御小書院入口御廊下へ餝之、御献捧節則釆女正ゟ役送之中﨟江渡之、

一於御婚禮御式御小書院簾中両刻、簾中ノ設前ニ記ス、刻限賀宮姫宮自簾中着座、御座檜

南賀宮　北姫宮　設御茵

先供御折敷

次供第一御折敷高杯

賀宮御前中央、

陪膳上﨟　手長老女
次姫宮御前同之
次供第二御折敷高杯
賀宮御前右方
次姫宮御前同之
次供第三御折敷高杯
賀宮御前左方
次姫宮御前同之
次持参御酒盞
賀宮御前　有盞擎子居中盤　置御座右方

陪膳取御箸立御飯次御匕立之
次姫宮御前同之
次陪膳持参御銚子置前取御取御酒盞進之
取放盞擎子
賀宮令受御酒給一献
次加御銚子進二献三献
次姫宮御前同之
右畢而次第撤之
次両宮御起座令入簾中給
宮御方御座之間孔雀之間ニ被為成則限ニ至

リ御小書院東之御縁座鋪ゟ南御縁座敷江被
為成南西ノ方御簾を女房カヽゲル　讃岐 花岡 役之
簾中ニ入御南御茵座給、貴枝姫宮山水之間ニ
被為成同刻同間北ノ御縁座敷江被為成北西
ノ方御簾を女房 藤浦 もと 御簾をカヽゲル簾中入
御北御茵座給、
右両宮入御御座ニ給候時如前記両宮江御
式如次第拵之、
一宮御方着御　白御袷　御烏帽子
夏御直衣　二藍

御単　白生　御衣　紅引倍岐　生衣
御奴袴　紫地菊輪違紋　カタ紋　御下袴　白
御畳紙　白切箔
御扇　蝙蝠　御夏扇也
右御衣紋　三上大和守上る
一御息所實枝宮御方着御　御髪大すへらかし
白御袷　御振袖
御掛衣　但し冬御掛ヲ被用　四月中者冬ヲ被用候事も有之云々
御袴　精好濃き色
御畳紙

御扇

一於山水ノ間初申刻頃先御世話卿廣橋一位殿
御對面、一會万端御世話之御挨拶被爲在、
次ニ扈從之公卿并廣橋頭弁殿御對面花山院
大納言殿、庭田中納言殿、三條西宰相中將殿、
廣橋頭弁殿右一列一ノ間ゟ二ノ間迄被出
相済、
次ニ前駈殿上人極﨟迄
橋本中將殿、葉室右中辨殿、日野西勘解由次
官殿、裏松左兵衛權佐殿、細川極﨟迄二ノ間

ヘ一列ニ被出各申半刻頃退出、
次ニ御取持之公卿殿上人共一列ニ而小倉中
納言殿、平松三位殿、植松大蔵權大輔殿、清閑
寺辨殿、
右御對面相済而後一ノ間正面御褥茵設之、
次ニ伏奉之北面六人一列ニ御縁座敷ニ出ル、
大戦と御有、
河端安藝守、堀川但馬守、岡本近江守、松波越
前守、三上大和守、世續相模介、
次伏奉之取次両人御用懸り取次一列ニ出、
右同断
渡邊内竪頭渡邊陸奥守、平岡長門守　御用懸り

右之通御目見被仰付、
一、院傳奏日野大納言殿、冷泉前中納言殿
右依遅参後ニ於御小間ニ而御對面被爲有
候、
一御婚儀御献被爲済候旨則御世話廣橋一位殿
ヘ申入、其後入夜ニ及於山水ノ間再御對面万
端御祝儀無御滞被爲整候恐悦被申上、且御世
話之御挨拶仰ゝ被爲在、且又仙洞御所江今日
實枝宮御方御入輿御婚儀万端無滞被爲済候
旨被仰上候、攝胤定卿ゟ宜被申上之旨御頼則

畏被存今晩院参上﨟を以可被申上旨、右相済
戌半刻頃院傳奏并廣橋一位殿等退出、引續き
御取持之堂上方退出、如例諸大夫壱人取次壱
人ツヽ送出ル、尤諸大夫江面會恐悦并御祝酒御
料理等給候御禮被申上候事、
一於御座ノ間圖書頭、近江守、越前守、肥後守、大和
介、右京少進右御入輿并御婚禮御祝儀無御滞
被爲済候恐悦申上ル、
一仙洞御所ゟ　御使　杉山勘解由
御長持弐棹　御領物壱ツ　御祝御酒被下之
御引合百疋被下之

右御封付ニ御文添、則實枝宮御方江被進候由、
則御返書出ル、右之御品者則今日御入輿前御
参院被爲在候處、於洞中御内々實枝宮御方江
御拝領之品、
御きぬ　嗣ニ重　三疋　御臺集
黄金　弐枚　面取御色紙文匣之内ニ御縫入之御服紗ニ包枚ゞ包御臺集
黒塗御紋附
御長持　一棹　御夜具
内緋綸子　御かいまき
紅きぬ　御かいまき
紅きぬ　御ふとん

白きぬ　御かいまき
紅きぬ　御しとね
大宮御所ゟ
緋精好御袴　一具　御服紗生絹
一閑院宮江式刻頃　御使　山名民部
今日御婚儀御式万端無滞被爲整候、右爲御
吹聴被仰進候、御承知被成幾久敷御同慶候
目出度思召候旨御答也、
廿五日、乙巳、晴、
一今般御入輿御婚禮済爲御祝儀今日勅使院使

以下参入ニ付爲御取持兼日依御頼巳刻ゟ参
上堂上方
西大路三位殿
堀川三位殿　ニ御休所御書院ノ間
八条少将殿　但南方玄關西ノ口ゟ入、
廣橋一位殿　御休所同所一ノ間南方同前
同断ニ付御世話卿
一勅使　七条備中權介殿　午刻過
巳刻過御参
院使　武者小路中将殿
大宮御所御使　平松安藝權守殿　等御参

（○中略）
於山水ノ間休息、
取持之堂上方追々被出被及挨拶、
次ニ被招副使々々山水ノ間へ相進ミ太刀目
録等持参本使へ相渡退散、
次ニ被招諸大夫　甲斐守罷出
口演
爲御使参入之旨被申聞、尤御口上ハ不被述、
引續實枝宮御方へ之御口上被述、今般御入
輿御婚禮被爲整目出度思召候、依之爲御祝

儀御目録之通被為送之候旨則御目録被相
添右承之退入言上、
三御所とも同断、
右三使とゝも被揃候上御對面、着御ゝ小直衣御
色目ニ藍御小書院北ノ方御勝座同所ニノ
間北ノ方諸大夫容顕候、
次ニ諸大夫甲斐守案内ニ而勅使被進太刀目
録随身
南方ヘ被進對座、
右太刀目録御渡被申、宮御方被為受之被為

持御口上御請被為在、次ニ次座ヘ御指出之
御氣色相伺容顕進出式ノ間敷居際ニ而右
御太刀御目録等御渡被遊奉請取之退便所
ニ案之、
直ニ御請被仰上、旁實枝宮御方ヘ御拝領物之
御請ゝ被仰上、退下之節ニノ間中程近御送被
遊御復座之時御使少〻被退自合恐悦被申上
退下復座、
院使已下同断、
右今日御拝領之御品目奥ニ一所ニ見可見

合事、
次ニ於山水間御悦被申之三御所御使共列席
也、
一今般實枝宮御方御入輿御婚禮ニ付御進物御
贈答如左、
但廿三日ゟ到卅日諸方ゟ右為御祝儀御送
答御進物此所ニ書集記之候事、
一廿五日御進献御使　肥後守
宮御方ゟ　着用裏衣
一禁裏御所江　御太刀　一腰

御馬　代銀拾両　一匹
昆布　一箱
干鯛　一箱
鰑　一箱
御樽　弐荷
以上
一仙洞御所江　御太刀　一腰
御馬　代銀拾両　一匹
昆布　一箱
干鯛　一箱

鯣　一箱
御樽　弐荷
以上
一 大宮御所江
御なかい　五ゆひ
こんふ　一はこ
ひたい　一はこ
御たる　一か
已上
一 准后御方江
こん布　一はこ
ひたい　一はこ

御たる　一か
已上
實枝宮御方ゟ御進献如左
一 禁裏御所へ
ちりめん　三巻
こん布　一はこ
するめ　一はこ
御たる　一か
已上
仙洞御所江
御なかい　十ゆひ
こんふ　一はこ

するめ　一はこ
御たる　一か
已上
大宮御所へ
こん布　一はこ
するめ　一はこ
御たる　一か
已上
准后御方へ
するめ　一箱
御たる　一か
已上

同日
一 以勅使七条備中権介殿御拝領如左
御太刀　一腰
御馬　一疋　代黄金弐十両
昆布　一箱
干鯛　一箱
鯣　一箱
御樽　弐荷
以上
實枝宮御方へ
さあや　五巻
昆布　一箱

干たい　一箱

御樽　一荷

以上

一院使以武者小路中将殿御拝領如左

御太刀　銘正廣　一腰

御馬　代黄金拾両　一疋

昆布　一箱

干鯛　一箱

鯣　一箱

御樽　一荷

以上

實枝宮御方へ

御なかい　三十ゆい

こんふ　一はこ

するめ　一はこ

干たい　一はこ

御たる　二か

一大宮御所ゟ御使平松安藝権守殿を以御拝領

如左

こんふ　一はこ

〔禁裏執次所日記〕

文政四年四月廿五日、乙巳、

一有栖川中務卿宮御婚禮御弘ニ付被為進左之通、

勅使七條備中権介殿　添使山根図書属

御太刀　一腰　御馬　代金二十両　一匹

昆布　一箱　干鯛　一箱

鯣　一箱　御樽　二荷

實枝宮御方江

紗綾　紅白　五巻　昆布　一箱

するめ　一箱

御たる　一か

以上

實枝宮御方へ

縮めん　三巻

生こい　一おり

已上

干鯛　一箱　御樽　一荷

右御同様ニ付御献上左之通、

中務御宮より

御太刀　一腰　御馬代銀一枚

昆布　一箱　干鯛　一箱

鯣　一箱　御樽　二荷

實枝宮御方より

縮緬　三巻　昆布　一箱

鯣　一箱　御樽　一荷

書陵部（三号）

〔有栖川宮系譜〕

韶仁親王

（中略）

御息所宣子女王

（中略）

文政四年四月廿三日、自洞裏表向御入事、

書陵部（三号）　241/240

文政四年六月一日

韶仁親王ノ王子八穗宮（母織仁親王、平勝子、）生ヲ養ヒテ其ノ母儀ト爲ル、此ノ事ハ豫メ親王ヨリ上皇（光格）ノ御内慮ヲ候シ、御聽許ヲ得テ治定セルナリ、

編修課

〔有栖川宮日記〕○高松宮家蔵

文政四年六月朔日、庚辰、晴曇、

一仙洞御所江御参之節、八穗宮御事、此度實枝宮御方御養ニ被成度旨、御内慮御伺被爲在候処、至極重疊之儀候思召候旨、御沙汰之旨畏思召候、右等之御事共諸大夫迄被仰出候、依之今日御養之義御治定被爲在候、

但し右御養之義、實枝宮御方表向御入輿被爲済候上者、八穗宮御方御養ニ被爲在度旨兼而一統相願度内願ニ付、則先日諸大夫一統ゟ御

書陵部（三号）

息所江内々相願候處被聞召、猶御沙汰可有之旨ニ而御内定實枝宮御方ゟ閑院式部卿宮江も御内談被為在、猶又式部卿宮ゟ鷹司准后殿へも御内談被為在候処、何之御子細も不被為在候事、兼而ハ實枝宮御方思召候ハ、右八穂宮御方御養之義ハ御懇望御願も可被遊哉、御内慮候処、右之内々願之趣被為聞置、猶又宮様ゟ御直御沙汰も可被為在候得ハ、其上ニ而御子細御養御治定被遊度旨、先日女房菅浦を以越前守江御答被仰下候、依之其後両宮御方御熟談被為在御治定、御内意被仰出候、

一、於御前八穂宮御方江従今御息所實枝宮御方御養ニ而可為御母儀旨被仰含、長兒召候旨御請被仰上、直ニ御裏御殿江被為成、御礼被仰上候事、

一、八穂宮御方御十歳、實枝宮御方御養御治定之旨被仰出、

〔有栖川宮系譜〕

幟仁親王 光格天皇御猶子

御母御息所妙勝定院宮

實所生家女房円明院

文化九年正月五日、御誕生、号八穂宮、

（中略）

同年（文政四年）六月一日、御息所實枝宮御養被仰出、

文政四年八月二十八日

袖留並ニ眉拭ノ儀及ビ八穂宮（幟仁親王）養育ノ祝儀ヲ催ス、

〔有栖川宮日記〕○高松宮家蔵

文政四年八月廿八日、丙午、晴、

一實枝宮御方今日御袖留御眉拭御祝、八穂宮御方實枝宮御方御養ニ被為成候御祝等被催、

一巳刻實枝宮御方御眉拭御式

昆布蚫　御盃土器

御銚子長柄

以上

右實枝宮様斗上ル、

一御一統様御祝

但御袖留、御眉拭御養等被相兼、

先赤飯　御先附　干魚 香物

次御吸物蛤　御紙敷肴　巻鯣 はしん 小梅干

御銚子

御祝御膳　二汁五菜 御湯

後段

御吸物三　御肴五種

御酒錫

以上

〔頭書〕「今日御着帯御祝ゟ可被為在処御帯親閑東西丸御簾中様ゟ御帯被進御延着ニ付来ル十月十四日御着帯御祝被為在候」

一御袖留御眉拭ニ付實枝宮御方ゟ御使越前守麻上下着

禁裏御所　大鷹子竪目録ニ枚重子

仙洞御所　同上

大宮御所　中鷹竪目六ニ枚重子

強供御　一蓋

生鯛　一折　宛

一八穂宮御方江實枝宮御方ゟ御養ニ付被進物

干鯛　壹箱

御樽　壹荷

外ニ御蝙蝠壹包

實枝宮御方江八穂宮御方ゟ

干鯛　壹箱

昆布　壹箱

御樽　壹荷

外ニ御扇子壹包

右御贈答被為在、

一御袖留御眉拭御歓如左、

（中略）

仙洞御所御使　蒔代治部
宮様へ交肴　一折　御封中添
實枝宮様へ真綿　五把　御封中添
青蓮院御交肴　一折
御酒　平樽壹
右御返書出ル、右御使へ御祝酒被下、
御引金百疋被下之、
大宮御所御使　高井新之丞
宮様へ生鯛　弐尾
實枝宮様へ交肴　壹折　御封中添　御返書出ル

鰑　一折
右實枝宮様御方ゟ先刻進上物御答礼、
以上

禁裏御所御使　河井主税
實枝宮様へ交肴　壹折　御封中添　御返書出
一　仙洞御所へ　御使　小岸司馬
生鯛　弐尾　御封中添　御返書出
過刻御拝領物御答礼也
大宮御所へ　御使　同人
御肴　鱧弐本　一折　御封中添　御返書出
石同断
一　廣橋一位殿へ御使　小岸司馬
干鯛　一箱

文政四年九月十六日
韶仁親王ノ王子精宮慈性親王生母平勝子、及ビ菊宮公紹親王生母同上、ヲ養ヒ、其ノ母儀ト爲ル、

〔有栖川宮日記〕　○高松宮家蔵

文政四年九月十六日、庚亥、晴、

一今日精宮御方・菊宮御方實枝宮御方御養ニ被為成、

右昨日御頼ニ而御領掌、今日仰出（被脱カ）候事、

右ニ付實枝宮様江

こんふ　一はこ

ひたい　一はこ

御樽代金　貳百疋

精宮御方・菊宮御方ゟ老女御使ニ而被進之、

精宮様御進物者嵯峨ゟ相廻リ候事、

右両若宮御方江實枝宮御方ゟ御返禮如左、

こんふ　一はこ　ツヽ、

ひたい　一はこ

右老女御使ニ而被進、

〔有栖川宮系譜〕

韶（ツナヒト）仁親王（光格天皇御猶子）

慈性入道親王（光格天皇御養子、御准母新大納言局、）

御母　御息所（妃宣子女王）

實御母家女房同上、（円明院）

（○中略）

公紹入道親王（光格天皇御養子、御准母新大納言局、）

御母　御息所

實御母家女房同上、（円明院）

（○下略）

文政四年十月十四日

著帯ノ儀ヲ行フ、帯親ハ将軍家世子徳川家慶ノ

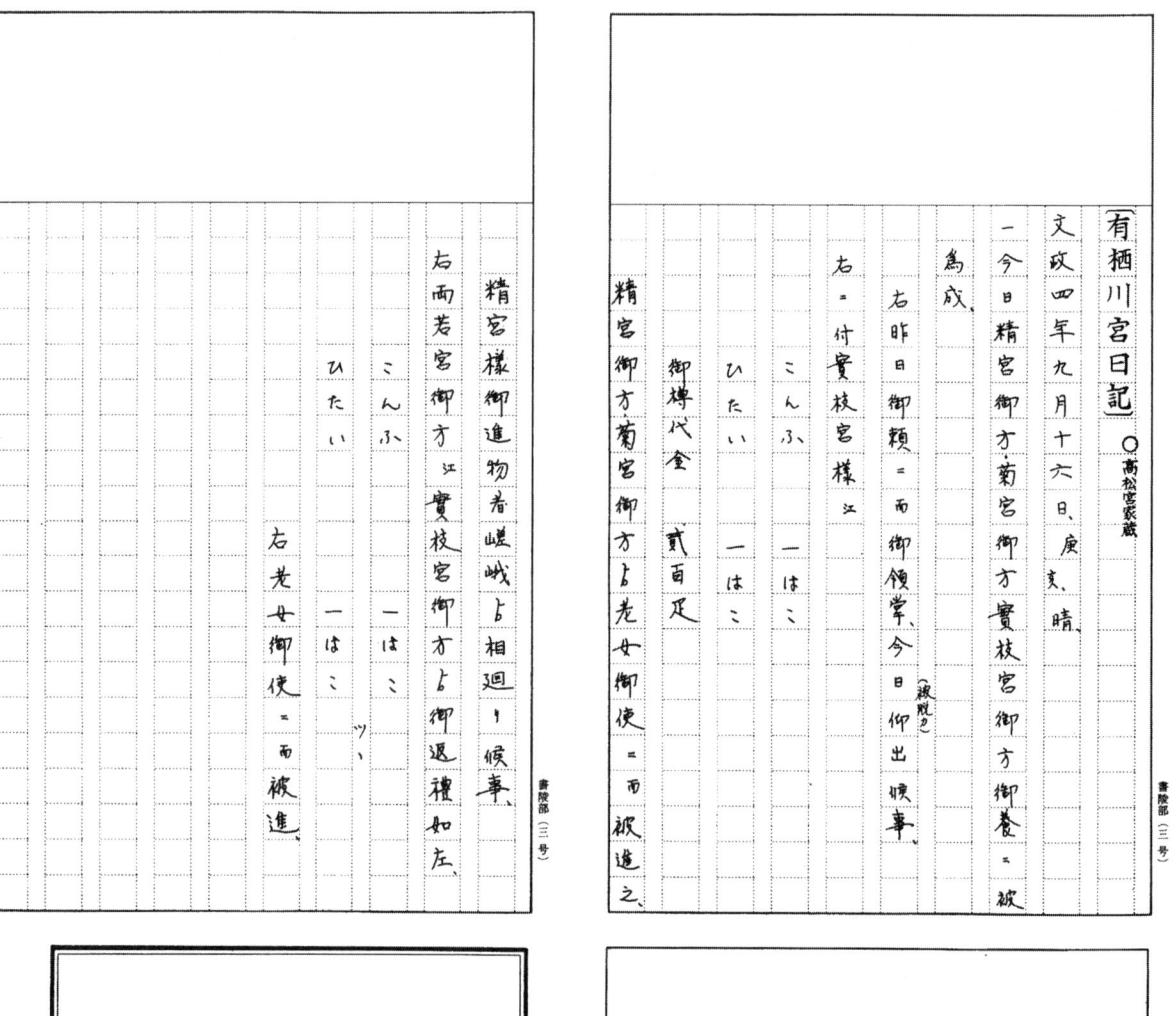

室喬子女王（織仁親王女、楽宮）ナリ、

〔有栖川宮日記〕○高松宮家蔵

文政四年十月十二日、己丑、晴、

一今日江戸ゟ宿継御荷物到来ス、兼而御簾中様
　江去八月老女奉文を以御頼被仰進候實枝宮
様御妊娠御着帯ニ付御帯親御頼之処御領掌
之旨ニ而尤八月中ニも可被進処松平肥後守
殿御内室八月廿二日元姫君様逝去ニ付被進
御延引ニ相成候也、
　御帯如左被進之、
御帯　ニすち　白生絹六尺ツヽ二筋
　　　　　　　右包紙仕立方

御肴　代金三百疋　一折
二人小代金三百疋　一折
御たる代金千疋
十四日、辛卯、晴、昼後時雨、
一御息所實枝宮御方今日御着帯ニ付御祝御献
　吉刻辰、
着御御下タ召白練、御間召濃キ色、御上繻珍、
　御袴御取袴緋、御疉紙、御檜扇、
　御袿御装束之義ハ御妊娠御月被為満事故
御断、

右於御裏御殿於御客間御式、
（○中略）
御帯親閑東西丸御簾中楽宮御方ゟ被進之、
先姫宮令着御座給、　衣躰織筋タニ、
次上臈参進臨期上臈代老女宮内卿役之、
次老女参進御帯持参、上臈進ミ姫宮御前餝、
次姫宮令御帯結給、
次老女参進昆布蚫献持参上臈進テ姫宮御前
居、
次老女参進御銚子持参、上臈進テ御酌候姫宮

令受三献給後撤之、
次姫宮令入簾中給、
一御息所御着帯御祝献被為済候後御表御殿江
御禮ニ被為成、此時於御小書院宮様實枝宮様・
登美宮様・八穂宮様・菊宮様ヘ御口祝上之、女房
向賄膳之事、

文政四年十月二十一日
王女遊亀宮ヲ生ム、

〔有栖川宮日記〕○高松宮家蔵
文政四年十月廿一日、戊戌、曇晴、
一姫宮御誕生、亥刻
一傳奏ヘ御届如左、亥半刻
山科前大納言殿ヘ　御使小岸司馬
覺
實枝宮御方今廿一日亥刻御安産、姫宮御誕生候、依之中務卿宮被混御産穢候、仍而御届被仰入候、以上、
十月廿一日
有栖川宮御内
粟津甲斐守
両傳奏雑掌苑
廿七日、甲辰、陰時雨、
一御新誕姫宮御方江御名被進、
遊亀　帶中　大鷹檀紙横三折、上包同紙、御染筆、

文政五年八月九日
著帯ノ儀ヲ行フ、乃チ略儀ヲ以テ、韶仁親王ヨリ帯一筋ヲ贈ラル、

〔有栖川宮日記〕○高松宮家蔵

文政五年八月九日、庚戌、晴、
一御息所寶枝宮御方　御廿三、
　御妊娠御七月日今日御着帯、
　　但シ御二度目ニ付万事被為減、御着帯日
　時勘進之勘文等も無之候事、
宮様ゟ御帯壱筋被進之、白羽二重絹六尺、
　するめ一折添、
　右奥向ニ而御使老女勤之、
右ニ付御祝酒

宮ゝ様方御一統
　御吸物蛤三種之御肴奥向ニ而上之、

文政五年十一月十七日
王女宮寶種ヲ生ム、

編修課

〔有栖川宮日記〕○高松宮家蔵

文政五年十一月十七日、丁亥、晴、
一今暁寅刻寶枝宮御方御安産、姫宮御誕生、（而脱カ）
　一統着麻上下、恐悦ハ肥後守惣代とし申上
　ル、
廿三日、癸巳、晴、
一御新誕姫宮今日御七夜御祝儀、
一御新誕姫宮御方江御名被進、
　寶種ミス
　　備中大鷹檀紙横三ツ折、
　　上包右同様、
　御染筆、

すゝめ
一はこ　　堅目録
右御使老女宮内卿勤之、

文政七年九月二日
韶仁親王ノ王子他宮（後ニ西園寺公潔、生母平勝子、）ヲ實子ト為ス、乃チ夷川御殿ニ到リ、同所ニ滞在中ノ他宮ヲ伴ヒテ帰殿、其ノ披露ヲ行フ、

〔有栖川宮日記〕○高松宮家蔵

文政七年九月二日、辛卯、晴陰、
一實枝宮午刻過夷川御殿江被為成、菊宮御合輿ニ而還御、（○御供略ス、）申刻還御、
右實枝宮還御之節他宮御合輿ニ而御誘引也、（他宮御誕生ゟ他所ニ被為成候処、今日初而当御殿へ被為成候也、）
右他宮御誘引之子細者實枝宮御方御實子ニ致、而御所望、御領掌之上今日御同道被遊、御一統様御対面御口祝等被進之、万端御裏御殿ニ而御世話御積り也、
一他宮御方自今實枝宮御方御實子被遊候旨被仰出、其旨一統江申渡ス、

〔有栖川宮系譜〕

韶仁親王　西園寺家御相續

公潔（スミ）卿

御母御息所

御實母家女房同上、〔円明院〕

（中略。）

文政九年〔七〕九月二日、御息所御養子、十歳〔朱書〕

文政七年十一月二十二日

内著帯ノ儀ヲ行フ、及チ韶仁親王ヨリ帯一筋ヲ贈ラル、

〔有栖川宮日記〕○高松宮家蔵

文政七年十一月廿二日、庚戌、昨日ゟ至今朝雪五寸積、

一實枝宮御方御妊娠之御沙汰今日被仰出、御歳廿五、御内実御五月目之由、然ル處今日直ニ御内々御着帯御内祝之旨、宮様ゟ御帯壱筋被進之、白御きぬ六尺、

するめ　一折

御帯　一すち

右奥向ニ而御使老女勤之、

御息所ゟ御祝答被為上

するめ　一折

右同断老女勤之、

右ニ付御祝酒宮様御息所様若宮様御吸物（略）

三種之御肴奥向ニ而上之、

文政八年五月十九日
王女韶子女王ヲ生ム、

編修課

〔有栖川宮日記〕　○高松宮家蔵

文政八年五月十九日、乙巳、
一實枝宮御方今朝辰上刻御安産、姫宮御誕生、
廿五日、辛亥、晴、
一御新誕姫宮今日御七夜御祝儀、
一御新誕姫宮御方江御名
精（アキ）宮
（中略。）
鯣　一箱添
右者鷹司入道准后殿江兼而御頼ニ付今日以
御使牧治部権少輔目出度被進之候、

韶仁親王実録　九

有栖川宮實錄　六八

韶仁親王實錄　九

有栖川宮實錄　六八

韶仁親王實錄

妃　宣子女王ニ

室　平豊島勝子

文政十一年十一月二十六日

閑院宮愛仁親王鐵漿始ヲ行フヲ以テ、其ノ筆親ト為ル、

閑院宮日記抜抄　○閑院家蔵

文政十一年十一月廿六日

一、御鉄醤始ニ付諸（大夫）以下服紗麻上下着用

為御祝儀赤飯一蓋関白、有（有栖川）（衍）近廣橋一位、醍醐大

園池前中、

一、御筆親實枝宮御方奥向江御筆一對、干鯛一箱、

御樽代金二百疋被進候（被成カ）御返御肴ニ種一折被

進也、尤奥向ゟ文ニ而進候也、

一、御鉄醤後八字御眉作り被為有、尤御眉作り御

内々ニ而相濟表向ニ候得（着カ）共高倉家之傳也、繪

巻物雛形廣橋殿ゟ御借用、八如此欤

文政十三年四月十日

昨九日、生母信行院（藤原依子）聖護院村ノ照臨庵ニ於テ死去ス、仍リテ是ノ日、告別ノ為照臨庵ニ赴キ、又五十日ノ假、十三箇月ノ喪ニ服ス、

〔有栖川宮日記〕○高松宮家蔵

文政十三年四月九日、丙申晴、

一、入夜實枝宮御方御實母信行院殿（閑院宮上臈、是迄堀川家女）聖護院村照臨庵ニ住居被有之候所、今夕俄ニ所労ニ而不被相勝由、照臨庵出入方之者御臺所迄参り注進、其旨太田勘ヶ由承り奥向（江申）上候ニ付、即刻御裏方老女石見・表若年寄長濱、其外女中両人斗被遣、早速行向候所、最早事切レニ相成候ニ付、石見者何欤取り之為残居、長濱ニ者直ニ引取、様子委敷申上候事、亥半刻斗、

右ニ付実枝宮御方早速御成も可被為在所、最早事切レニも相成候儀、且者深更ニも及候ニ付、明早朝被為成候事、

十日、丁酉晴、

一、實枝宮御方御実母逝去ニ付照臨庵（江）為御暇乞、實枝宮御方御成（供略）、御還御未刻、

（頭書）辰刻御出門、
未刻還御、

一、廣橋一位殿（江）如左、

覚

実枝宮御方御実母昨夜子刻逝去ニ付五旬御暇、十三ヶ月御着服候、且被混穢候、穢之限者追而可被仰入候、依而御届如此御座候、以上、

四月十日　　実枝宮御内　中川信濃守

廣橋一位様

雑掌御中

但有栖川殿御別廓引隔西穴門ゟ御通行之御事ニ御座候、以上、

右者実枝宮御方御セ話卿ニ付御届被成候事、

五月十二日、己巳、晴、

一、実枝宮御方今日穢限ニ付御届如左、

廣橋一位殿江　　御使岡村小膳

覚

実枝宮御方御実母逝去ニ付被混穢候処、今十二日穢限候、仍御届如斯御座候、以上、

五月十二日　　有栖川宮御内　粟津甲斐守

廣橋一位様

雑掌御中

右留主中ニ付雑掌御預り、

但シ御附衆江先例書面ニ而穢限申入有之候ヘ共、此度者初穢之次第不申入候ニ付、此度限之処も不及其儀哉之示談ニ而不申入候事、

廿八日、乙酉、晴、

一、実枝宮様五旬御忌今日限ニ付子刻御火替被仰付、且御用掛りとして北御輿寄江相詰候輩同刻行水引取候事、

今晩御火替被仰付候得共、倫宮様御事ニ付御慎ハ表向之儀ニ而、御内実御忌掛之邊ニ付其儘御引籠被為在、御表ヘハ二日迄御遠慮被為在候事、

〔盧山寺日記〕○閑院家蔵、閑院宮家役房諸帳

文政十三年四月十一日

一有栖川實枝宮様御使、御實母信楽院殿一昨九日七ツ頃急變被致病死候間、當寺へ御納候間諸事閑院宮ゟ御懸合可被申候、依而此段申入候様御沙汰ニ御座候旨被申聞候、尤ニ纔十五日御葬式相成度寺門ニ差支ハ無之哉承度由ニ付、何茂差支無御座候旨答(ママ)被候、尚又彌取極メ候ハヽ、従是可申入との事、

〔有栖川宮日記〕○高松宮家蔵

文政十三年十月五日、己丑、

一、寔枝宮御方御出門巳刻、華光王院宮十三回御年回ニ付盧山寺江御参詣、供略、御還御申刻、

(追記)今日御附法事被仰付法華三昧品目奥ニ記

御備

御香奠　金弐百疋

葩　二十片壱臺

御庿江

御花　壱筒

文政十三年十月五日

先考美仁親王ノ十三回忌ニ當ルヲ以テ、盧山寺ニ於テ附法事ヲ修セシメ、参詣シテ之レヲ聽聞ス、

天保二年四月九日

生母藤原(堀河)依子ノ一周忌ニ當ルヲ以テ、盧山寺ニ於テ法事ヲ修セシメ、参詣シテ之レヲ聽聞ス、

〔有栖川宮日記〕○高松宮家蔵

天保二年四月四日、丙戌晴陰、

一、参上　盧山寺役者　眞善坊

実枝宮御方御実母信行院殿一周忌ニ付御法事之儀伺ニ罷出ル、則太田勘ヶ由出會ニ而、来ル九日御法事御執行被成候間差定伺候様申達、但御法事料銀三枚也、

九日、辛卯、晴、

一、信行院殿一周忌御法事御寺帳如左

（○中略）

宮様ゟ

葩三拾片　御内々御花一筒

実枝宮様ゟ

御香てん金弐百疋　御花一筒

葩二十片

當日御法事法華三昧巳剋

一、実枝宮御方御出門巳剋ニ而盧〔廬〕山寺江御成、（○御供略ス）御法事ニ付御参詣也、且今日出頭之僧御供方一統女中向一統於寺門御非時被下之、還

御未剋、

〔閑院宮日記抜抄〕○閑院宮家蔵

天保二年四月九日

一信行院方一周忌ニ付广（盧山寺）江代采女、御所様葩二十片、君様香百疋、

天保三年四月九日

生母藤原堀河依子ノ三回忌ニ當ルヲ以テ、廬山寺ニ於テ法事ヲ修セシメ、參詣シテ之レヲ聽聞ス、

〔有栖川宮日記〕○高松宮家藏

天保三年四月八日、乙酉、晴

一、信行院殿三回忌逮（建）夜ニ付

御法事巳刻

御寺詰安藤玄蕃

九日、丙戌、雨

一、信行院殿三回忌御法事御當日、

法華三昧巳刻

右御執行之事、出頭之僧

一、上総宮御方御出門辰刻、廬山寺江御參詣、（○御供略）

還御辰半刻、

一、実枝宮御方御出門巳刻、同所江御參詣、（○御供略）御還

御未刻

一、御寺詰帳如左

御寺詰　嶋岡左京大進

武藤采女

三間此面

一、宮御方ゟ

葩　三拾片

御花　一筒

一、実枝宮御方ゟ

御香奠金弐百疋

葩　弐拾片

御花　一筒

一、上総宮御方ゟ

御香奠金　百疋

御花　一筒

一、精宮御方ゟ

御焼香一両　一臺

一、閑院宮ゟ

葩　三拾片

御使

一 微妙覚院殿御成

御香奠金　百疋

天保三年十一月十三日

先日来病メルヲ以テ、是ノ日、保養ノ為夷川御殿ニ移徙ス、

〔有栖川宮日記〕○高松宮家蔵

天保三年十一月十三日、甲寅、

一 實枝宮御方先頃ゟ御違例ニ付為御保養暫夷川御殿江被為成御出門巳半刻、（○御供略）暫御内〻御滞留、

天保四年四月五日

本邸ニ赴キ、即日夷川御殿ニ還ル、五月二十五日、六月八日、亦此ノ事アリ、

〔有栖川宮日記〕○高松宮家蔵
天保四年四月五日、乙巳、晴、
一、実枝宮様川原御殿ヘ巳半刻還御、書、御膳等被
進、未半刻頃川原御殿江還御、
五月二十五日、乙未、曇、
一、実枝宮御方川原御殿ヘ被為成、巳刻、御膳御酒
等被進、還御酉刻前、
六月八日、丁未、晴、
一、実枝宮御方川原御殿ヘ御成、辰刻過（〇供略）御還御
戌刻過、

天保四年九月二十八日
昨秋来病氣保養ノ為夷川御殿ニ滞在セシガ、快
癒セルヲ以テ、是ノ日、床拂ノ祝儀ヲ行ヒ、尋イデ
三十日、本邸ニ還ル、

編修課

〔有栖川宮日記〕○高松宮家蔵
天保四年九月廿八日、乙未、晴、
一、実枝宮御方昨辰年（天保三年）十月十二日ヘ御違例ニ付
夷川御殿江御内々為御養生被為成御滞留之
処、追々御快氣明後晦日ニ者御本殿江還御之
御積右ニ付醫師之面々御床拂御祝迄今日夷
川御殿江被召御祝酒御料理被下之候事、并参
上之節被下物如左、
白銀五枚　高階安藝守
外ニ奥向ニ而御手ヘ被下物有之
右所労ニ付不参御断、備前介江傳達ニ而

被下、
白銀三枚ツヽ　藤本伊勢守
高階備前介
中山佐渡介
右参上御祝酒御料理被下候上被下之、外
ニ御手自御反物被下有之、
（〇以下醫師七名ヘノ被下物略）
（三十日）
晦日、丁酉、晴、
一、（夷川御殿ヘ）實枝宮御方御違例御全快ニ付今日還御、

天保四年十二月七日

閑院宮孝仁親王ノ王女昌宮（光子女王）鐵漿始ヲ行フヲ以テ、其ノ筆親ト爲ル、

〔閑院宮日記〕

天保四年十二月七日、

一、姫宮昌宮御方今日御鉄醬〔漿〕始吉刻巳、

　但御實年當巳御十五歳、表向當巳御十弐歳、

一、御内一統常服麻上下着用、

一、御献昆布蚫、

一、御上々御祝御膳御中酒後御酒宴被爲有候事、

　但五節之通也、

一、御筆親實枝宮御方、

〔有栖川宮日記〕○高松宮家蔵

天保四年十二月七日、癸卯、晴、

一、閑院宮へ　　御使岩田將曹

　〔昌〕盛宮御方御鉄醬〔漿〕初ニ付御鉄醬〔漿〕御所望被仰進候事、

天保七年四月六日

生母藤原（堀河）依子ノ七回忌（正當四月九日、）法事ヲ行フヲ以テ、廬山寺ニ參詣シ、之レヲ聽聞ス、

〔有栖川宮日記〕○高松宮家蔵

天保七年三月廿九日、壬子、晴、

一、参上　出會武藤采女　廬山寺

信行院殿未四月九日七回忌相當ニ付実枝宮御方ゟ御法事被仰付、右ニ付差定持参、

差定

信行院殿尊霊七回御忌御法事之所

御逮夜四月五日巳剋

光明供

導師　廬山寺長老

讃頭　刑部卿

鐃　等順院西堂

鈸　練禅房

奠香　廬山寺長老

諷経　正行房

御當日　同六日巳刻、

法華三昧

導師　廬山寺長老

伽陀　刑部卿

回向　等順院西堂

尊〔奠〕香　廬山寺長老

諷経　練禅房

以上、

四月五日、丁巳、晴、

一、来ル九日信行院殿七回忌相當之処明六日御引上右ニ付今日御逮夜御法事被仰附候事、

御寺詰安藤大監

御法事巳之剋

光明供

右御執行被為在候事、

一中務卿宮御方ゟ

葩　三十片

御花　壱筒

一、実枝宮御方ゟ

花ひら　二十片

御香奠金弐百疋

御はな　一つゝ

六日、戊午、晴、

一、信行院殿七回忌御引上御當日御寺帳如左、

御寺詰　常服麻上下

嶋岡左京大進

（名。以下寺詰三名並ニ御寺帳略）

一、御當日御法事

法華三昧

導師　廬山寺長老

伽陀　刑部卿

回向　尊順院西堂

奠香　廬山寺長老

諷経　練禪房

以上

一、実枝宮御方御出門巳剋廬山寺江御成（。御還略）、

御未剋、

天保七年十二月十三日

上皇（光格）ノ皇女欽宮（蓁子内親王）、鐵漿始ヲ行フヲ以テ、其ノ筆親ト爲ル、

編修課

〔有栖川宮日記〕○高松宮家蔵

天保七年十二月十三日、壬戌晴、

一、洞中姫宮欽宮（ハヤ）御方今日御鉄醤（漿）初之事、

右ニ付実枝宮御方江御筆親御頼兼日被仰出、但シ寛政年中女一宮御鉄醤（漿）初之節近衛泰宮御方御筆親被仰出候御例之由也、

右ニ付早朝辰剋過

欽宮様江

御鉄醤（漿）筆糸巻一對、但シ御筆畳紙者本殿ゟ調進、銀摺半帖紙入柳筥乗、

大鷹形包白紅水引懸

御手付生鯛二尾　一折臺乗

右実枝宮御方ゟ御封中女房文添
御目録添　両上﨟御宛ニ而
中﨟二枚重ネ　御使美濃守森下看

欽宮様江
〔編〕
白輪子壱反臺來
御まな生鯛二尾一折

右中務卿宮御方ゟ　御使同人
御口上ニ而御目録添

御同所江
眞綿三把
干たい一箱一折

右上総宮御方ゟ　御使同人

一、仙洞御所ゟ
御口上ニ而御目録添　御使水口右番長
宮御方江御封中
羽二重一ひき　小いたつき一ふた
御まな一折
実枝宮御方江御封中
こう白
ちりめん一ひき　小いたつき一ふた
御まな一おり
上総宮御方江御封中
御まな一おり

右欽宮様ゟ被進候よし則御返事出、

天保十年八月五日
昨年九月誕生セル幟仁親王ノ王子洁宮ノ養母
ト為ル、是ヨリ先洁宮ヲ韶仁親王ノ末子ト為シ、
更ニ天皇孝仁ノ御養子トシテ、青蓮院ヲ相續セシ
ムベキ旨仰出サレタルヲ以テ、此ノ事アルナリ、

〔有栖川宮日記〕○高松宮家蔵
天保九年九月十五日、癸丑、晴、
一今暁寅上刻若宮御誕生、御腹嘉奈、
上總宮幟仁親王御子　御産家河原御殿、
廿一日、己未、晴、
一御新誕若宮可奉称洁宮被仰出、
一若宮様御七夜如御嘉例御膳指上ル、
十年四月十四日、己卯、雨、
一参上　進藤治部卿
出會木工頭

今日参上之儀者過日刑部卿ゟ来状ニ而
内々被仰出度儀有之由ニ而内密面會之
儀打合有之参上也、
青蓮院宮御室御無住ニ付當御殿ニ若宮御
方被為在候ハヽ、御相續上ゟ被仰出候時者
御領掌被進候様相願度、尤先年先住宮御違
例中御附弟之宮御願被成候処、當時若宮御
方不被為在候故、追而御人躰被為在候ハヽ
御沙汰可有之旨被仰出其儘ニ相成候、然ル
所當御方ニ御密子被為在候哉ニ聴承仕ニ

付、其御筋江も急度故宮御遺願此節被仰出
候様乍極密申願候処、近内御遺願之趣可被
仰出哉、急々當御殿御時宜御取繕之上申出
候様との御事ニも相聞候ニ付伺出候旨、乍
内々御領掌も被進候ハヽ、御年齢之処御年
増ニ而御披露ニ相成候様仕度、尓御領掌被
進候ハヽ、中務卿宮様御末子ニ而被進候御
時宜哉、此儀も相伺置度、兎角此御所思食之
邊を重疊相伺度云云、
委曲演舌之次第両宮御方江及言上、

右返答、前顕之演舌之旨趣尤ニ被思食候、
天氣被仰下候上者深畏御請可被仰上、尤
上總宮ニ者未御息所も不被為在候故、中
務卿宮御末男ニ可被定、御年齢之儀刑部
卿申出候趣者尤ニ思食候得共、餘り御年
被為増候時者御長成之上ニ而如何ニ付、
洁宮御歳之処御三歳と可被成哉、夫仰之
儀者思食も無之、是迚も両御所思食被為
在候ハヽ、兎角天氣可被出仰旨是等も程
能其筋江申入候様此段成基ゟ及御挨拶

候様兩宮御方御沙汰之趣申答候処、速ニ
御領掌被成下難有仕合奉存候、今日其御
筋江可申上様との事ニ候、
當御所様江も追々可申上旨而退出、
七月廿八日、辛酉、晴、
一非藏人口江傳奏衆依御招圖書頭罷出、則兩傳
德大寺大納言殿・日野前大納言殿御面會ニ而、
青蓮院室此度中務卿宮御末子洁宮御相續
被仰出、并當今御養子之儀茂被仰出候、此段可
申上旨被達、

右歸殿及言上、御請使圖書頭相勤、
一洁宮御方青蓮院御室御相續被仰出候旨一統
江申達ス、
廿九日、壬戌、晴、
一参殿　青蓮院宮院家尊勝院權僧正殿
此度洁宮様青門御相續并當今様御養子被仰
出難有仕合奉存候、一統惣代を以御礼申上、右
衛門少尉罷出御挨拶申、
去五日所奉
八月十三日、丙子、晴、
一洁宮様御母君之義御裏様御領掌ニ付御箱肴

御日録ニ而被進候事、

〔有栖川宮系譜〕
韶仁親王
王子　仁孝天皇御養子、御准母新待賢門院、實幟仁親王御子、
御母御息所
天保九年九月十五日御誕生、号洁宮、
（中略）
天保十年二月廿五日、御喰初、
同年御息所御養子、

29/240

天保十一年十一月十七日

上皇光格ノ御病篤キヲ以テ、内々参院シテ御機嫌ヲ奉伺ス、十九日亦参院ス、既ニシテ上皇崩御アラセラルルヲ以テ、御愼ノ事アリ、二十四日参院シテ逗留、翌日、御舟入ノ儀アリ、二十六日、歸邸ス、

編修課

〔有栖川宮日記〕○高松宮家蔵

天保十一年十一月十七日、癸卯、晴、

一仙洞御所御違例不被為勝候旨御内義ゟ申来ル、右ニ付実枝宮御方上﨟之体ニ而微ニ御参院酉剋、（○供奉略）還御亥半剋、

十九日、乙巳、晴、

一今暁丑剋過院中大奥向ゟ御裏御殿ヘ文を以甚御勝不被遊候故実枝宮御方早々御参被為在候様申来候事、

一正卯剋御出門ニ而実枝宮御方御参院（○供奉略）御還御九時也、

一〔上総宮〕還御之上院中御事之次第伺候廉如左、

上皇御不例之所今酉剋崩御、

一日野前大納言殿江〔実枝宮御世話卿〕　御使　山田右兵衛

仙洞御所崩御ニ付実枝宮御假服御届書被差出可然哉、其儀ニ及不申哉御尋之処、如左書面（○略）を以御請被申上、

実枝宮様御一体之御愼之御事故御假服御届ニ不及事、

廿四日、壬戌、晴、

一実枝宮御方申半剋御出門ニ而御参院（○供奉略）御今晩御滞留ニ付明日申剋過ゟ御附人いたし置候様御沙汰也、

廿六日、甲子、晴、

一実枝宮御方還御未剋、上﨟婆〔姿〕ニ而、

〔柳原隆光日記〕

天保十一年十一月十九日、乙巳、晴、天明之後暫時附寢、万里小路局（當時假差、病下宿、）早朝彼相番局（大宮女房也、）梅小路局又為心得被見候、其間上皇昨子刻許御絶氣、其後無御聞云々、彌御大事歟、然而堅固被秘藏之事近日習也、

廿五日、辛亥、晴、今夜故院被召御船、女房并兒立之、公卿殿上人役之、殿下毎事有御指圖云々、

天保十一年十一月二十七日

從前、上皇（光格）御猶子ノ故ヲ以テ、毎年仙洞御藏米ノ内ヨリ現米三百石宛ヲ拜領セシが、上皇崩御アラセラレタルヲ以テ、是ノ日、傳奏ニ願書ヲ差出シ、爾後モ拜領米ノ繼續ヲ情願ス、既ニシテ翌年七月十八日ニ至リ、朝廷之レヲ聽許アラセラル、

編修課

〔有栖川宮日記〕　○高松宮家藏

天保十一年十一月廿七日、癸丑、晴、

一日野前大納言殿江　罷出、三間此面

一昨日藤木近江守罷出、及御内談置候実枝宮御方江御拜領米之儀被仰立御願書御一覽構濟候ハヽ、申出シ度旨申入候処、則被致一覽候由ニ而返却、尤何之存寄も無之候間、御勝手ニ御願書御指出シ在之可然旨返答也、

一日野前大納言殿江　御使　山田右兵衛

前願之次第ニ付、御願書被指出如左、

小奉書四ッ折上包ミの紙

覺

御息所実枝宮御方仙洞御所格別之御由緒ニ付、厚思食ヲ以此御方江御入輿前ゟ年々現米三百石宛院御所御藏米之内ゟ御拜領被成、深忝（畏）思召候、然ル處此度崩御ニ付、誠ニ御當惑被成候、何共御恐懼之御事ニ者御座候得共、此以後之所何卒格別之以思召是迄之通現米三百石宛御拜領被成度偏御願被仰上候間、右之趣宜敷御沙汰頼思召候、以上、

子十一月　有栖川宮御内
藤木木工頭

德大寺大納言様御内
渋川陸奥守殿
滋賀右馬大允殿
日野前大納言様御内
河野丹後介殿
山中左近府生殿
右被指出候処泉涌寺江為見分被行向留主中
ニ付雑掌御預り申置候旨也

附記、御拝領米御願被仰立之儀文化十年庚
後櫻町院様崩御之節圓臺院宮御方江御拝
領米之儀近衛殿ゟ被仰立候御次第先日木
工頭佐竹織部正江面會及問合候処、則文化
度之御振合書抜到来ニ付一昨日殿下様江
木工頭為御使罷出、実枝宮御方江此以後御
拝領米御願被仰立之儀御内談被仰進候処
於殿下様何之思召も不被為在候間御勝手
ニ御願書被指出可然思召候旨御返答在之、
夫ゟ御世話御日野家江罷出前顕之次第

申入候処是又存寄無之旨今日御答被申上
候ニ付、則御願書表向被指出候事、
（実枝宮御方御用懸り）
一院中取次渡辺甲斐守江木工頭ゟ書面を以前
書之次第夫是御内談相済今日表向月番伝奏
日野前大納言殿江御願書被指出候旨為心得
申入候処承知之旨返書到来尤御願書写一通
為持遣ス、

〔有栖川宮日記〕○高松宮家蔵
天保十二年七月十八日、庚午晴、
一德大寺殿江依招図書頭罷出、雑掌滋賀右馬大
允面會則口達之上為念書付ニ而御心得迄申
入候旨請取帰ル、
〔別紙〕
實枝宮様是迄之通年々現米三百石宛御拝
領之儀先達而御願有之候、右者光格天皇御
旧領御物成米之内ゟ是迄之通年々現米
三百石宛被下候事、
七月

右帰殿及言上、其趣實枝宮御方江も被仰傳、即刻御請被仰上、

別段大納言殿江段々御世話之御事畏思召候

右御挨拶被仰入、實枝宮御方よりも御同様御挨拶被仰入、

天保十一年十二月二十日

故院（光格）ノ御葬送ヲ泉涌寺ニ於テ行ハセラルルニヨリ、内々堺町通夷川下ル白木屋彦太郎宅ニ到リ、御轜車ヲ奉送ス、

〔有栖川宮日記〕○高松宮家蔵

天保十一年十二月二十日、丙子、晴、

一故院御葬送御出車酉刻、

附記、御順路、院参町堺町同通三條寺町五條橋伏見街道泉涌寺、

一実枝宮御方、精宮御方御出門申刻、御内々御歩行ニ而御葬送御列御拝見として堺町通夷川下ル白木屋彦太郎宅江被為成（日御缺略）還御亥刻過、但し還御之節者御包輿ニ被為召候事、

〔柳原隆光日記〕

天保十一年十二月二十日、丙子、晴陰不定、未半刻著衣冠奴袴参舊院、於門（巻纓、）前今夜酉刻可有御葬送依可候留主也、

天保十二年閏正月十五日

光格天皇御追福ノ為、知恩院宮尊超親王、ノ華頂御殿ニ於テ内々法事ヲ修セシメ、同御殿ニ詣リテ之レヲ聴聞ス、

〔有栖川宮日記〕○高松宮家蔵

天保十二年閏正月十五日、庚午、晴、

一上総宮御方御出門辰半刻、華頂御殿江御成、（御供略）

（御供略）

実枝宮御方御引續ニ而華頂御殿江被為成、（御供略）

（御供略）押以下者直ニ御供帰り、七ツ時御迎相揃還御亥時也、

華頂御殿江今日御成者実枝宮御方ゟ御頼ニ付故院為御追福御別時御執行ニ付為御聴聞被為成候也、（御供略）右ニ付御内々御備物并被進物被下物等有之、何も御内々之御沙汰也、

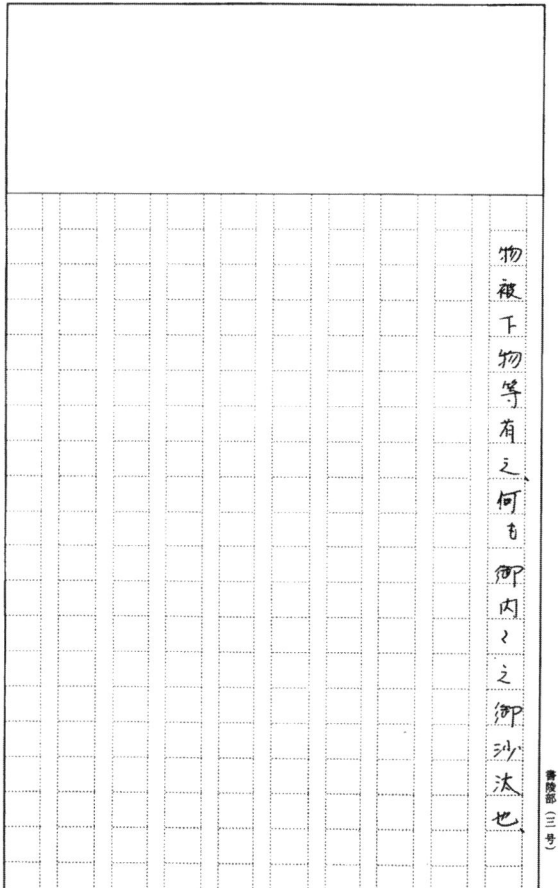

天保十三年四月九日

生母藤原堀河依子ノ十三回忌ニ當ルヲ以テ、廬山寺ニ於テ法事ヲ修セシメ、参詣シテ之レヲ聴聞ス、

〔有栖川宮日記〕○高松宮家蔵

天保十三年四月九日、丁亥、晴陰微雨、

一信行院殿（実枝宮御方御実母）十三回忌御法事於廬山寺執行、

法華三昧　御法事料白銀三枚被納、

其餘御非時料者奥向ゟ御賄之事、

一実枝宮御方御出門（辰半刻）廬山寺江御参詣、（供略）御還御午半刻、寺門ニ而御非時召上ル、

書陵部（三号）

天保十四年三月十八日

幟仁親王ノ王子長宮ノ養母ト為ル、是ヨリ先、長宮ヲ韶仁親王ノ末子トシテ、知恩院宮尊超親王ノ附弟ト為スベキ旨約定セシヲ以テ、此ノ事アルナリ、

編修課

〔有栖川宮日記〕○高松宮家蔵

天保十一年四月十一日、辛未、曇、昼後雨、

一知恩院宮御成午刻過、御座之間江御通之上中務卿宮実枝宮上総宮御列座御対面之節、新誕長宮兼而被仰進候御門主御附弟之義御所望被成度旨被仰進、則目出度可被遂御内約御領掌被仰進、

九月廿七日、甲寅、晴、

一知恩院宮ゟ　御使　武田式部卿

長宮御方御附弟御約定被成度旨先日関東江被仰立候處、御願之通被仰出候旨、今日於二條表御達有之候ニ付御吹聴被仰進候事、

達書之字如左

知恩院宮追々御年令（戊）被長候ニ付兼而御附弟之宮御取立被成度被存候処、此度有栖川宮末男長宮誕生ニ付唯今ゟ御附弟御約定被成置度、尤生長之上先例之通主上御養子、公方様御猶子被相願度旨書面遂一覧御内慮之趣関東江相達則言上候處、御勝手次第被成候様被仰出候旨可達段年寄共より

書陵部（三号）

申越候間此段相違候

九月

〔有栖川宮日記〕○高松宮家蔵

天保十四年三月十八日、辛酉、雨、

一、長宮御母君之儀可為実枝宮旨被仰出候事、

〔有栖川宮系譜〕

韶仁親王

王子（実枝仁親王御子）

御母御息所

天保十一年四月二日、御誕生、号長宮、

（中略）

天保十四年三月十八日、御息所御養子、

天保十四年九月十二日

病氣保養ノ為、聖護院村ノ別荘ニ赴キ、逗留ス、尋イデ二十八日、病狀稍〻昂進セルヲ以テ、韶仁親王、醫師・近臣ヲシテ宿侍セシメ、又、五條天神社及ビ近江ノ白鬚大明神ニ代參ヲ遣シテ平癒ヲ祈ラシム、十月二日、禁裏（仁孝）ヨリ御尋トシテ肴一折其ノ他ヲ拝領ス、

〔有栖川宮日記〕　○高松宮家蔵

天保十四年九月十二日、壬子、陰晴、
一實枝宮御方御出門午半刻聖護院村御別荘江
御成、御内々御止宿也、暫之間
廿一日、辛酉、晴、
一上総宮御方御出門午半刻聖護院眺望亭江為
御見舞御成、（中略）御還御亥半刻、
廿八日、戊辰、晴、
一実枝宮前日従為御保養聖護院御別荘被為成
候処、昨夜〔ヽ〕少々御六ヶ敷御様子ニ付、医師御

詰等被仰付、　木工頭　雅楽少允
隔日御別荘江出仕之事
御別荘詰　雅楽少允　鎌田隼人
御詰
右ニ付
土佐天神社　御代参　斯馬守
従近習可相勤之処、仍無人如此、
江州白鬚大明神江為御代参士格岩槻又三郎
参向、明朝出立、
十月二日、辛未、晴、

一禁中
御肴　一折
御たし　壹
御封中　壹
御使　井上隼人
實枝宮御方江被進候処御落手之事、但シ直ニ
御別荘江被進候事、
十二月十四日、壬子、雪、
一福井近江守江　同　同人　〔御使〕〔同　九十九〕
右實枝宮御方御違例ニ付高階美濃守江御乞
被仰付置候処美濃守引籠ニ付御代乙中山佐

渡介江被仰付候ニ付此段心得迄被仰入候事、

天保十五年四月五日

昨年九月頃ヨリ聖護院村ノ別莊ニ於テ病氣療養ニ努メシガ、漸ク治癒セルヲ以テ、是ノ日、本邸ニ還ル、尋イデ七日、裏御殿ニ於テ床拂ノ祝儀ヲ行フ、

〔有栖川宮日記〕　○高松宮家蔵

天保十五年四月五日、辛丑、晴、

一実枝宮御方御別莊ゟ還御、右者来ル七日御床拂被催候ニ付、壹兩日還御被為在候、右ニ付御供午刻過頃ゟ相廻ル、（供略）還御申半刻、

七日、癸卯、陰雨、

一実枝宮御方昨卯年九月頃ゟ御違例之処、追々御順快被遊、今日御床拂御祝被為在、并当年御有卦入ニ付各御祝義被兼、御裏御殿ニ而御一統様江御祝酒御吸物弐御肴五種、其外奥ニ而も種々有之、

実枝宮様斗江御祝御膳御料理二汁五菜差上ル、

右ニ付醫師被召、御料理被下物等有之、

〔按〕本條ニ就キテハ天保十四年九月十二日條ヲ参看スベシ、

弘化二年二月二十八日

去ル二十六日、韶仁親王、禁裏仁孝ヨリ歸邸セル後俄ニ中風症ヲ發シ、終ニ薨ズ、秘シテ喪ヲ發セズ、是ノ日、薨去ノ旨ヲ披露ス、乃テ枕直ノ儀ヲ行ヒ、燒香ス、尋イデ三十日、入棺アリ、告別ノ拜禮ヲ行ヒ、三月十日、葬送ニ當リ、大德寺龍光院ノ葬儀ニ列シ、廟所ニ参詣、燒香ス、

〔有栖川宮日記〕○高松宮家蔵
弘化二年二月廿六日、丁巳、晴、
一宮御方御出門午剋一事御傳授御請御礼とし
て御参内、(○供奉略)還御未剋過、
一宮御方今日御退出後於御座間御卒倒、卒中風
之御様子也、早速醫師被召呼候事、
右ニ付参上之醫師「(朱書)何レも即剋参上候様貴士使を以申遣ス」
福井典藥少允「(朱書)即剋」　高階美濃守「即剋」
山本安房守　中山佐渡介「即剋」
高階清介　鎌田廉吉桂　同　大年
一子剋比医師与御様躰書内々差上、如左、
中務卿宮様御様躰早春已来餘寒ニ被為中
御疝氣御發動、時々御腹痛御腹浮等被為在
候得共各別之御事も不被為在候ニ付、當帰
温中湯調進仕候、其後御微熱御胸痛被遊候
ニ付紫胡枳桔湯調進仕候、夜分御熱睡難被
遊候、御膳等御平日与者被為減候得共御氣
先等被為変候御事も不被為在候、御藥加味
温膽湯調進仕候、十七日并今廿六日御参内
被遊候處、御退出後卒然与御顛倒被遊、御膝
頭御損傷甚敷、御痰涎壅盛被遊御昏睡〔睡〕被遊
卒中風之御症被為發候与奉診候ニ付、三生
飲加竹瀝調進、烏犀円御兼用ニて少々者御
聞之御様子も被為在候得共、御手足御微冷
被遊御虚候奉診奉恐入候、以上、
二月廿六日
福井典藥少允　高階美濃守
山本安房守　中山佐渡介
高階清介　鎌田廉吉

秋吉雲秋吉雲桂　同　大年
廿八日、乙未、晴、
一一品宮御違例之所御養生不被為叶、今日酉剋
薨去之事、
一今日申剋内々御枕直し之事、
御終焉之間より水鳥之一ノ間江御移之事、
尋常御疊壹枚中央南北之行ニ鋪之、御尊體北
枕ニ奉安置候事、
上総宮御方　大覺寺宮御方　實枝宮御方
歓宮御方　線宮御方

御焼香被爲在候事、
（三十日）晦日、辛酉、雨、
一御入棺戌刻、
此儀御學疊表引へきニ致し敷之、其上白羽
二重御蒲團弐帖、尤最初御棺中白晒袷大風
呂鋪凡壹丈四方斗敷設置、右にて御惣たい
を包ム、但し其前御入棺ニ而御上ニ御小直
衣著御之如く延之置、御烏帽子御首かみの
邊ニ置之、次ニ御指袴、次ニ御末廣納之、次御
木太刀御杖等納、又御枕御夜着御小袖壹具

等并ニ御座所邊ニ有之候御調度向其外御
書付類書写御經類等夫々被納之、
御刻限依御便利巳刻頃被催、
上總宮御方　大覺寺宮御方
圖書頭（○家臣大名ヲ略ス）右衛門大尉
右
御尊骸奉舁之御棺ニ納之、
次ニ
實枝宮御方　讃岐　因幡　長濱
御進ミ　御附隨参ル、

右前後御納メ物被納之、若女向隨而夫々御
納物納之候事、
（○中略）
御刻限戌刻　御埋棺之式被催
先　上總宮御方　實枝宮御方
仁和寺宮御方　知恩院宮御方
大覺寺宮御方　歡宮御方
（○以下代拝者等略ス）
右相濟御棺蓋覆之
但しチキリトメ、其上チャン流之候

事、但し職方之者執扱候事、
次ニ上總宮御方御始御焼香被遊し候事、
但し御方々如前記、
次ニ表奥一統御焼香埋棺中上候事、

（有栖川宮日記）○高松宮家蔵
弘化二年三月十日、辛未曇、
一、今夜戌剋御葬送、御出棺酉剋、依之早朝ゟ諸事
被催之、
一、御出棺之儀但仮之御次第也、
先朝ゟ従便宜御暇乞御拝礼御焼香之儀被
催、
先上総宮御方
実枝宮御方
大覚寺宮御方

次諸大夫侍御用人近習中奥末勤迄不残、
（○中略）
次老女若年寄惣女中、
一、巳下剋御棺新廊下江奉出近習中奥役之、依便
利職方之者麻上下着従之、
宮々御方并諸大夫侍等守護之、
新廊下簾中ニ御棺奉置東西之行、
御前ニ御香爐置、諸大夫壱人、近習両人ツヽ守護、
一、未下剋新廊下前西ノ方蕢屋根仮屋設置
御車代御轅居置、右御轅ニ奉移、右者大工力者

手傳之者懸り奉移、
御棺御上ノ方御轅之後
御足ノ方御轅之前、
御轅前ニ御香爐置御焼香之守護車副之近習
烏帽子白上下着用両人ツヽ相詰、
其前此儀仮屋中央ニ榻四脚直シ置御轅居
置右江力者手傳之者作廻奉移之候事、
御轅後方新廊下上ニ御机御香爐設置御出
棺前御焼香之設トス、
（朱書）「申半剋」
剋限前依御時宜宮々御方御焼香被為遊候事、
一、御出棺之儀

一番拍子木申剋　供奉相揃
二番拍子木申半剋　供奉并御名代御見送使各扣場所江列立
三番拍子木酉剋
此時終焉之御枕火紙燭ニ移シ図書頭新
廊下ゟ持出而炬火之松明ニ移シ、亦其火
ヲ御先火廿隊ニ移ス、
此時輿丁六十人力者廿人御轅之下ニ候、
直ニ御出棺（朱書）「御出棺之節御本列通行之節御門竹ニて假門設之、持人両人、尤今出川門同様」
于時宮御方大覚寺宮御方御ワラ沓被召御杖新廊
下仮橋ゟ御降、

御供之諸大夫坊官松明持供奉
近習両人ッヽ奉従　此御方近習壹人
御太刀持
御門迄御見送　但塀重門也、
廣御殿階ゟ御昇直ニ御玄関ニ而御乗輿、
大覺寺宮御方御同様、壹岐守、大和守御手燭ニ候、
先是御供之輩相揃御玄関前ニ候、
御道筋
今出川御門　石橋町　烏丸　柳圖子
室町　風呂屋圖子　安楽小路　妙覺寺

圖子　天神圖子　野道
大德寺勅使門ゟ被為入御休所養德院被
為成、于時宮崎縫殿御待請、
一、実枝宮御方新廊下於簾中御見送、
歡宮御方線宮御方御同様、
御出棺之後
実枝宮御方於御小書院椽御乗輿
同所西之切戸外ニ御供相揃候、
切戸内ニ中山佐渡介伺公、
御道筋同上大德寺龍光院江被為成、

一、御轅大德寺江被為入候節前以注進有之、
宮御方大覺寺宮御方於養德院門前御待請御
歩行ニ而御供被遊、
（○御列書略）
右両宮御方龍光院唐門迄御供被遊、夫ゟ龍光
院南圖子墓地江被為入客殿西之階ゟ被為上
小書院江御通り暫御休足、其後客殿西北之間
ニ南面ニ御着座、御供諸大夫両人近習両人ッヽ御後ニ候、
一、御出棺酉剋御道筋、
表御門ヲ北江今出川御門ゟ今出川通室町

ヲ北江上立賣ヲ西江報恩寺町寺之内ヲ西
江大宮通ヲ北江大德寺江被為入、
（○御列次第等略）
御列寺之内大宮東江入於妙蓮寺門前御轅榻
ニ奉休、暫時ニ而御列ヲ進メ、御道筋通大德寺
四脚門江被為入亥剋前、夫ゟ養德院於門前御
待請、
宮御方大覺寺宮御方御歩行ニ而御供被遊、右
御列立前記ニ有之、
龍光院役者四脚門迄御出迎、則御案内六門之

後ニ随甲門内ニ僧侶拾弐三口出迎導経ヲ誦
ス、
（中略）
客殿中央廣椽之上ニ御轅安置、
足場敷板設置、
（図略）
其後
引導法語
同諷経　楞厳神咒
御闍維出頭僧衆

（僧衆等略）
右御葬式御法事中
宮御方大覚寺宮御方客殿西北之間南面ニ御
着座、
実枝宮御方簾中ニ被為成、
客殿西椽座敷東面ニ御名代等炬火之諸大夫
焼香者等着座、
実枝宮御方御名代　伊勢守
輪王寺宮御名代　正教坊前大僧正
専修寺御門主御名代　芳川右兵衛権大尉

図書頭　木工頭
玄蕃頭　治部権少輔
左京権亮　対馬守
雅楽少允　右衛門大尉
但シ持火舎者車副近習等者ワラ沓之侭沓
脱段ニ蹲居、
右御葬式畢御焼香之、
和尚座元御焼香相済役者進出着座之諸
大夫江依氣色御前江進御焼香之儀申上、
宮御方大覚寺宮御方御焼香御拝礼、

次実枝宮御方御名代、輪王寺宮御名代、専修寺
御門主御名代、
次図書頭初右衛門大尉迄御焼香拝礼、
但シ実枝宮御方簾中ニ而御焼香被遊、女房
向も簾中ニ而御焼香之儀任之、
次宮御方大覚寺宮御方（供奉諸大夫弐人ツヽ各松明近習弐人ツヽ）
客殿西之階ゟ下御、（御ワラ沓御杖）
（中略）
天鵞絨門内ニ而御轅之屋形ヲ徹シ、コロニテ
門内江参入、其後御廟所迄参昇、

宮御方大覚寺宮御方御廟所北ノ方ニ御着座、
御仮家出来尤御床机設之、御供諸大夫近習御側ニ候ス、御
前ニ而松明ヲ焼ク、御廟所ニ大篝焼之、三ヶ所、
次御棺ヲ力者万力二挺ニ力ケ静ニ奉下御椁
者先ニ御石椁之中ニ入レ置則御棺ヲ御椁中
ニ奉納四方共炭を以詰之、御椁之蓋大工源七
締之、御石椁之蓋四枚万力ニ而下之、則手傳方
石工等下ニ而右御石椁之蓋ヲシメ石合セメ
油石灰子リ土ニ而詰之、右蓋之上ニ銅板瓦弐
枚ニ而挟ミ油石灰を以詰針金ニ而カラム

右出来之上及言上、
宮御方御廟正面ニ被為成鑼を以土ヲ三通被
遊御掩、右相清　丑半剋過於小書院御休息、

（○中略）

御廟所諷經大悲神咒　　着座　木工頭

一 寅剋頃於客殿
　安牌諷經　光明真言 随求陀羅尼 大悲神咒　　着座　木工頭

御代香勤之

一 御廟所御葬相済
宮御方大覚寺宮御方実枝宮御方御焼香御水
向被為在、夫ゟ図書頭初一統参合居候者并女
中向等拝礼献香之事、

一 宮御方大覚寺宮御方実枝宮御方於小書院巳
剋頃御夜食差上ル、一汁五菜、

一 仁和寺宮　巳半剋
知恩院宮　巳剋　　御成
大覚寺宮　卯半剋
右御葬送ニ付御成御書御膳一汁五菜御夜

食一汁三菜被進之、
　但シ仁門様知門様清火仕立ニ而被差上
　候事、
御夜食御献立如左、

（○献立略）

〔山科言成卿記〕

弘化二年二月廿八日、有栖川一品宮御違例御危篤云々、予書道為門弟之間告給、依之参上奉窺御違例御容體了、眞實ハ廿六日事了云々、

書陵部（三号）

弘化二年四月十四日

妙法院宮教仁親王ヲ戒師トシテ薙髪得度シ、法號ヲ妙勝定院ト云フ、尋イデ二十四日、妙法院宮御殿ニ赴キ、戒師勤仕ノ勞ヲ謝ス、

〔有栖川宮日記〕○高松宮家蔵

弘化二年四月十四日、甲辰、晴、
一今日實枝宮御方御薙髪也、
御戒師妙法院宮（教仁親王）兼日御頼ニ而今日彼御方ゟ被為成御式有之候御次才也、尤御中陰中之儀ニ付此御方ニ而被催候義、御中陰後ニ候得者（彼）御方江被為成御戒師被請候儀也、但閑院徹妙覺院殿御例御中陰中比積相済被催候由、右ニ被准候御次才也、
一知恩院宮
大覺寺宮
御成辰半刻
今日御薙髪ニ付妙門被為成候為御取持御成之義也、
一妙法院宮御成辰半刻過、
先御書院壹之間江御通、上総宮ニ之間外縁座敷江御出迎、壹之間ニ而御挨拶被為在、直ニ御誘引ニ而山水之間江御通リ、御茶煙草盆御近習上ル、
一御道場御小書院被用、前以妙門江被仰入、彼御方ゟ御圖面ニ而夫々申来、數設在之、御道具類前日御長持ニ而被相廻、當日坊官承仕等參上ニ而〔餝〕錺被置、

書陵部（三号）

書陵部（三号）

編修課

御薙髪之次第
先和上御着座
次薙髪宮御着座
次教授着座
次塗香塗手
次加持香水洒水等
次薙髪宮御方拜宗廟、國王、父母
次禮師
次和上令授偈給、
次薙髪宮御起座入改服所令改俗服給、

次薙髪宮令還着半疊給、
次和上香水灌頂
次讃弟子偈
次薙髪宮自説偈
次置物具
次理髪
次和上御起座令加剃刀給
次薙髪畢撤物具
次令授法號給
次薙髪宮禮師

次薙髪宮御出座
次和上御出座
次教授出座
右兼日師宮ヨリ被進候次第之処實枝宮依御
所望得度式ニ而被請度御頼ニ付、臨期之御次
第ニ而得度式ニ被改候事、
御得度之次第
先和上御着座
次得度者御着座、令錫扶持、
次教授着座

次塗香塗手
次和上加持香水洒水等、
次得度者御方拜國王、父母、　附記　宗廟者御忌中被止
次禮師、
次和上令授偈給、師三度、資合掌、
偈曰流轉三界中　恩愛不能断
弃〔棄〕恩入無為　眞實報恩者
次得度者御起座入改服所令改俗服給、令錫扶持、
次得度者令還着半帖給、
次和上香水灌頂、

次讃弟子偈 師自唱不取次第一反、
次得度者自説偈 和上教之一反、
偈曰 皈依大聖尊 能度三有苦
亦願諸衆生 普入無為樂
次置物具
次唄師着座
次理髪分左右御髪、
其儀理髪参進、御髪付左右札奉切御髪、
次和上御起座令加剃刀給、
此時唄師發音

次和上令還着半畳給
次剃除畢撤物具
次唄師退下
次令授袈裟給
其儀和上乍持袈裟唱詞幷偈令授與給
次得度者説偈
其儀乍持袈裟唱之師教之一反
偈畢準教授奉和上如此三反
偈曰 適哉値佛者 何人誰不善
福願與時衣 我今獲大利

次令授法号給
次禮師
次得度者御出座
次和上御出座
次教授出座
御着
鈍色納衣七條 戒師 座主二品敎仁法親王
素絹五條 唄師 常住金剛院大僧都敎全
同上 教授 無量壽院大僧都慈本
同上 介錯 寂照庵権大僧都慈孝
同上 水瓶 兼理髪 真觀房権少僧都豪真

坊官 一會職 山田大藏卿 直綴白袴
承仕 堀部長門 同上
諸大夫 圖書頭義毅 裹服 狩衣
壹岐守長平 吉服 狩衣
右御簾御役
一実枝宮御方御薙髪後妙勝定院宮与被補候旨
被仰出、一統江其旨申渡ス、
一今日御薙髪ニ付妙法院宮、御取持知恩院宮江
於山水之間御料理弐汁七菜、御中酒御吸物三
種御重肴御口取蒸菓子濃茶干菓子薄茶等被

進、其後北御殿江御誘引、御茶菓子被進、未刻頃
還御、宮御方・大覚寺宮江於朝日間御料理同上
差上ル、妙勝定院宮江者於北御殿御料理同上
差上ル、

〔有栖川宮日記〕　○高松宮家蔵
弘化二年四月廿四日、甲寅、晴、
一今日妙法院宮江御薙髪之為御禮妙勝定院宮
被為成御出門巳刻過（侯・略）御引續歓宮御成、右者兼而御約束也、（侯・略）御昼御膳被進、其後御茶屋向御庭
芋御覧ニ而御茶屋嗟呼亭ニ而御茶御菓子被
進、其後同亭ニ而御酒御夜食等被進再御殿江
被為成、還御酉半刻、
（中略）
今日被為成候ニ付被進物被下物如左、

妙勝定院宮様より
伊丹酒壹斗　壹樽
昆布　五拾本
御文匣の内　白ちゞみ壹反　御盃御ちよく
歓宮様より
御置物　一箱
上﨟宮様より御言傳被進、
御蒸菓子　一箱

弘化二年六月三日
韶仁親王菩提ノ為、大徳寺龍光院ニ自鳴鐘香爐
各一箱、華鬘三掛、戸帳一張、打敷、位牌敷各一片ヲ
寄附ス、

〔有栖川宮日記〕○高松宮家蔵

弘化二年六月三日、癸巳、陰晴、午後夕立、

一竜光院江武藤左衛門参向、妙勝定院宮ゟ御納物持参、役者江相渡し、院納書請取帰殿、

覺

一御自鳴鐘　一箱

一御香爐　一箱

一浅黄御華蔓　三掛

一御戸帳　壹張

一御打敷　壹片

一御位牌敷　壹片

右者、為大功德院宮御菩提、従妙勝定院宮御方御寄附、今院納候、以上、

巳六月三日　龍光院

役者印

武藤左衛門殿

弘化二年六月二十四日

伏見宮貞敬親王ノ王女有慶宮、中宮寺宮成淳ノ養母ト為ル、有慶宮、故韶仁親王ノ養女ト為リ、中宮寺宮榮暉織仁親王女、ノ附弟トシテ同寺ヲ相續スベキ旨治定セルヲ以テナリ、

〔伏見宮日記〕○史料編纂所蔵

弘化二年五月十日

一有栖川宮御使粟津圖書頭ヲ以、旧冬被仰進候宮（榮暉）御儀茂有之ニ付、被仰進候、先頃以来中宮寺宮御違例ニ付、御附弟之儀、故一品宮（貞敬親王）御末女有慶宮御方、大功德院宮（韶仁親王）御養女ニ御所望被成、中宮寺宮江被進度御頼被仰入候、尤今朝飛脚到来之所、殊之外御勝不被成趣ニ付、火急ニ御願被成度由被仰進、則申入候所、御勝不被成候段於此御方茂御案し被成候、有慶宮御方之儀委細被

成御承知候、是ゟ御返答可被仰進旨御相答也、
但図書頭申述候者、実ハ昨日御大切之趣ニ
付、兼而御内ゝ被仰合も有之、寔鷹司様江右
之段御相談之所、此度ハ御惣方ゟ之御願之
方御宜、尤御密子と申而者不容易事ニ付、御
即答茂被遊兼候由、右ニ付御養子ニ而御宜
と図書頭申述、左候ハゝ御勝手ニ御申合可
然旨御返答有之ニ付、明日傳奏衆江御願書
可被差出旨申述候也、

十一日

一　傳奏月番日野前大納言殿江御使後藤攝津守
着麻上下、左之通御口上申述書付差出候処、被
致落手候旨御請被申上候也、尤非番徳大寺大
納言殿江茂御使相勤、御月番江御願被差出候
間、宜頼思召之旨被仰入候事、
但有栖川宮中宮寺殿ゟも一同ニ御願也、則
同時ニ御使相勤候由也、

口上覚

中宮寺宮御違例御勝不被成候ニ付、御附弟
之儀御願被成度、就而者故一品勝光明院宮（貞敬親王）
御末女有慶宮十二歳有栖川故一品大功徳
院宮御養女ニ被成御所望、御附弟御願被仰
立候趣、依之従此御方も御同様御願被仰立
候間、此段宜御沙汰頼思召候、以上、

巳五月　　伏見殿御内　後藤攝津守

徳大寺大納言様
日野前大納言様
御雑掌中

六月廿四日

一　傳奏月番徳大寺大納言殿ゟ使を以、御達被申
候義有之候間、諸大夫壹人被相招、依之織部正
着平服罷越候処、雑掌滋賀右馬允面會ニ而、先
達而御願被為在候故一品宮御末女有慶宮、有
栖川故一品為御養女中宮寺御室御相續之儀
御願之通被仰出候段被申上、則言上可申旨申
述、帰殿右之趣及言上之後、直様御使大和守着平服麻上下
御同卿御里亭江罷越、御願之通被仰出畏
被思召候段御請被仰上、且右ニ付前邊何欤と
御世話之儀忝思召候段御挨拶被仰入候也、

一　有栖川宮御使前川雅楽少允を以、右御願済御

吹聴、且御歓御一同様江御一統様より被仰進、将又御養母之儀妙勝定院宮御方御治定被為在候段被仰進、

〔有栖川宮日記〕○高松宮家蔵

弘化二年六月廿四日、甲寅、晴、

一妙勝定院宮江有慶宮御方御母儀之義御頼被仰上、則御承知之旨被仰出、

右之趣茂伏見宮江御使之節被仰進候事、

〔御系譜〕○禁裏執次詰所本

伏見殿

貞敬親王

成淳　号有慶宮

母家女房

天保五甲午年四月十一日誕生、

弘化二乙巳年五月十日、有栖川韶仁親王為

養女、

弘化三年正月二十七日

昨二十六日、天皇孝仁崩御アラセラレシヲ以テ、是ノ日、参内ス、既ニシテ二月十一日御内棺、十四日御入棺ノ儀ヲ行ハセラルルヲ以テ、夫々参内宿侍ス、

〔有栖川宮日記〕○高松宮家蔵

弘化三年正月廿六日、壬午、雪降、

一禁中執次鳥山越前守ゟ来状

御用候間唯今早〻非蔵人口江御参候様

議奏橋本殿被仰渡候、仍申入候、以上、

正月廿五日

右返書遣ス、

一即刻非蔵人口江参上對馬守

橋本中納言殿御面會ニ而被申上、

去ル廿二日ゟ主上少々御違例被為在候

処今暁ゟ至而御六ヶ鋪御様子ニ被為在

候間、今日ゟ日〻御機嫌御伺御参被為在

候様被申上、尤御一列御順達被為在候様

ゟ之儀也、帰殿及言上、

廿七日、癸未、曇、

一妙勝定院宮御出門午刻過、御機嫌為御伺御参

内、（○御供略）還御酉下刻、

二月十一日、丁酉、晴陰、

一妙勝定院宮御方御出門申半刻、御参内、（○御供略）今

夜御宿明朝辰刻御迎参上也、

一今夜御内棺被為在候事、

十二日、戊戌、雨陰、

一妙勝定院宮昨夕ゟ御参内御止宿之処今朝辰

刻前御迎（○御供略）還御辰刻、

十四日、庚子、晴陰、

一妙勝定院宮御方御出門未刻、御参内、（○中略）今夜

御止宿ニ被為成、

一今夜御入棺被奉移清涼殿江候趣敬承、

十五日、辛丑、雪、

一妙勝定院宮昨夜禁中御止宿ニ付辰刻為御迎

参上、（○御供略）午刻前御退出、

〔東坊城聰長日記〕

弘化三年正月廿六日、寅剋許權中納言以狀被示、
主上御惱意外之由早可參旨也、直顚倒衣冠走參、
時關白殿相役各參上、武傳德大寺大納言坊城前
大納言予等早々可參于御前關白殿被命、三人直
參于御寢間、女房數人奉抱擁、醫師兩三輩候御前、
拜天顏、實以御事切之樣也、恐歎々々悲啼何事哉、

〔山科言成卿記〕

弘化三年正月廿六日、(中略)主上御違例御急病之
趣、恐懼愁歎、競悚慟哭了、
二月二日、(中略)戌刻比主上被召御船之間、近習一
同可參御前云々、

〔野宮定祥日記〕

弘化三年二月六日、壬辰、天晴、天曙之程、天皇崩御
寅剋之旨飛鳥井中納言被示、且今日中可伺御氣
色云々、
十一日、丁酉、天陰、間雪散、今夜御内棺也、
十四日、庚子、陰晴不定、今夜御入棺也、

弘化三年二月十六日
生母藤原(堀河)依子ノ十七回忌(正當四月九日)法事ヲ廬山
寺ニ於テ修セシメ、参詣シテ之レヲ聽聞ス、

〔有栖川宮日記〕○高松宮家蔵

弘化三年二月十五日、辛丑、雪、

一、信行院殿妙勝定院宮御実母十七回忌御法事御引上、當十四日・十五日寺門江被仰付候所、昨日御差支ニ而十五日・十六日両日ニ相成、四月九日御相當之処引上也、右於廬山寺執行、

御寺詰豊嶋治部権少輔　田中舎人

加藤但見

外ニ安藤大監懸りニ付別段参上、

御逮夜法華三昧

両日ニ而御法事料白銀三枚被納、

其餘御非時料者奥向より御賄之事、

御寺詰帳如左、

一、宮御方より

葩三十片一臺

御花　壱筒

一、妙勝定院宮御方より

葩三十片一臺

御香奠金百ひき

御花　一筒

十六日、壬寅、晴陰、

一、信行院殿年回ニ付妙勝定院宮巳半刻御出門ニ而廬山寺江御成、供略御還御未刻過也、

弘化三年四月十八日

夷川御殿ニ内々逗留ノ爲、移徙シ、自今同御殿ヲ芳井御殿ト改稱ス、尋イデ翌年四月五日ニ至リ、表向移徙ヲ届出デ、之レヲ披露ス、

〔有栖川宮日記〕○高松宮家蔵

弘化三年四月十八日、癸卯、晴、

一、妙勝定院宮御方美川御殿江御内〻為御逗留今日御引移之事、御出門巳剋、

（○御供略）

美川御殿自今被称芳井御殿与候事、

〔有栖川宮日記〕○高松宮家蔵

弘化四年三月十九日、戊戌、晴陰、

一、妙勝定院宮御方美川御殿江御引移之儀昨日幸徳井陰陽助江日時勘文被仰付候所、四月五日、十三日、廿六日三ヶ日改勘進候事、依之両御殿伺之所五日御治定相成候事、

四月五日、甲寅、小雨後晴、

一、妙勝定院宮御方昨午年四月十八日芳井御殿江御内〻為御逗留被為成候処、此度表向御届、并為御知等相済今日御徙移之事、

弘化四年八月十六日

芳井御殿ニ於テ妙法院宮教仁親王ヲ戒師トシテ剃髪ス、尋イデ九月十五日剃髪後初メテ本邸ニ到リ、即日帰殿ス、

〔有栖川宮日記〕○高松宮家蔵

弘化四年八月十六日、癸亥、晴、

一、今正辰剋芳井御殿ニおゐて妙勝定院宮御方御剃髪被為遊候、

右無御滞被為済候旨彼御殿當番安藤能登介より書面ニ而申来ル、右ニ付直様芳井御殿江御使治部権少輔、御剃髪無御滞被為済御安心之御事と思召候、依御使ヲ以被仰進候、

有栖川宮系譜

韶仁親王

（中略）

御息所宣子女王

（中略）

弘化四年八月十六日、御剃髪、

御戒師天台座主教仁入道親王、

271/240

有栖川宮日記　○高松宮家蔵

弘化四年九月十五日、辛卯、天晴、

一妙勝定院宮御方巳刻御成、御書・御膳・御中酒等

被進、還御未半刻、

但御剃髪後初而被為在候ニ付、御供一同礼

服着用、

嘉永四年二月十九日

韶仁親王ノ七回忌〔正当二月二十六日〕ニ当ルヲ以テ、芳井御殿ニ知恩院宮尊超親王ヲ招請シ、法事ヲ修ス、幟仁・熾仁両親王、参殿シテ之レニ列座ス、

有栖川宮日記　○高松宮家蔵

嘉永四年二月十九日、丙子、晴、

一宮御方御出門辰半刻、芳井御殿江御成、（奉。供略）還

御亥半刻、

一帥宮御方御出門同刻、御同所江御成、（奉。供略）還御

同刻、

今日御成者大功徳院宮就七回御忌、知恩院

宮も被為成御仏事被為在、且御非時等被進

候由也、

文久元年八月二十八日
熾仁親王ニ箏銘ヲ子日ト云フ一張ヲ譲進ス、

編修課

〔有栖川宮日記〕○高松宮家蔵

文久元年八月廿八日、癸未、天陰、

一芳井御殿より　御使鎌田蔵人

若宮御方へ御箏一張有箱為御譲被進、

御箏

御銘　子日

閑院如是相院宮孝仁親王御撰

拾遺集　斎宮女御

松風の音に乱るゝ琴のねを

ひけはねの日の心地こそすれ

書陵部（三号）

文久二年三月七日
生母藤原堀河依子ノ三十三回忌正当四月九日、法事ヲ廬山寺ニ於テ修セシメ、参詣シテ之レヲ聴聞ス、

編修課

〔有栖川宮日記〕○高松宮家蔵

文久二年三月七日、己丑、晴、

一、芳井様御実母信行院殿三拾三回忌御相当ニ付今明日御法事、依之廬山寺江御参詣之事、

右御成ニ付青侍三人御近習壱人押以下如例、夫々彼御殿江相廻ス、

八日、庚寅、

一、妙勝定院宮御方御實母信行院殿三十三回忌御法事四月八日〔九ヵ〕正当御引上、廬山寺ニ而執行被仰付、

御寺詰嶋岡右衛門大尉　田中来女

書陵部（三号）

岡村小膳

昨七日光明供
今八日法華三昧
右嘉永七年五月之節通也、
御備如左
宮御方〻
葩　三十片　一臺
御花　一筒
妙勝定院宮御方〻
花ひら　三十片　一たい

御香奠金　百疋
宮〻御方〻
葩　三十片　一臺
微妙覚院御方（略中）　御代香竹原伊織
御香奠金　百ひき
（略中）
右御法事両日ニ而白銀三枚被下、御法事終
而後嶋岡右衛門尉芳井御殿江出殿、無御滞
被為済候旨申上、

文久三年八月二十四日
世情物騒ニ依リ、芳井御殿ヨリ嵯峨ノ大覚寺ニ
立退キ、逗留ス、既ニシテ九月十六日、芳井御殿ニ
還ル、

編修課

〔有栖川宮日記〕　○高松宮家蔵
文久三年八月廿四日、戊戌、晴、
一妙勝定院宮御方此度非常ニ付御立退且御所
労為御保養大覚寺御室江暫為御逗留御成御
出門巳半刻、御道筋先御門前西江寺町、竹屋町
通西江室町、北江下立売通御前通夫ゟ大将軍
前通御順路被為成、椿寺御小休、御室木瓜屋廣、
澤等御小休、未半刻過大門御室江御着之事、
御行粧如左
先拝　押　青　青侍 青侍　御警衛 御警衛　同 同　同 同

御近習　同　同　御警衛　同
御輿丁六人　諸大夫　御医師　御箱　御茶
御近習　同　同　御警衛　同　諸大夫　御箱
弁当　御替輿丁四人　挾　手明　手明　手明　手明　笠籠　同
押　群行
但御警衛鑓持御医師薬籠侍共
供奉青侍三人岸右京、水野物集女、池田民部
田中采女紀伊守・伊豫守各火事装束、其餘非常
御供立准之、
一今日御成ニ付水戸殿ゟ御警衛如左、

江原清右衛門　乾又八郎
西宮和三郎　川瀬介三郎
（○以下六名略）
右
一今日御成ニ付大覚寺御室ゟ御詰合
御近習　（アキマヽ）
青侍　（アキマヽ）
九月十六日、庚申、雨、
一妙勝定院宮御方去月廿四日ゟ大覚寺御室江
為御逗留御成之所今日還御被為在候事、

（○行列略）
右午刻前大門御室御出門、御室木瓜屋椿寺等
御小休被為在、御成之節通御順路河原御殿還
御申刻、
（○供奉略）

（忠能卿記）
文久三年八月十八日壬辰、
寅刻頃ヨリ追々騒立、西方ヨリ會ノ士砲卒三十
人許誘引切火縄、予門外邊ニ羣居、往来人ヲ止ル
様子也、追々諸藩士騒動小具足本具足之士奔走、
不知子細、何分大變也、天明頃鷹司家ヘ諸士押寄
旨風聞、

元治元年七月十九日
蛤御門周邊ニ於テ合戰アリ、仍リテ芳井御殿ヨリ田中村ノ柳別莊ニ立退キ、逗留ス、尋イデ八月五日、芳井御殿ニ還ル、

編修課

〔非藏人日記〕
元治元年七月十九日、丁巳、
議奏衆加勢御各參侍、當番無差別、參（關）白殿、右大臣、尹宮、常陸宮、内大臣殿等御參、從卯刻過於御築地内外砲發音頻也、蛤御門、堺町御門ヨリ武士等打入、唐御門前南門前其外於御築地内戰爭、諸家女火炎上等有之、依之兩役衆始公御殿上人衆被候于常御殿、同列依議奏衆之命候于同殿、一同參候也、

書陵部（三号）

〔有栖川宮日記〕　○高松宮家蔵
元治元年八月五日、癸酉、晴、
一妙勝定院宮御方過十九日ゟ柳御別莊江御立退被為在候処、今日芳井御殿江還御之事、

書陵部（三号）

元治元年九月二十三日
病氣保養ノ爲大德寺看松庵ヲ借リテ之レニ寓居ス、

編修課

〔有栖川宮日記〕○高松宮家蔵

元治元年九月廿二日、庚申、晴、
一妙勝定院宮御方明廿三日昼後御出門大德寺中看松庵江被為成、暫之間御逗留之事、
廿三日、辛酉、晴、午刻後雨、
一妙勝定院宮御方午刻後御出門ニ而大德寺中看松庵江暫之間為御滞留被為成候事、

慶應元年七月十七日
近來病狀勝レザルヲ以テ、大德寺看松庵ヨリ輪王寺宮里坊ニ移リ、更ニ二十二日、同宮河原御殿ニ入リテ逗留ス、尋イデ去年九月以來借用セル看松庵ヲ返却シ、庵主ニ白銀百枚・疊表三十枚ヲ贈遣ス、

〔有栖川宮日記〕○高松宮家蔵

慶應元年七月十三日、乙亥、晴、
一依召參上　　渡辺出雲守
妙勝定院宮御方昨八月来御所労為御保養大德寺中看松庵江被為成、御逗留被為在候處、至此節ナゝ御勝不被遊候ニ付、来十七日芳井御殿江還御被遊候ニ付、昨年御届ゝ被為在候ニ付猶又右還御之儀御届被遊候、尤御使并之義ゝ是迄通夷川御殿江被差出候様申入、且准后御方御初江ゝ右御同様可然取仮〔扱〕之儀御沙汰之趣申入候處敬承之趣、且輪王寺宮河原御殿江被為成度思召ニ付御口上趣前顯傳奏衆江之御口上通委細申入、猶御内儀江御内々御願之趣申次之義演舌之處猶可申上敬承也、尤妙勝定院宮御方奥向老女辺ゟも長橋殿手續ヲ以御内々御願在之候得共、表ゟも前件御申入置之事、
十七日、己卯、夕景雷鳴一聲強、
一妙勝定院宮様今日従看松庵輪王寺宮御里坊江御移轉、辰半刻御出途、先本法寺玄関次ニ入

江御所御輿寄等ニ而御小休御里坊江午刻頃
御動揺も不被為在無御滞被為成、（○奉供略）
於入江御所平野圏輔拝診御薬調進、同御所
一、御菓子被進之、
日光御隠殿之方江可被為成之所御掃除等未
出来ニ付不取敢御里坊江御成、表向者御隠殿
江被為成候振合也、
廿日、壬午、晴、
一　　隅野宰輔
妙勝定院宮御方今朝初而拝診被仰付彼御殿

一、参上、且詰宿番之儀も被仰付、
廿二日、甲申、雨、
一妙勝定院宮御方御隠殿御掃除出来ニ付、御里
坊より御引移被為在候事、
八月十五日、丁未、
一妙勝定院宮御方去子年九月来大徳寺中看松
庵ニ為御滞留被為成候処、今度還御ニ付、今日
為引渡松浦左兵衛権大尉行向、且為御会釈被
下物遣如左、
一白銀　百枚、

一畳表　三拾枚
右看松庵江

慶應二年九月二十八日
豫テ輪王寺宮河原御殿ニ於テ病氣療養ニ努メ
シガ、月初以來病狀亢進シ、是ノ日終ニ薨ズ、年六
十七、

〔有栖川宮日記〕〇高松宮家蔵

慶應二年九月四日、庚申、晴、

一、御隠殿（輪王寺宮）當番より昨夜己来御容躰言上如左、

昨日未尤御同様至今朝御飲食御同容御症

氣些被為催候得とも鬼角御呼吸劇敷、御微

咳御胸痛、御心下御閉塞之御容躰、御傳ハ両

度御平便ニ被為在候得とも此上御下利ニ

被為移候哉も難斗、加之御跗上ニ御微腫之

辺も被為在候様堀元厚拝診云々、

右御容躰ニ付奥向より和泉不取敢参上、太

宰大監も参り御様子奉伺、且御直ニも伺之

上明日晝頃より御成之儀申上、

五日、辛酉、晴、

一、宮御方午刻過後早々御出門御隠殿江被為成、（〇御以下略）還御申刻、

〔桂宮日記〕

慶應二年九月廿九日、癸酉、天晴、自有栖川宮諸大

夫来状如左、

桂御所

諸大夫御中　藤木雅楽頭

以手紙得御意（怫然カ）ハ妙勝定院宮御方御違

例之処不被為叶御養生昨夜戌刻過被薨候、

依之中務卿宮御方、岸君御方五旬御暇、十

三ヶ月御着服、帥宮御方三十日御暇百五

十日御着服候、此段為御知可申入旨労如

此御座候、以上、

九月廿九日、

閑院宮系譜

美仁親王

王女　名實枝

母某少將

（中略）

慶應二丙寅年九月廿八日薨　六十七歳

大徳寺中龍光院江葬、

慶應二年十月十三日

葬送ノ儀アリ、大徳寺龍光院内ノ有栖川宮墓地ニ葬ル、法名ヲ妙勝定院宮永譽慈圓融意白蓮ト云フ、

桂宮日記

慶応二年十月三日、戊子、天晴、

一従有栖川宮諸大夫来状如左、

桂御所諸大夫御中　藤木雅楽頭

以手紙得御意候、然者妙勝定院宮來ル十三日酉刻大徳寺中龍光院江御葬送之御事ニ御座候、仍而此段爲御知可申入旨ニ付如此御座候、已上、

十月

桂宮日記

慶應二年十月十三日、戊戌、天晴、今宵妙勝定院宮有栖川故一品宮御息所、御葬送也、御門前御通行ニ付、御臺所門臺提灯、書。略註御築地東角同一張被差出之、

前儀ニ付大徳寺中龍光院江御見送使朝倉越前介、着狩衣勤之、

〔龍光院所藏記録〕○龍光院藏

（外題）
「慶應貳丙寅年十月十三日妙勝定院宮尊儀御
當座展待」

銀納

弐貫百五拾目　但銀五拾枚従御裏御殿来

〔陵墓要覧〕

（詔仁親王）
同妃宣子女王墓（有）

京都府京都市北区紫野大徳寺町

大徳寺中龍光院内有栖川宮墓地

無縫塔　妙勝定院宮永譽慈圓融意白蓮尊儀

詔仁親王實録

室　平豐島勝子

志満　有栖川宮日記

千里　有栖川宮日記

圓明院　有栖川宮日記

圓明院壽月勝光大禅定尼　有栖川宮日記

有栖川宮諸大夫豊島（平）勝文ノ女ナリ、天明二年
三月十五日誕生ス、諱ハ勝子、詔仁親王ノ宮ニ仕

ヘテ志満ト曰ヒ、文化六年七月十四日、王女萬宮ヲ生ム、

編修課

〔有栖川宮日記〕○高松宮家蔵

文化六年七月十四日、壬申、晴、

一戌之一天姫宮御誕生、御腹志満、上総宮御子、御

産家山名民部宅ニ而、

廿日、戊寅、晴、

韶仁親王御子

一新誕姫宮可奉称萬宮旨被仰出、

〔有栖川宮日記〕○高松宮家蔵

安政二年九月十二日、壬申晴、

一今夜御隠殿於終焉間入棺之事、

夕景ゟ龍光院役者彼御殿江参入ニ而認之、

儀首座・高首座両人参向也、

有栖川二品中務卿織仁親王家御實母、

石井前中納言行宣御猶子、

豊嶋民部権少輔勝文女、

勝子、

号圓明院壽月勝光大禅定尼、

天明二壬寅年三月十五日生、

安政二乙卯年九月十一日逝、歳七十四、

附記、銅版之表書是ニ同し、依便宜爰ニ記、

【有栖川宮系譜】

韶仁親王
　女王
　　御母家女房嶋、又千里、
　　　石井前中納言行弘〔宣〕卿猶子、實家諸大夫豊
　　　嶋民部権少輔勝文女、
（○中略）
文化六年七月十四日御誕生、号萬宮、

文化九年正月五日
王子幟仁親王ヲ生ム、

【有栖川宮日記】○高松宮家蔵
文化九年正月五日、己卯、晴、
一戌上刻若宮御誕生、御腹しま、上総宮御方御子、
　御産家嶋岡造酒宅、
十一日、乙酉、雪、
一新誕若宮可奉称上総宮御子八穂宮被仰出、
　右一統江申渡ス、
一八穂宮御方ゟ御七夜ニ付被進被下如左、
（○中略）
　かちん　三　一ふた
　するめ　二連
　金　五百ひき　、
右　産婦しま江、

文化十年八月二十六日

王子慈性親王ヲ生ム、

編修課

有栖川宮日記　○高松宮家蔵

文化十年八月廿六日、庚申、晴、

一卯上刻若宮御誕生、御腹志満、

中務卿韶仁親王御子、御産家前川太宰少監宅、

九月三日、丙寅、晴、

一新誕若宮可奉称精宮被仰出、

一精宮御方占御七夜ニ付被進被下如左、

（○中略）

賀ちん三　一ふた

するめ　弐連

書陵部（三号）

文化十二年九月十二日

王子公紹親王ヲ生ム、

編修課

金　五百ひき

右産婦志満江、

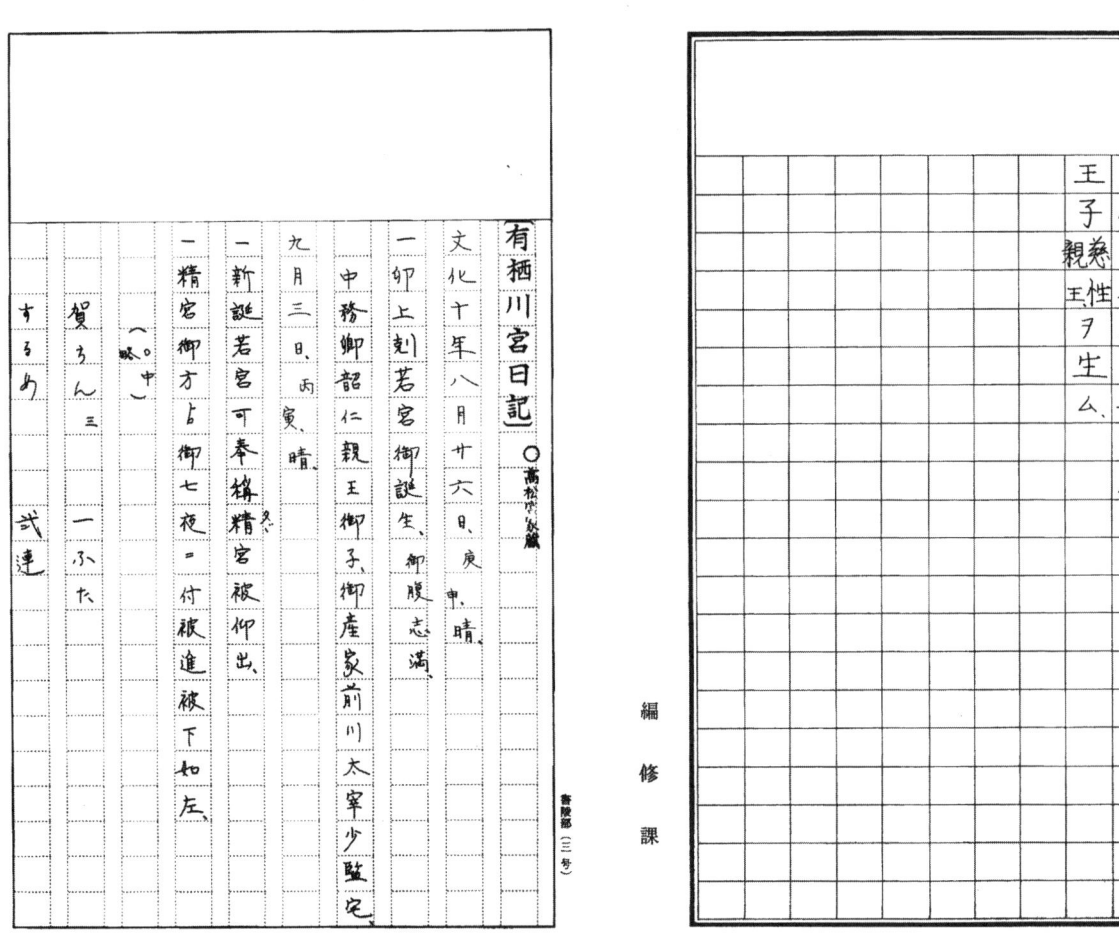

書陵部（三号）

〔有栖川宮日記〕○高松宮家蔵

文化十二年九月十二日、甲午、陰晴、

一今暁寅上刻若宮御誕生、御腹志満、

中務卿韶仁親王御子、御産家局九帖敷間、別棟也、

十八日、庚子、雨陰、

一新誕若宮可奉称菊宮（喜久）被仰出、

一菊宮御方ゟ御七夜ニ付被進被下如左、

（中略）

かちん 三　一ふた

するめ　弐連

書陵部（三一号）

金 五百疋

右 産婦志満江、

書陵部（三一号）

文化十三年九月十三日

若年寄ト爲リ、志満ノ名ヲ改メテ千里トヨフ、

編修課

〔有栖川宮日記〕○高松宮家蔵

文化十三年九月十三日、

一奥女中之内

宮様御側御召仕　志満事、

右若年寄ニ被仰付、千里ト改、

右之通今日於奥向老女より申渡候、雖有御

請申上候由、

書陵部（三一号）

文化十四年正月三十日
王子他宮ヲ生ム、

〔有栖川宮日記〕○高松宮家蔵
文化十四年正月三十日、甲戌、晴、
一今日申上刻若宮御誕生、御腹千里、
中務御韶仁親王御子、御産家前川太宰少監宅、
二月六日、庚辰、雨、
一新誕若宮可奉称、他宮（ヨリ）被仰出、中務御宮御子、
右一統江申渡、

書陵部（三号）

編修課

文政元年九月二十九日
去年正月他宮ヲ出産ノ後、有栖川宮家臣前川茂徽宅ニ寓セシガ、同年二月二十日、茂徽ノ母ノ死去ニ依リ、同宮諸大夫粟津義敦宅ニ転居ス、既ニシテ茂徽所太秦村ノ大石兵庫宅ニ移リ、更ニ領宅ノ傍ニ新宅ヲ建造セルヲ以テ、是ノ日之レニ入居ス、

〔有栖川宮日記〕○高松宮家蔵
文政元年九月廿九日、甲子、晴、
一　　千里
昨年（文化十四年）春正月他宮様御誕生申上候節前川太宰（茂徽）少監宿ニ被預置候処、二月廿日太宰少監母豊瀬死去ニ付、即日粟津甲斐守（義敦）宅江他宮様とも御預り申上、其後六月頃御領分大石村ニ而大石兵庫江御預ケ被仰付御移り、然ル処此度太宰少監宅地之奥ヘ御殿御抱地之内右千里住居之家出来ニ付、去ル廿五日千里甲斐守宅江

書陵部（三号）

編修課

移リ、今日則右新宅へ移リ、

弘化二年三月十日

去月二十六日、韶仁親王薨去シ、是ノ日、葬送ノ儀ヲ行フ、仍リテ有栖川宮邸ニ赴キ、棺前ニ告別ノ焼香ヲ行フ、

〔有栖川宮日記〕○高松宮家蔵

弘化二年二月廿六日、丁巳、晴、

一宮御方御出門午刻、一事御傳授御請御礼として御参内、（○供奉略）還御未刻過、

一宮御方今日御退出後於御座間御卒倒、卒中風之御様子也、早速醫師被召呼候㕝、

一子刻比医師ゟ御様躰書内々差上、如左、

中務卿宮様御様躰早春已来餘寒ニ被為中御疝氣御發動、時々御腹痛御腹浮等被為在候得共各別之御事も不被為在候ニ付、當帰温中湯調進仕候、（○中略）今廿六日御参内被遊候處、御退出後卒然与御顛倒被遊、御膝頭御損傷甚敷、御痰涎壅盛被遊、御昏睡〔睡〕被遊、卒中風之御症被為發候与奉診候ニ付、三生飲加竹瀝調進、烏犀円御兼用ニて少々者御聞之御様子も被為在候得共、御手足御微冷被遊御虚候奉診奉恐入候、以上、

二月廿六日

福井典薬少允

高階美濃守

山本安房守

中山佐渡介

高階清介　鎌田廉吉
秋吉雲桂　同　大年

三月十日、辛未、曇、
一今夜戌剋御葬送、御出棺酉剋、依之早朝ゟ諸事被催之、
一御出棺之儀　但仮之御次第也、
先朝ゟ従便宜御暇乞御拝礼御焼香之儀被催、
先上總宮御方
実枝宮御方

大覺寺宮御方
次諸大夫侍御用人近習中奥末勤迄不残、
（略○中）
次老女、若年寄、惣女中、（平勝子）
（略○下）
一巳下剋御棺新廊下江奉出近習中奥役之、

弘化三年四月十五日
上﨟格ト爲リ、二人扶持ヲ加給セラル、尚、是ヨリ
先、薙髪シテ圓明院ト號ス、

編修課

〔有栖川宮日記〕○高松宮家蔵
弘化三年四月十五日、庚子、晴陰、
一、圓明院今日被召出於御側被仰渡之次第、（韶仁親王家女房豐嶋勝子）
今度以思食上﨟格被仰付中清之御取扱被成下候事、
四月十五日
圓明院方
今度被仰渡候ニ付被下物是迄之通、外ニ弐人扶持被下之事、
四月
此書面於御前老女渡之、

難有御請申上候事、
〔頭書〕於朝日御料理被下一汁五菜吸物一、菓子
薄茶等中酒小皿肴、
宮様
妙勝〔定脱〕院様江
御肴一折ツヽ
為御礼献上之事、」

書陵部（三号）

〔有栖川宮系譜〕
韶仁親王
　女王
御母家女房嶋 又千里、
（中略）
弘化四年〔マヽ〕薙髪稱院号、
〔按〕勝子ノ薙髪ノ時期明ラカナラズ、

書陵部（三号）

弘化四年三月二十一日
前権中納言石井行宣ノ猶子ト為ル、

編修課

〔有栖川宮日記〕○高松宮家蔵
弘化四年三月廿一日、庚子、陰晴、
一石井宰〔行弘〕相殿江　圖書頭 麻上下着
時節御口上、此度上総宮御方御実母圓明院
事、當前宰〔行宣〕相殿之御猶子之儀御頼被成度旨
以御使御頼被成候旨被仰入、
右圓明院方年齢書（未六拾六才）并豊嶋民部権少輔
女之趣剪紙ニ認メ持参、
但シ此義過日武藤左衛門を以御内々御
頼ニ相成、則内々之所御門流之義ニ付一

書陵部（三号）

應内府殿江相伺、其上御請可申上之由右
武藤江向ケ一書到来、内府殿江伺候處何
茂御差支茂無之旨御請被申上ニ付、今日
表向以御使御頼被仰入有之候義也、
右宰相殿少々所労ニ付少納言殿（行違）御面會御
直答、御口上之趣承知被致、目出度御請被申
上候旨也、且又右ニ付圓明院先参上被申候
苦なから追々御慶事も有之ニ付、先此御方
江御出有之度、来月朔日・四日之内御参之義
御頼被成度旨被仰入、尚自跡可被申上旨也、

四月朔日、庚戌、天晴、

（附箋）圓明院方
石井宰相殿猫子一件

（案）有栖川宮日記弘化四年四月朔日條ニハ附箋ノ外ニ關係ノ記事ナシ、

嘉永七年四月十七日

是ヨリ先、居宅類焼セルヲ以テ、里方ナル豊島家ニ立退キ逗留セシガ、是ノ日、輪王寺宮御隠殿ヲ借用シテ之レニ移リ、幟仁親王ノ来訪ヲ迎ヘ、近時、病勝レザルヲ以テ、親王ニ對面センコトヲ懇請シ、此ノ事アルナリ、

編修課

（有栖川宮日記）○高松宮家蔵

嘉永七年四月十七日、乙卯、晴、
一宮御方未刻御出門ニて輪王寺宮御隠殿江御成、（○中略）還御申刻、
附記、今日御成之儀者、御實母圓明院方住居類焼ニ付豊嶋家江立退之処、兼而病気之上、尚又不被相勝候ニ付、一應御對面相願候段被申上候旁、以今朝より輪王寺宮御隠殿御借用ニて住居、依而今日御成御對面之事、

安政二年九月十日

去ル八日、卒中風ヲ發シテ衰弱甚シク、是ノ日、終ニ輪王寺宮御隠殿ニ於テ死去ス、年七十四、喪ヲ秘シ、翌十一日、申半刻死去ノ旨披露ス、尋イデ十二日、入棺アリ、十四日、内々遺體ヲ大徳寺龍光院ニ移シテ密葬シ、十六日、葬送ヲ行フ、

〔有栖川宮日記〕○高松宮家蔵

安政二年九月十日、庚午、晴、

一御実母圓明院事追〻申上有之容躰書如左、

　當月八日夜戌剋卒中風相発、膈疼熱劇鋪昏睡脈洪大、右半身不遂、小水自遺等ニ付、執匕秋吉雲桂傍観鎌田廉吉相談仕候而金匱小續命湯加犀角兼用烏犀圓調剤、薬汁者少〻宛納り候得共難開、尤穀氣者一切納り不申、追〻衰弱甚敷候ニ付、中山攝津守参詣候処、追〻差重、薬者全同案之趣ニ付、引續輪王寺宮ゟ被仰付高階安藝守参詣候処、是又同様申、薬も同案之由、九日夜呼吸促迫ニ付、竹瀝姜汁調剤候得共兎角開かね、十日追〻指重口眼喎斜等加候趣也、

　　執匕　秋吉雲桂

　　　高階安藝守　　中山攝津守

　　　鎌田廉吉　　鎌田駒助

　　　隅野宰輔

右ニ付太宰少監嶋岡右衛門大尉昨夜ゟ罷越ス、今朝ゟ木工頭始御用人等追〻罷越候事共也、

一中務卿宮午剋過御出門ニ而日光河原御殿圓明院方江御成、（○御供略）還御未半剋、

一今夜戌剋斗前川太宰少監田中舎人出殿ニ而圓明院事追〻病氣差重り醫師共種〻手を盡候得共唯今及大切候段注進申上候事、

　木工頭承り及言上、夫〻手配り申渡候事、

十一日、辛未、陰天、

一帥宮御方御出門辰半剋輪門御隠殿江圓明院

為御尋被為成、（○中略）御還御午刻、
一、中務卿宮御方御出門午半刻、御同所江御成、（○中略）還御申刻也、
一、圓明院容躰追々差重り候事醫師ゟ差出候弐度目三度目容躰書如左、初度之様躰書昨日之所有之、
十日未刻頃ゟ御手足漸御厥冷御催、御痰氣御閉塞被為在ニ付、攝生飲加殺羊角調進仕候所、兎角御難症御加重被為在、尤御兼用烏犀圓も連進仕候所、御薬汁御納り

少々被為成、夜中追々御衰弱甚敷被為成候、今十一日朝ゟ三生飲調進仕候処何分御開達難被為在御厥冷追々御増被為在候、
九月十一日申刻、
執匕　秋吉雲桂
高階安藝守　中山攝津守
鎌田廉吉　鎌田駒吉
隅野宰輔
十一日申刻後追々御厥逆甚敷御脈微々

被為成候ニ付通脈四逆湯調進仕、猶又四逆加人参湯調進仕候処追々御危篤ニ被為成申半刻被為及御大切候、
九月十一日申半刻、
名前同上、
右書面奥向江も申入候後輪王寺宮坊官江奉輪を以御知セ被仰入候事、
無程養生不相叶卒去之趣詰合前川太宰少監注進有之ニ付及言上、夫々江成基申達候事、

右ニ付即刻御引籠候事、
十一日、辛未、陰天、
一、圓明院終焉迄者輪門御隠殿ニ候得共、今日ゟ豊嶋家依由緒本所ニ被仰付、則申達候所御請申上、
十二日、壬申、晴、
一、今夜御隠殿於終焉間入棺之事、
夕景ゟ龍光院役者彼御殿江参入ニ而認之、
儀首座嵩首座兩人参向也、
有栖川二品中務卿幟仁親王家御實母

石井前中納言行宣〔宣〕御猶子、豊嶋民部権少輔勝文女、

勝子

号圓明院壽月勝光大禅定尼、

天明二壬寅年三月十五日生、

安政二乙卯年九月十一日逝、歳七十四、

附記、銅版之表書是ニ同し、依便宜爰ニ記、

但し銅之所此度瓦を用ひ候事、

十三日、癸酉、晴、

一、参上　龍光院役者

出会武藤左衛門権大尉

申達置候品目夫々持参之事、

圓明院殿御葬式品目

九月十六日酉之剋

引導法語

同風経（マヽ）　楞厳神呪

導経　彌陀神呪

御廟諷経　大悲神呪

安牌諷経　光明真言随求陀羅（尼脱カ）呪、大悲神呪

右　龍光院

右一通

十四日、甲戌、晴、

一、圓明院今日より本所豊嶋家引移之事、雖然臨時非常之儀も難斗候故兼日より内決ニ而極内々龍光院江下り被申候事也、

夫ニ付前後付添見送之輩

豊嶋治部権大輔、中川越前守　前川太宰少監

（以下見送リノ輩略）

於龍光院窒々埋葬無滞相済、追々帰り一統丑剋斗引取候趣当番江申出承り候事也、

〔按〕有栖川宮日記ノ安永二年九月十六日條ニ圓明院ノ葬儀ニ関スル記事等ナシ。

安政二年十一月十一日
石塔ヲ建立ス、乃チ是ノ日、大徳寺龍光院ニ於テ立塔供養ノ事アリ、

編修課

〔有栖川宮日記〕　○高松宮家蔵

安政二年十一月九日、戊辰曇

一參殿　龍光院役者　蒿首座
來ル十一日圓明院殿立塔供養品目持參如左、

來十一日御立塔諷經
大悲神呪三返
右　龍光院

右伺之通被仰付候事、

十一日、庚午晴、

一龍光院　御代香坂部主殿
圓明院殿御塔江御代拜相勤候事、

一同院江　參向鎌田隼人
今日圓明院殿御立塔供養修行ニ付、參向之事、

輪番
平僧於御塔前讀經畢、

四親王家実録 42

有栖川宮実録 第十六巻 韶仁親王実録（二）

二〇一九年九月十五日 印刷
二〇一九年九月二十五日 発行

監修 吉岡眞之 藤井讓治 岩壁義光
発行者 鈴木一行
発行所 株式会社ゆまに書房
〒一〇一―〇〇四七 東京都千代田区内神田二―七―六
電話 〇三（五二九六）〇四九一（代表）
印刷 株式会社平河工業社
製本 東和製本株式会社
組版 有限会社ぷりんてぃあ第二

韶仁親王実録（有栖川宮実録第十五巻～第十七巻）
全三巻揃定価 本体七五、〇〇〇円＋税（分売不可）
落丁・乱丁本はお取替致します。

ISBN978-4-8433-5323-3 C3321